国际思想大师

20世纪主要理论家与世界危机

（中译本第二版）

Masters
of
International
Thought

Major Twentieth-Century
Theorists and the World Crisis

〔美〕肯尼思·汤普森（Kenneth W. Thompson） 著

耿协峰 译

著作权合同登记号　图字：01-2003-2112号
图书在版编目(CIP)数据

国际思想大师：20世纪主要理论家与世界危机/(美)肯尼思·汤普森(Kenneth W. Thompson)著；耿协峰译.—2版.—北京：北京大学出版社，2017.7

ISBN 978-7-301-28355-4

Ⅰ.①国… Ⅱ.①肯… ②耿… Ⅲ.①国际关系学—思想家—评传—西方国家—20世纪 Ⅳ.①K817＝5

中国版本图书馆CIP数据核字(2017)第109644号

MASTERS OF INTERNATIONAL THOUGHT: Major Twentieth-Century Theorists and the World Crisis
by Kenneth W. Thompson
Copyright © 1980 by Louisiana State University Press
Published by arrangement with Louisiana State University Press
Simplified Chinese translation copyright © 2017 by Peking University Press
ALL RIGHTS RESERVED

书　　　名	国际思想大师：20世纪主要理论家与世界危机（中译本第二版） Guoji Sixiang Dashi: 20 Shiji Zhuyao Lilunjia yu Shijie Weiji
著作责任者	〔美〕肯尼思·汤普森　著　耿协峰　译
责任编辑	徐少燕
标准书号	ISBN 978-7-301-28355-4
出版发行	北京大学出版社
地　　　址	北京市海淀区成府路205号　100871
网　　　址	http://www.pup.cn　新浪微博：@北京大学出版社
电子信箱	zpup@pup.cn
电　　　话	邮购部62752015　发行部62750672　编辑部62765016/62753121
印　刷　者	北京汇林印务有限公司
经　销　者	新华书店
	730毫米×980毫米　16开本　17印张　218千字 2003年5月第1版 2017年7月第2版　2017年7月第1次印刷
定　　　价	49.00元

未经许可，不得以任何方式复制或抄袭本书之部分或全部内容。
版权所有，侵权必究
举报电话：010-62752024　电子信箱：fd@pup.pku.edu.cn
图书如有印装质量问题，请与出版部联系，电话：010-62756370

前 言

爱默生曾写道:"宁赏一尾大鱼跳,不捉一串小鱼苗。"本书所写的人物,无一不有着广博的思维、开阔的视野,堪称国际思想界的"大鱼"。笔者按照国际问题研究的四大领域来讨论他们,即:规范思想、欧美的权力与政治观念、冷战冲突分析和世界秩序理论。笔者分析、探讨了这些思想家的主要研究方法、教育背景、理论前提和假设、理论概念、价值体系、思想发展阶段、他们对公共政策的贡献以及对未来的远见卓识。此外,笔者还讨论了那些影响了这些人物的其他思想家。在写作本书时,笔者所根据的是这些人物的著述、随笔、其他人对他们作品的批评与辩护、答记者问、回忆录、往来书信以及笔者本人与他们中的一些人的个人交往。在论述每位思想家之后,书中还开列了他们各自的主要作品以及对他们进行评论的作品的目录。

笔者写作此书的目的很简单,就是希望与人共享国际关系学界领军人物的智慧与学识。他们的作品在过去三十年间使笔者目睹了风云变幻的国际舞台,所以笔者挑选他们是有一定理由的,对此,别人可能会争论、批评甚至摒弃,但就笔者判断,无论我们要理解国际政治还是要建立一个具有活力、条理清晰的思想框架,他们的作品都是至关重要的。国际研究著述有时被认为不过是高级新闻编辑,也有人说国际研究不过是美化时事。本书所讨论的每一位作家都曾在国际研究领域中对某一个有组织有系统的思想方法做出过贡献,其思维模式都可以应用到对某个长时期内所发生的一系列问题和事件的分析上。

这些思想家的作品有着经久不衰的价值,让笔者难以抗拒。挑选并评价他们的作品不能够依照许多出版商和读者所用的营销成功与否的标准。本书所选的作家中几乎没有人曾经上过畅销书排行榜。除了一个例外,他们中也没有人获得过"每月一书"奖。然而,他们不像某些作家那样被描述为"麦迪逊大街制造"①,这些思想大师的作品,甚至他们在五十年以前写的一些书,仍在决策者和学者中间被广为阅读。

在这里需要补充说明的是,挑选这些人显然既有客观依据也有本人的主观偏好。指出一些看起来客观的重要性标准是完全可能的,但不同的评估者对这些标准可能会有不同的看法,其中一个客观标准就是这些作者的著作目录。尽管有些目录比别的要长,但每个目录中都有一大串精心挑选的重要作品。记者和学者们引用或引证这些作者,在谈到他们著作的重要性时,那肃然起敬的情形,恰如专栏作家詹姆斯·赖斯顿(James Reston)在其专栏中向赫伯特·巴特菲尔德爵士,或者戴维·布罗德尔(David Broder)向汉斯·摩根索,经常表示敬意时一样。另一个客观标准是学者的评论和学术会议上的反复讨论。第三个标准是学位论文、期刊文章,如斯坦利·霍夫曼(Stanley Hoffmann)在《代达罗斯》(*Daedalus*)1987年春季号上发表的国际研究述评,以及为纪念某个学者而出版的纪念性文集等。写作方家经常可以激起争鸣,也可能开辟新的研究园地,为思想界带来一个又一个"突破"。他们具有开创性的影响,并且当那些更时尚却更短暂的研究方法风行过去之后,他们仍旧能够备受青睐、历久弥新。

岁月则为我们提供了一种严格而准确的评估方式。某家期刊可能会不在意一位作家,某一出版商可能会拒绝出版他的作品,某一作

---

① 麦迪逊大街是美国纽约市的一条著名街道,它是美国各大广告公司、公关公司的集中地,因此人们常用此街名来表示这些公司的业务特色。——译者

品选集也可能会将他遗漏,甚至某些腐儒会对他的作品横加指责。然而,在文学界和哲学界,尽管岁月迁延,读者仍在阅读莎士比亚和弥尔顿,在阅读柏拉图和亚里士多德,在阅读霍布斯和洛克。这里所论的思想大师及其作品可能无法与莎士比亚这样的不朽巨匠相提并论,但是很显然他们的作品仍为当代思想界所继续阅读。当《国际社会科学百科全书》(International Encyclopedia of the Social Sciences)为了评述过去25年到50年间的重要人物而挑选值得重视的思想家时,他们中的大多数总是位列国际关系类作家名单的前茅。在那些编制这种思想大师名单的人看来,他们的作品显然具有经久不衰的价值。

这里有一点值得注意的是:要估量这些思想家中某些人的影响力也许还嫌太早,还没法判断他们的作品是否经受得了时间的考验,因为它们差不多都是最近的作品。正规的国际政治研究在学术园地里还是一朵蓓蕾。当然,像沃尔特·李普曼和莱因霍尔德·尼布尔等人,他们的作品将来在学术文献中注定会占据一席重要位置,这绝非凭空妄言。

说到这里,笔者还应该承认,本人挑选这些作家时并不排除主观因素在内。笔者不仅了解这些思想家的作品,而且在很多情况下跟这些人还很熟识。任何学术性的评价都难免掺入个人的偏好因素,因此在这里笔者也不否认个人因素的影响,否则就是自欺欺人。但是,不论他们的贡献有多大、他们的个人魅力和影响力如何,笔者都没有因此而回避针对他们个人和他们学问的批评。在笔者看来,他们虽然大都是学问上的巨人,但他们毕竟还是人,不是神。如果笔者有过誉之处,还请他们宽容;如果笔者的批评有所不公,也请他们原谅。他们的学术信誉为笔者树立了榜样,促使笔者谨守诚实与坦率,笔者确信,对他们的伟大之处绝无盲目崇拜,更不至于顶礼膜拜、丧失原则。

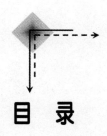

目 录

第一部分 探求政治的规范基础

赫伯特·巴特菲尔德(1900—1979)
　　历史大视野 ································· 5

莱因霍尔德·尼布尔(1892—1971)
　　由神学到政治审慎 ····················· 19

约翰·考特尼·默里(1904—1967)
　　基督教与战争 ··························· 38

马丁·怀特(1913—1972)
　　西方文明的价值 ························ 47

第二部分 权力与政治

E. H.卡尔(1892—)
　　无处不在的权力标准 ················· 71

汉斯·摩根索(1904—)
　　政治现实主义诸原则 ················· 85

尼古拉斯·斯拜克曼(1893—1943)
　　地理与权力 ······························ 98

2　阿诺德·沃尔弗斯(1892—1968)
　　概念化与寻求共识 …………………………………… 103

约翰·赫茨(1908—　)
　　调和现实主义与理想主义 …………………………… 115

卡尔·多伊奇(1912—　)
　　政治研究的科学方法 ………………………………… 121

第三部分　冲突与当前危机

沃尔特·李普曼(1889—1974)
　　理性主义与政治理性 ………………………………… 133

乔治·凯南(1904—　)
　　挑战法制至上和道德至上主义 ……………………… 150

路易斯·哈利(1910—　)
　　从历史看危机 ………………………………………… 166

雷蒙·阿隆(1905—　)
　　冲突与社会学的想象力 ……………………………… 177

第四部分　世界秩序理论家

昆西·赖特(1890—1970)
　　非同一般的战争研究 ………………………………… 191

戴维·米特兰尼(1888—1975)
　　以功能主义超越政治学 ……………………………… 211

查理·德维舍(1884—1973)
　　世界秩序与法律现实主义 …………………………… 226

阿诺德·汤因比(1889—1975)
　　世界文明与世界政治 ………………………………… 235

第一部分
探求政治的规范基础

在探求政治的规范基础的人中,神学家和宗教史学家无疑是走在最前列的。当然,并非任何宗教传统都鼓励人们去关心道德与政治。有些宗教传统视政治为生命的另一种重负,人类必须泯灭对尘世的关心才能免除它。比如佛教人士就追求走向涅槃,进入极乐世界,享受那种一切皆空、无争无欲的境界。但是在大多数西方宗教传统中,仍认为,人生天地间,就注定要经受生命中无休止的道德与政治困境的磨炼。

尽管西方宗教教导人们生为今世,也生为来世,但是,当代宗教思想家中,其著作为研究道德与外交的学者所一读再读者,仍在少数。原因之一可能是,国际领域错综复杂,要深入其中必须精通对外事务,而这只有为数不多的伦理学家才做得到。另一个原因可能是,宗教学家们纷纷想做社会改革的先驱者,热衷于从事十字军东征一样的社会政治运动,他们认为那才有意义,哪怕总是瞬如流星。宗教思想家们对政治的关心常常表现为逃避,他们关心的是恒久真理的崇高的精神依据,或者干脆就加入到那奔涌的社会改造洪流中去,而把那种是非难分、善恶难辨的严酷的政治任务留给了世俗领导者。

幸运的是,大凡从事政治伦理研究的观察者都能够指出,在这几种宗教传统中尚有一些人物是例外。那些非宗教的政治作家以及政治科学家一说起宗教作家来,就认为他们不过是布道士。这种断言给信教者和作此断言的人都蒙上了一层阴影。在冲破宗教正统学说的桎梏之后，现代非宗教思想家们竟然又企图自欺欺人，对宗教思想所做的贡献熟视无睹。对于一个开放的、有理性的社会而言，吸收那些由主要宗教传统中大师级的学者所贡献的真知灼见，应当如欣赏最优秀的世俗思想中的聪明才智一样，都是义不容辞的。无论是宗教的还是世俗的教条主义，都会践踏思想自由。追求健全政治伦理的人们必须追随真理，不论真理引领人们去向何方。

在国际伦理学方面著书立说的宗教史学家中，赫伯特·巴特菲尔德爵士卓而不凡。在发表《辉格党人的历史观》一书之后，巴特菲尔德奠定了他在英国传统历史著述中的不朽地位。在那之后不久，他转向宗教史学，写出了《基督教与历史》《欧洲历史上的基督教》《基督教、外交与战争》等著作。此外，巴特菲尔德还通过由他创建于剑桥大学的"国际政治理论英国委员会"的工作而将其学术影响扩大到政治伦理学之中。尤其突出的是，巴特菲尔德及其伙伴们在理解冷战的伦理方面、在讨论"均势"这样的经典概念上，也做出了引入注目的贡献。

莱因霍尔德·尼布尔，照乔治·凯南的话讲乃"众家之父"，曾就当代国际政治著书立说。这位卓越的神学家对近来的知识发展所做出的贡献，任我们怎样形容都不为夸大。沃尔特·李普曼在评价尼布尔的贡献时问道："要经过多少世代我们才会再见到一位像他这样出色的人呢？"在其海量的专著和论文中，尼布尔所发掘的是他所谓"基督教现实主义"在应用于国际政治时的主要基本原则。他的著述在20世纪60年代末70年代初曾一度被基督教徒和社会活动家所忽视，但在70年代末期又被重新发现。任何人在探求条理清晰、一以贯之的政治伦理研究方法时，都无法绕开他的作品。

在近来关注伦理与现代战争的罗马天主教作家中，约翰·考特尼·默里牧师超群出众。尽管默里把他的国际伦理学作品归入到研究道义与政府的更宽广思路之中，但他仍值得我们关注，而且仅靠本书对其思想的简明介绍还远远不够。在研究道义与外交的学者中，唯有默里将其思想建立在古时受尊崇的罗马天主教自然法传统中，对这种传统笔者毫无造诣，无法据之对他做出完全公道的评论。

我们有必要转到一位英国学者身上来结束对宗教思想家们的回顾。马丁·怀特英年早逝，所遗作品无多，但是他的影响却因有大批受其鼓舞的后学而长存于世。他既是一位历史学家，又是一位国际政治学家，他在学术上的著述虽稍逊于巴特菲尔德或尼布尔，但仍有着不朽的价值。他的一些作品是在他身后经由同事和学生的忠实努力而得以出版的。他比任何现代作家都更加致力于在伦理学基础上重建当代思想，使之继续沿着西方文明传统演进，而遵奉西方文明传统，是他至死不渝的信念。

在一部介绍这些宗教思想家著述的书中，不可能全面概括他们思想的异同。作为历史学家的巴特菲尔德始终坚守历史学学术的牢固阵地与根本原则，从未曾涉险远离。从尼布尔和默里的著述看，他们自始至终都主要是神学家，虽然他们更关心当代紧迫性社会政治问题，而并非经院式的神学家（尤其是尼布尔）。至于怀特，他所关心的焦点时而为欧洲史时而为当代史，反映了他对古典思想和现时国际政治的一贯兴趣。

尼布尔和默里两个人经常就自然法的实用性及其应用于核时代的问题争论不休。这四位思想大师都认识到了当代国家间关系的非理性，但是默里比其他几位更加认为，传统的自然法可以为国家间关系提供行动的持久准则。他们四位没有人质疑宗教对国际政治的终极意义，尽管他们每个人都依照自己的方式来界定这种意义。

显然，对这些大师和其他大师思想的介绍无法取代对他们的作品文本的细致披阅。笔者仅仅是想向大家介绍这一类思想家——介绍他们的著述、他们关于人和政治的基本假定、他们关于国际体系性质的界定以及他们对国际政治规范结构与对权力的作用和限度的观点。

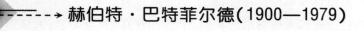

---→ 赫伯特·巴特菲尔德(1900—1979)

历史大视野

赫伯特·巴特菲尔德(Herbert Butterfield)于1900年10月7日出生在英国奥克森霍普一个虔诚的卫理公会教徒家庭。奥克森霍普是一个经历了工业革命的乡村,有居民两千人,坐落在荒野沼地的边缘,距离兰开夏与约克夏两郡交界处有几公里。巴特菲尔德的父亲10岁时就辍学做工,在毛纺厂里当羊毛分拣工,但他父亲通过自学把自己培养成了一名簿记员。他父亲的野心是当一名卫理公会派牧师,但却抱憾终生;因此,老巴特菲尔德自然而然地就把这种野心寄托在儿子身上,希望儿子能向那个方向发展。部分是为了让父亲感到高兴,赫伯特从16岁起就当上了一名非神职传教士。这一步曾引起当地文法学校里那个最激发他上进的老师的不安,那个人特别直言不讳地敌视基督教。后来当巴特菲尔德在剑桥大学跟随著名历史学家哈罗德·坦珀利(Harold Temperley)工作时,他对历史的兴趣日增,他也意识到自己过于腼腆而在神职工作上不会取得成功,因此,年轻的赫伯特就打消了当牧师的愿望。尽管宗教和政治思想家总是会背叛他们童年时代的信念，但巴特菲尔德却相反，从未动摇他对奥古斯丁神学基本教义的信仰，包括相信人格的永恒价值、罪恶的存在、神权至上、人性的弱点以及人类存在的片面性质。他从未像莱因霍尔德·尼布尔和保罗·蒂利希（Paul Tillich）这两位与他有着某些相似之处的哲学家和神学家那样赞同过马克思主义，但他却钻研过马克思主义的思想，并且从中汲取过一些有关历史上的矛盾斗争和历史上的经济社会因素之重要性等方面的见解。他的思想焦点主要针对的是英国史、基督教与历史的关系以及国际关系理论。

  然而，受其童年时代及家庭生活的启蒙影响，巴特菲尔德本来可以具备作为一名剑桥大学现代史教授和《剑桥历史杂志》编辑所必需的传统史学造诣。他就读于剑桥，拿到了文科硕士和文学博士学位。1923年他成为该校彼得豪斯学院的一名教员，1955年任该学院院长。20世纪60年代末，他任英国历史学会会长，并且以一位历史学家的身份受聘进入普林斯顿大学高级研究所。他的处女作《历史故事》(1924)反映了他对文学与历史关系的早期关注。在这本书中，他向人们展示了文学的想象力在推动真实再现过去的过程中所起的作用。他认为，假定发生在另一时代的事情可以置于当前或不久前的境况下加以理解，那就是一种时代错误。历史学家运用文学的（除了诗歌的）技巧所创作的短小精悍的作品有助于再现过去的历史。这成了巴特菲尔德几乎所有著述的标准。在第一部书之后，他又发表了一部详细分析研究拿破仑时期军事与外交策略关系的著作《1806—1808年拿破仑的和平策略》(1929)，其中还论及了1807年的《提尔西特和约》。评论家们赞赏他对历史所作的生动描述，认为他反证了德意志历史学家宣称的俄国沙皇亚历山大曾经阴谋背弃英国，相反，是普鲁士人说服沙皇去涅曼河中的一个小木筏上与拿破仑会晤的。他编辑了《欧洲历史文献选(1715—1920)》(1931)，并开始对乔治三世(George Ⅲ)进行研究——这是他一生的兴趣所在，出版了《乔治三世、诺思勋爵与人民(1779—1780)》(1949)和《乔治三世与历史学家》(1975)。他本来有意撰写关于查理·詹姆斯·福克斯(Charles James Fox)和乔治三世的纪实性著作,但是却因对分析性史学研究发生了新的兴趣而放弃。这一新的兴趣主导了他此后四十年的研究工作。

巴特菲尔德明显地超越传统史学研究范围的第一个证据是他1931年发表的《辉格党人的历史观》。这部著作批判地分析了辉格党人和自由派对历史必然进步性的观点,其中分明体现了他对批判性写史方法的关注,这也为他赢得了作为一位真正的历史学天才的荣誉。尽管该书批判了自由派政治学和历史上的新教教义,但巴特菲尔德用一种更加根本的方式拷问了历史学家们,认为他们没有能够公平地对待以前时代的特殊历史条件和思想状况。在该著中,巴特菲尔德显然宁愿步阿克顿(J. E. E. D. Acton)(尽管他是巴特菲尔德的一个主要批评对象)和利奥波德·冯·兰克(Leopold von Ranke)之后尘,也不愿再继续像传统的英国史家那样专注于对历史的描述了。他其后的著作,如《拿破仑》(1939)、《英国人及其历史》(1944)和《马基雅弗利的统治术》(1940)等,更进一步地使他走上了历史哲学家和政治理论家之路。

20世纪30年代末和40年代,巴特菲尔德已被公认为一流的英国史学家,其声望显赫,无人质疑。此时受世界危机的激发,他进入了其史学著述的第二阶段。1939年,他在四所德国大学讲授史学史,并着重于16世纪和17世纪的史学发展。他提出,是他所批判的辉格党历史学家,而非辉格党政治家,培育了查理二世后期的自由和克制。他在讲课中畅言道,虽然他仍旧认为辉格党人对历史的诠释是荒谬的,但是他相信,这种诠释有助于自由在英国的发展。歪曲历史的,是辉格党历史学家,而不是那些采取政治上的妥协和说服而非强迫和武力的辉格党政治家。

1948年,他转向了宗教与历史,在剑桥大学神学院的要求下连续做了七场讲座。1949年4—5月,他将这些讲座扩展为六篇广播稿,由英国广播公司(BBC)加以广播。他还将这些讲座的主要论题加以详述,编著成书,题为《基督教与历史》(1949)。巴特菲尔德曾经对做这些讲座表示过犹豫,因为他担心作为一个平信徒自己没有资格准备这样的讲座,并且他深知这样一项工作会在他的史家同行中激起怀疑。但是,当邀请他的神学院的代表向他说明,他们认为本科生们肯定会更乐意听一位知名的历史学家而非一位牧师的演讲时,他就难以拒绝了。巴特菲尔德之转向哲学问题,无疑是受到了西方所面临的双重危机的激发。这种双重危机是:苏联及其所信仰的马克思主义带来的巨大挑战和西方国家作为"惊恐万状的现状维护者,坚守着一种古老的文明,对抗着某些新事物的侵害"①而陷入的困境。巴特菲尔德警告说,对某个超人、某个社会、某个国家或其他大型组织的过度尊崇会使人类的视野发生改变,以至于人类可能将自己的世界比之于蚂蚁的世界。回避历史或者幻想让自然科学来决定人类的命运,都是危险的。指望上帝或人类天性,或者像阿道夫·希特勒在《我的奋斗》里那样下断言,也无济于事。希特勒认为,既然自然造化关心的不是作为个体的人的生命而是作为种群的人类的发展,那么历史也就难免要施予生命以酷刑、膜拜和牺牲。这种人生态度被巴特菲尔德描述为"科学时代里自修者极易中招的异端邪说",他忠告人们:"我们可能太轻易地认为人类不过是最后一种动物而已,于是也就同样轻易地得出结论并诱使我们将它转换到人伦关系的世界中去。"②《基督教与历史》反复强调,作者对人格在历史进程的中心位置深信不疑。他反对某些行为主义社会科学家和博物学家所持的观点,他们认为历史就是许多集体人群的经历,应当通过科学和数学予以研究,这并不比研究生物学宏著的又一章内容更复杂。

巴特菲尔德将这种批判加以详细阐述,并有所拓展。在一连串的著作中,他重申了这种基督教历史观,其中还申明,他并没有像阿

---

① Herbert Butterfield, *Christianity and History* (London: G. Bell, 1949), p. 5.
② Ibid., p. 6.

诺德·汤因比那样以一位神学家的口吻讲话,而是以一位历史学家的身份在讲话。他独立写作,不与其他历史学家和神学家交流,也不像汤因比那样提出一份周详的历史研究计划。他的目标,正如他设想的,就是要同时向基督教徒和非基督教徒提出挑战,使他们重新认识基督教观念的历史地位。他后来又出版了《欧洲历史上的基督教》(1951)、《历史与人伦关系》(1951)和《基督教、外交与战争》(1953)。无论批评家就他的基督教历史观提出什么样的问题,巴特菲尔德都毅然坚持认为,从最广阔的视角上看,历史是与一种基督教历史观相一致的。他曾经抨击过技术性史学,认为这种历史学不足以精深地理解过去。历史学原则上要求历史学家做到理智而谦逊,并且头脑要灵活;他必须与历史人物并肩而行,设身处地,努力再次体验他们对事物的感受,并试图理解各种他们不得不应付的问题。

巴特菲尔德另一方面的贡献源于他对科学的研究。自1931年始,他就为剑桥大学的大学生们讲授1492年以后的现代史,专注于像文艺复兴、法国大革命这样较大的历史发展和长时期的运动以及这些运动的相互联系。他在方法上以阿克顿勋爵为榜样,反对过度专门化地讲史,而这种过度专门化的讲史方法已经主导了大学的现代史教学,它采用教学大纲和干巴巴的教科书来讲授国家的对外关系。相反,他着重讲解的是现代世界和现代思想的起源及重要发展,比如他曾就现代科学的兴起做过大约六场讲座。这些讲座使他有机会接触到一些杰出的剑桥科学家,像李约瑟及卡文迪许实验室的人,他们也正要在历史学家中寻找一位同道者。在这些人的影响下,1947年剑桥大学成立了一个科学史委员会。这个委员会经过相当大的争执后,说服巴特菲尔德于1948年第一学期开设一门讲授科学史的课程。此课程促使他出版了其最为成功的著作——《现代科学的起源》(1949),并在英美两国重新激起了对科学史这一主题的兴趣。该委员会引导那些训练有素的科学家参与严肃的历史研究,并推动了一代新的科学史家的诞生。

1953年,巴特菲尔德应邀在贝尔法斯特的女王大学作"怀尔斯信托基金讲座",他为此选择了返回到讲授18、19世纪的史学史。这曾经是德国历史学家和不少美国历史学家专注的主题,然而,尽管有阿克顿和他的门徒古奇(G. P. Gooch)的努力,这一主题却仍未在英国扎根。据巴特菲尔德在《论人类历史》(1955)一书中所说,"怀尔斯讲座"使他有机会接触到大约十位欧洲的和英国的历史学家,他们作为其讲座主题不同侧面的专家,对他的讲座提出了批评和评论。当这些讲座内容于1955年出版时,在大学生、研究生和教授中间激起了对历史学的极大兴趣。后来,他怀疑人们对历史学的热情过高,便力陈各大学对此项研究加以限制,只有那些具备一定气质和经验的历史学家才可以去做。虽然他对自己能够将阿克顿和古奇的工作向前推进而感到欣喜,但他知道对于普通的研究生而言,首要的任务必须是训练他们如何处理历史证据和学习主要的研究方法。

十年后,1965年和1966年,他又应邀在格拉斯哥大学做著名的"吉福德讲座",该讲座系列以前曾经有威廉·詹姆斯(William James)、约翰·杜威(John Dewey)、莱因霍尔德·尼布尔等美国人的参与。巴特菲尔德选取了一个宽泛的论题:人类是怎样渐渐具有过去概念的,以及人类在有历史记载之前怎样和为什么就已经对自己的过去发生了兴趣。他推测早期宗教可能对此有某种影响,但又疑心早期宗教是否可能也是真实历史的敌人。他最后认为,从这种矛盾的要求中逐渐产生了历史意识,以便调和宗教的与世俗的历史。他认为,最近对埃及、美索不达米亚和犹太的语言的研究结论可以应用于西方历史学家所加以特别研究的这种问题上。由于他决定通盘考虑整个史学史,所以这些讲座就成了他最为大胆的历史探索。他的努力在美国激起了人们的兴趣,但这却使他不确定自己是否具备或能否获得如此全面的知识去就此论题创作一本专著。于是,到20世纪60年代中期,巴特菲尔德的主要兴趣发生了转移,并且再也没有系统地回到他在"吉福德讲座"中阐发的论题上。

赫伯特·巴特菲尔德(1900—1979)：历史大视野

在他所有的历史著作中，他都提出过：一方面，历史诠释需要艰苦的探索研究，并能够重新体验"失去了的昔日生活"，能够运用累积起来的历史线索"去重新捕捉某个以往的时代，并将它转化成某种同时既是图画又是故事的东西"①。为此目标，巴特菲尔德一直沿着师承自外交史学大师哈罗德·坦珀利的传统，致力于写作结构严谨、内容复杂的历史著作。另一方面，他认为，历史学家有责任认同于其所研究的对象，目的既不在于称颂，也不在于谴责，而在于理解历史人物所遭遇的环境。在研究拿破仑对抗第四次反法同盟的战争中所发生的外交往来时，巴特菲尔德感到不能不参阅伦敦、巴黎和维也纳的重要档案，从普鲁士与俄罗斯档案中抽寻出来的函件，以及各国大使、部长和间谍人员向当时的各国领导人呈交的报告。他的目的是要忠实地反映当时重要人物们的思想，并揭示"掩盖在那场拿破仑战争背后的奇怪争论、隐秘活动和人格冲突"②。巴特菲尔德逐渐成熟的历史观甚至在他早期研究拿破仑的两部著作中就已轮廓分明了。由于人格变化多端，其相互作用的过程并不依照某个优越民族或所谓"必然进步"所预先确定的原则，也不合于那些显然与其意图相联系的结局，但却有些像是由上帝的神秘活动所导致的偏离，所以对他来说，演变中的历史既无法预测，也难以驾驭。

巴特菲尔德关于历史研究的基本思想在他31岁之前就已经完全定型了。他因其第一部著作《历史故事》而获得剑桥大学的"勒白思奖"，但是奠定后来其全部作品基础的却是他的第三部著作《辉格党人的历史观》。这些作品的基本主题是"人类变革的复杂性和人类的任何具体行为或决定其最终结果的不可预测性"③。历史学著述必须传达这种复杂性的基本结构。在巴特菲尔德看来，历史变革需要的

---

① Herbert Butterfield, *The Historical Novel* (Cambridge: Cambridge University Press, 1924), p. 8.
② Herbert Butterfield, *The Peace Tactics of Napoleon, 1806-1808* (Cambridge: Cambridge University Press, 1929), p. vii.
③ Herbert Butterfield, *The Whig Interpretation of History* (London: G. Bell, 1931), p. 21.

是改良而非革命,因为革命难免给人类留下宿仇绵绵、人祸纷纷,甚至是万劫不复。

在他30岁出头时,巴特菲尔德就信服这样的观点:基督教的历史诠释者较之其他政治史学家更能抗拒最坏的幻想和对偶像的过度盲从,因为他的信仰让他对历史上的事变和意外不会感到突然。因为信上帝,他就可以免予受到诸如国家崇拜、进步观念或者某一抽象的政治意识形态等的畸形影响;因为献身于宗教的终极目的,历史学家就能够理解"时代与环境变迁所设下的圈套"①。上帝主宰人类,但是上帝并不是一个残暴的统治者,相反他倒是历史恩惠的泉源。尽管人间存在意志上的矛盾,这反映了人类引以为傲的和不灭的自我中心主义,却也能够服务于增进上帝的意志并明辨善恶。例如,美国革命就促使英国发明了一种新的、更文明化的帝国概念。人类最富创造力的成就往往产生自人类的灾难和精神压抑之中;建立在掠夺之上的政治系统如古罗马和英帝国时期的政治系统,说不定会适时地向着某种可以接受的正义与秩序发展演变。

因此,在巴特菲尔德看来,历史研究和神学都以关注人格为核心,两者具有一致性,实乃两贤相得益彰。但是,他对历史与宗教的双重重视却令他受到传统史家所未经受过的批判。有人批评他的宗教著述偏离了历史学家的主业——创作大部头的扎实的历史作品,其实如果他继续研究查理·詹姆斯·福克斯和乔治三世的话,他是会有如此业绩的。作为学者型政治家的巴特菲尔德在剑桥大学校园服务超过半个世纪,其所受任命的顶点是从1959年至1961年担任剑桥大学的副校长。他的地位在某种程度上当然有赖于他那公认的对道德价值的全心关注。他在剑桥担任的各种职务和他在国内国际教育机构中担任的领导角色,以及他在德国、美国和英国特别就宗教论题所做的系列荣誉讲座,都让他分心,令他不能全力从事学术研究。

---

① Herbert Butterfield, *The Whig Interpretation of History*(London: G. Bell, 1931), p. 66.

彼得·盖尔①及其他历史学家曾经向他表达质疑,认为他过于强调相沿成习的人类恶行和人类社会中的贪婪成性,并且他低估了正直之士通过可预见结果的行为影响社会变革的能力。对于他怀疑政治人物的道德与理性目的的结果所作的这一批评,忽视了他与20世纪的英国史学家如刘易斯·纳米尔(Lewis Namier)及其门徒的争论,他们才基本上把政治描绘成是一种攫取利益和私利的争斗。巴特菲尔德则认为,观念、态度和理性意图在政治中是与私利相互作用的,历史学家如果把所有人的政治和每个时代的政治都简化为同一水平上的政治,那就错了。在巴特菲尔德看来,纳米尔学派由于经常假定政治家不过是私利的渊薮,便误解了政治运动和政党,它们并非只顾谋求团体利益,它们也提倡价值与理想。

另一个对巴特菲尔德所持基督教历史观进行的批评则更为严肃且部分合理,它是针对着他的一些历史判断提出的。在《基督教与历史》一书中,他似乎是把德国在二战中的战败与灭亡解释为上苍对德国人罪过的惩罚。然而,批评者问道:那众多冒死反对希特勒政权的德国人该怎么说?波罗的海沿岸的人民呢?他们并没有犯下纳粹的暴行,但为什么遭受同德国人民一样的悲惨命运?巴特菲尔德曾写到,有必要在两个不同的层面上进行历史思索:一个是技术性史学,它处理的是有限的和现世的事务,考虑的是如何处理硬性的和有形的历史证据;另一个是神的历史学,它超越了技术性史学家的研究范围。批评者认为,巴特菲尔德——特别是在走进通史领域中时——将基督教的要点和准则悄悄地带到其诠释中了,而在他那些技术性较强的叙事史写作中却把它们排除在外,并且其中对个别领导人的评价也谨慎得多。最糟糕的是,他有时似乎是在"代表"上帝讲话。为公正起见,那些批评者从他的著述中摘引道德评语,比如他在论及军国主义时对全体德国人提出的指控,但是他们却发现他接下来写

---

① Pieter Geyl, *Encounters in History* (London: Collins, 1963).

道:"如果德国人应受审判,那么我们所有人都应受审判——包括我们的整个现存秩序和我们文明的全部体制。"①

最后,巴特菲尔德对西方思想的影响并不限于他对传统史学与基督教史学的重大贡献。他于1958年创立了"国际政治理论英国委员会",并担任该委员会主席和名誉主席约二十年。该组织的宗旨是,建立起一门探求"国际性国家体系的性质、外交的前提与思想、对外政策的原则、国际关系与战争的伦理"的学问。该委员会的思路反映着巴特菲尔德的历史观和宗教观。这一批英国思想家的旨趣与他们的美国同行的旨趣恰成对比,他们也组织了一个类似的委员会。相比之下,巴特菲尔德建立的这个委员会更关注"历史而非当下、规范而非科学、哲学而非方法论、原则而非政策"②。该组织的第一本出版物在论题上就反映着巴特菲尔德本人的著述特点,主要包括以下主题:自然法、新式外交和传统外交、国际关系中的有序与失序、国际关系中的西方价值观及均势。巴特菲尔德事业上最亲密的伙伴马丁·怀特为这本文集所写的导论文章的标题是《为什么没有国际理论?》。

英国式的研究思路与美国学派和澳大利亚学派盛行的思路恰好相反,后者所做的是国际关系理论研究和体系分析。英国式思路的参照系乃是外交行为、国际社会以及民族国家体系,其观点属于历史的、经验的和演绎性的。其理论假设是:国际体系中的历史连续性比革新更重要;治国艺术为各国积蓄了一种历史的实用智慧;研究政治、外交与法律的经典作家并没有因为心理学和社会学领域中最近出现的研究成果而变得过时;集中了较早时期的外交军事经验的文本值得研究和改造以满足现在的需要。支持该委员会的工作是一件关乎道德、意义深远的大事,对此,巴特菲尔德这样写道:"其根本目

---

① Butterfield, *Christianity and History*, p. 52.
② Herbert Butterfield and Martin Wight (eds.), *Diplomatic Investigations: Essays in the Theory of International Relations* (London: George Allen & Unwin, 1966), pp. 11-12.

赫伯特·巴特菲尔德(1900—1979):历史大视野

的……是阐明审慎原则和道德义务,正是它们自始至终地把国家所组成的国际社会团结在一起,至今仍是如此。"①

巴特菲尔德与英国委员会的影响可以说在美国比在英国更大。美国人对该组织的思路感兴趣之时,恰逢20世纪五六十年代一股新兴意识的出现,即意识到美国与苏联之间的斗争太复杂,不能认定这场冲突的双方哪个绝对正确而另一个绝对错误。起初意识到这一点的,是少数几个政治现实主义者,后来才是决策者和新闻记者。这场冲突涉及一个深奥的道德难题:即使这两个超级大国大体上势均力敌、旗鼓相当,它们还是有理由彼此畏惧。双方各自都可以保证己方心无歹意,但却不能够信任对方。双方都能够感到对方留有一手,否则也就觉得安全了。冲突双方各自都有能力通过施展武力或者以武力相威胁来寻求自身安全,但却忽视了这样一个事实,即一方只有彻底摧毁另一方的安全才能够完全确保自身的安全。在巴特菲尔德看来,安全权力困境乃是战争与和平问题中最紧要的问题,他认为唯一的解决方法是,一个或另一个大国需要为和平做出些牺牲。他预言道,要打破这个最恶劣的僵局,唯一的出路就是进行某种边际试验,不过,对于这样一种试验,美国需要一位冷静无情的、俾斯麦式的领导人去做出坚决而有力的判断,而不能让动不动就屈服的感情用事者来决策。巴特菲尔德提出这项建议比尼克松和基辛格宣布实行缓和政策要早十多年。巴特菲尔德赞成实行缓和,并且补充道,实现和解需要一位熟谙权力政治、有能力根据政治军事判断采取巧妙而大胆行动的领导人。他认为,在白宫或白厅中,不论是传统的道学先生、普通知识分子,还是理想主义者,都不可能设计出一项共处政策并为之辩护。

在美国,政治现实主义者对巴特菲尔德的看法做出了回应。尽

---

① Butterfield and Wight (eds.), *Diplomatic Investigations: Essays in the Theory of International Relations*, p. 13.

管我们可以把巴特菲尔德看做是现实主义和实用道德的代言人,但是,他的现实主义却为他所从事的历史学专业以及英国悠久的外交传统所冲淡,在英国的外交传统中,权力政治已经变得不值一提。像莱因霍尔德·尼布尔一样,巴特菲尔德对宗教界一些较有思想的领导人有着相当大的影响。如同经常引证历史文本,他也经常引证《圣经》,将《圣经》中的智慧运用到对外政策领域。他注意到,对于新生的缺乏经验的民主国家而言,一个主要的政治失误来源就是过于焦虑,以致像魏玛德国这样的国家落在一位独裁者手中。《圣经》中有一句最有价值的箴言:"不要为作恶的心怀不平",它劝告人们不要等到全世界的恶人被根绝之后再去缔造和平。在巴特菲尔德看来,基督教对于满足国际关系的需要所能恒久不变地做到的,不在于帮助实际的政策抉择,而在于为人类的事业提供一个思想背景或一种更为文明的精神。基督教能够帮助人们澄清罪恶的观念,它承认:虽然罪大恶极的人的确存在,国际政治中最大的难题却是,为数众多的人有着适度的贪心,他们总希望通过国家去实现这种他们作为个体提出时为社会所拒绝的贪心。这种人对政府施加着巨大的压力,使正常的国家间交往更加困难。宗教的责任是,抑制世人的权力意志,他们总想过度运用手中的权力去实现他们的目标,而无意与上帝合作。

巴特菲尔德在冷战高潮时期继续著书立说,向过分焦虑于苏联威胁、深陷核武器浩劫恐吓之中的美国人提出忠告,向美国政界和宗教界的领袖们发出呼吁——呼吁他们要承认能力有限并慎重行事,这可能是他最为持久、最为可贵的贡献。

赫伯特·巴特菲尔德的著作:
1924
The Historical Novel. Cambridge: Cambridge University Press.
1929
The Peace Tactics of Napoleon, *1806-1808*. Cambridge: Cambridge

University Press.

1931

Select Documents of European History, *1715-1920*. Edited by Herbert Butterfield. New York: Henry Holt.

The Whig Interpretation of History. London: G. Bell.

1939

Napoleon. New York: Duckworth.

1940

The Statecraft of Machiavelli. London: G. Bell.

1944

The Englishman and His History. Cambridge: Cambridge University Press.

1949

George Ⅲ, Lord North, and the People, 1779-1780. London: G. Bell.

The Origins of Modern Science. London: G. Bell.

Christianity and History. London: G. Bell.

1951

Christianity in European History. London: Oxford UniversityPress.

History and Human Relations. London: Collins.

The Reconstruction of an Historical Episode: The History of the Enquiry into the Origins of the Seven Years' War. Glasgow: Jackson.

1953

Christianity, DipLomacy, and War. New York: Abingdon-Cokesbury Press.

1955

Man on His Past. Cambridge: Cambridge University Press.

1957

George Ⅲ and the Historians. London: Collins.

1960

International Conflict in the Twentieth Century: A Christian View. New York: Harper & Row.

1966

Diplomatic Investigations: Essays in the Theory of International Relations. Edited by Herbert Butterfield and Martin Wight. London: George Allen & Unwin.

1970

On Chinese and World History. With Cho Ysu Hsu and William H. McNeil. Hong Kong: Chinese University of Hong Kong.

1972

Sincerity and Insincerity in Charles James Fox. London: Oxford University Press.

1975

Raison D'Etat: The Relations Between Morality and Government. The first Martin Wight Memorial Lecture, University of Sussex, April 23, 1975.

关于赫伯特·巴特菲尔德的著作：

Geyl, Pieter. *Encounters in History.* London: Collins, 1963.

Halperin, S. William, ed. *Some Twentieth Century Historians.* Chicago: University of Chicago Press, 1961.

McIntire, C. T., ed. *God, History and Historians.* New York: Oxford University Press, 1977.

→ 莱因霍尔德·尼布尔(1892—1971)

由神学到政治审慎

莱因霍尔德·尼布尔(Karl Paul Reinhold Niebuhr)于1892年6月21日出生在美国密苏里州的赖特市,该市位于圣路易斯市西北45公里处。他是古斯塔夫·尼布尔与莉迪亚·尼布尔的第三个儿子,在家排行第四。他出生刚两周,在匹兹堡附近的霍姆斯特德就发生了钢铁工人罢工,在工人与资方所雇的300名私家卫兵的冲突中,有18名工人丧生,许多工人受伤。莱因霍尔德的父亲当时是德国福音教会的一名牧师,德国福音教会实属路德教会,1934年与一个卡尔文教派合并而成为福音教正宗。他家中最大的孩子、莱因霍尔德的姐姐胡尔达当上了芝加哥麦考密克神学院的基督教教育学教授;第二个孩子沃尔特选择了新闻出版业;第三个孩子幼年夭折;第四个男孩、比莱因霍尔德小两岁的赫尔穆特·理查德则成了耶鲁大学神学院一位出名的神学家和教授。他们的父亲17岁时就因反抗一位专横的神父和梅特涅的日耳曼保守主义而逃离德意志,集结到卡尔·舒尔茨(Carl Schurz)和同情1848年革命的人士周围。在19世纪90年代中期,尼布尔一家迁居密苏里州的圣查尔斯。不久后的1902年,即亨利·福特创建福特汽车公司的那一年,他们又迁到伊利诺伊州中部的林肯市。

尽管父亲的收入不丰,一年仅有1200美元,生活贫穷,但是尼布尔早年的家庭生活还是快乐的。尼布尔骄傲地回忆他的父亲,称他是当地最风趣的人,教过他历史、希腊语和托马斯·麦考利(Thomas Macauley,曾写过"普遍真理大而无用")。他继承了乃父敢于向富裕、保守的第二代德国农民挑战的勇气,更多地意识到其邻人和上帝的存在。由于牧师的孩子可以在伊利诺伊州埃尔姆赫斯特城的一所小型教宗学院里拿到特别奖学金,父亲就把尼布尔和理查德两人都送去那里学习;不过,直到多年之后理查德出任院长时,该学院才有授予学士学位的资格。在埃尔姆赫斯特学习四年后,并未获得学位(这一缺憾影响到他以后在耶鲁大学的学习),莱因霍尔德又进入伊登神学院学习了三年,在那里他开始受到塞缪尔·普雷斯(Samuel Press)博士的影响,普雷斯博士是第一位用英语而非德语授课的常任专职神学教授(尼布尔形容普雷斯是他的马克·霍普金斯[Mark Hopkins])。在伊登求学期间,他父亲于1913年4月死于糖尿病。于是21岁的莱因霍尔德就不得不肩负起家庭的经济担子,先是在伊利诺伊州林肯市他父亲服务过的教堂里主持礼拜仪式,其后又仰赖耶鲁大学的奖学金及业余布道支撑生活。

尼布尔得进耶鲁,是因为耶鲁神学院的入学标准尚未像较早的神学中心如联合神学院等的入学标准那样刻板。耶鲁的教学和图书资料令他兴奋不已,同时,他又因自己经济赤贫且操中西部口音而感到不安和难为情。出身背景和他相似的约翰·奥哈拉(John O'Hara)曾以公然蔑视的笔调描写常春藤大学校园里出身优越的年轻人的派头:他们衣着华丽而随意,地地道道一副男人的傲慢相。相比之下,尼布尔却把清贫视为激励而非创伤,这也许是因为他过去有着快乐的家庭生活、对父亲的敬爱以及他自己曾经少年有成,所以他在受到那些较有特权学生的打击时才能够不为所动,也不受影响。在耶鲁,

莱因霍尔德·尼布尔(1892—1971):由神学到政治审慎

他属于几种类型的少数派。他是一个住在东部的中西部人,富人中间的一个穷孩子,第一代新英格兰家族后裔中的第二到第四代,一名基本上非宗教性的学校里的宗教学生,一位没有学士学位的研究生,一个当德国被视为美国之敌时的德裔人。多年以后,当一位有权威的耶鲁校友提请尼布尔担任耶鲁校长时,尼布尔虽未拒绝但却提醒说,像他这样背景的人可能并不合适。他说对了。他在耶鲁待了仅仅两年,保持了 A 等成绩(对没有学士学位而读研的一条要求);读的是威廉·霍金(William E. Hocking)、威廉·詹姆斯(William James)和约西亚·罗伊斯(Josiah Royce);同时还在康涅狄格州德比市的一座小教堂里做礼拜日服务。他离开耶鲁,部分原因是他讨厌那些不相干的课程如认识论等,部分原因则是他所属的教会对他施加了巨大压力,要他回到某个教区去。

当他回到中西部、回到底特律市中心时,年仅 23 岁,那时的底特律市中心方兴未艾、日渐扩展,从 1915 年到 1928 年,人口由 50 万发展到 150 万。在这十三年中,尼布尔布道的小教会——"福音海员礼拜堂"的会众增加了 10 倍,原来 8500 美元建立的小礼拜堂变成了一个 12.8 万美元的大教堂。在那里,尼布尔发表了他的第一和第二部著作:《文明需要宗教吗?》(1927) 和《一位皈依后的愤世嫉俗者散记》(1929)。同时,他也完完全全地成了一位牧师,并且向称雄一时的亨利·福特发出挑战。亨利·福特生产廉价汽车,将人们变成工业体系中可以拆换的零部件,摧残人类,使他们时值盛年便失去工作或养老保险金。福特在进行工厂重组、将 T 型车改为 A 型车时,导致 6 万人失业,他还屡次拒绝向地方基金会捐款。面对像福特这样强有力的实业界领袖,尼布尔虽承认其创造力堪为最可宝贵的社会财富之一,但他所做的不是从理论上而是从实践中去研究一个社会伦理的经典问题——自由与正义的关系问题。

尼布尔一生中从未犹豫过批判强力人物,也从未计较代价。可举者首推实业界大亨如亨利·福特,但也包括政治人物如约翰·福斯特·杜勒斯（John Foster Dulles）、出版商亨利·卢斯（Henry R. Luce），还包括福音学者比利·格雷厄姆（Billy Graham）——尼布尔申斥他已成了理查德·尼克松总统的御用宗教家。纽约联合神学院因为其接连几任院长亨利·斯隆·科芬（Henry Sloane Coffin）、亨利·皮特·范杜森（Henry Pitt Van Dusen）和约翰·贝内特（John C. Bennett）维护尼布尔发言的权利，而成了预言家无虞遭到报复而大胆放言的避难所。尼布尔1929年来到纽约，正逢股票市场崩溃，也是人们穷困潦倒、挣扎糊口和遭遇旱灾的开始。幻灭情绪遍及全社会，一些精英人物也难以抗拒。就在1933年3月4日富兰克林·罗斯福宣誓就任总统的三天前，尼布尔在《明日世界》中写道："资本主义正在灭亡……它也早该灭亡了。"（后来他又表示收回这一说法。）在20世纪20年代奉行保守的自由主义的尼布尔，到30年代时却转而认为马克思主义适合美国社会。可见，他的早期思想在发展过程中经历了自由主义和马克思主义的阶段。

尼布尔的神学思想在1932年以前受到自由派清教思想的影响，并在某种程度上受到改革派社会伦理观念的影响。从1915年他完成耶鲁神学院的学业到1932年他发表《道德的人和不道德的社会》，这期间尼布尔的政治哲学与20世纪的自由主义哲学最为接近，特别是在实际影响上。在那个时期，自由主义的原则如支持国联、主张种族宽容、同情工会等代表着尼布尔的主要社会观点。更重要的是，他接受了许多自由主义哲学的思想前提，后来他才表示怀疑或抛弃。他在底特律做牧师期间，目睹了美国工业体系对那里的劳工阶级所造成的迫害，于是他起而积极地主张实行自由主义政策。他批判清教思想在那庞大而非人的科学世界亟须新视角、新方法来解决社会正义问题并协调宗教与科学之间冲突的时候，却主张形而上学、牺牲社会伦理。

但是，早在1929年，尼布尔就曾经对自由主义的某些原则表示过疑虑。《反思一个时代的终结》（1934）一书是他这一思想的转折点。

1936年,在他帮助创办的《激进宗教》杂志上,他列举了自由主义信条的六个盲点。他认为,自由主义过于热切地赞同以下观点:(1)不公正发端于愚昧而终结于教育和智能开发;(2)文明正渐渐地变得合乎道德;(3)是个性而非社会体制可以保证公平正义;(4)吁求兄弟情谊和亲善最终注定会起作用,即使暂时尚未起作用,我们需要的也仅仅是进行更多更好的呼吁;(5)善行促进幸福,对此知之愈多,则人类的自私愈有望克服;(6)战争是愚蠢的,终将在理性面前屈服。尼布尔指出,这六个观点都明显存在问题,值得推敲。自由主义的缺陷在于,它没有看到"人类的愿望和行为之间永存的差异、生命与生命之间持续不断的冲突根源、人类生存所不可避免的悲剧、人类行为无法克服的非理性以及人类历史的曲折性"①。

自由主义迷信人类有能力征服自然,以为人类在本质上是善的,人类历史一直是进步的,这就使它完全具有了一种宗教信仰的性质。尼布尔于是认为,这种情况带来了社会沉疴,感染者是那些自认为头脑异常清醒、精力异常充沛的阶级。换言之,自由主义解决不了当代的问题,因为它对人类及其政治秩序的设想太天真,也因为它已经成了占据社会主流的中产阶级追名逐利的一种激昂的意识形态借口。尼布尔的批判一方面预示着需要一种不会被政治经验驳倒的哲学,另一方面也暗示,是马克思主义学说启发和诱导他对自由主义表示厌烦的。在彻底地将它们抛弃之前,他与这些学说纠缠斗争了将近十年之久。

在20世纪20年代末30年代初,随着他对自由主义愈来愈失望而对马克思主义愈来愈感兴趣,尼布尔对社会现实主义的偏爱得到了满足。前者的缺陷为后者的优势所补救。自由主义失于将个人与社会有机地联系起来,而马克思主义自始至终都在研究社会;自由主义坚持认为通过个人利益的最大化可以奇迹般地造福于全体人类,

---

① Reinhold Niebuhr, "The Blindness of Liberalism", *Radical Religion*, I (Autumn, 1936), p. 4.

而马克思主义则指明这实际上是一种中产阶级的意识形态;自由主义有意掩盖普遍存在于任何社会中的利益冲突,而马克思主义则揭露这种发生在不同社会经济阶级之间的斗争;自由主义坚决主张正义能够通过自由经济体系来实现,而马克思主义则宣告只要经济上的不平等普遍存在,非正义就难以避免。直到1932年,尼布尔仍相信,马克思主义"在陈述社会必然走向的理性目标、公平正义的目标时,或者在解释正义的经济基础时,并没有错"①。

尽管受到马克思主义者敏锐的识见的影响,但尼布尔从20世纪20年代起就对马克思主义者最为根本的理论前提和结论表示了怀疑和担忧。他在《激进宗教》杂志第1期上撰文认为,社会主义的理论引起许多问题,亟待解答。他分析了唯物主义历史观所引发的一些问题。他说,如果彻底抛弃了唯物史观,那就无疑于丢弃了一种可贵的见识。马克思主义在天启宗教的核心重新发现了一个真理,即:人类在文化上、道德上和宗教上的成就绝不是绝对的,而总是受到人类智力有限性的歪曲,受到人类罪恶的败坏。尼布尔提醒那些年轻的美国牧师们,在反对自由主义的多愁善感的同时,不要屈服于马克思主义的教条,以免他们发现自己那并非典型基督教的自由主义信仰被这种激进的信仰所取代——虽然这种激进信仰在分析当前的社会问题上更加现实,但它对生命的总体认识却更乏基督精神。②

在抨击自由主义关于解决社会正义问题的思路时,尼布尔视马克思主义为盟友,但只是一个暂时的盟友。自由主义希望通过要求人们变得更善良可爱来解决重大的社会问题;而马克思主义认为,如果不进行一场让不公平的受害者与不公平的受益者互相为敌的残酷斗争,就无法实现社会正义。可是到1935年,尼布尔发现,马克思主义的这一认识也不过是一种"偏见"。他将资本主义社会条件下公平

---

① Reinhold Niebuhr, *Moral Man and Immoral Society* (New York: Charles Scribner's Sons, 1932), p. 165.

② Reinhold Niebuhr, "Radical Religion", *Radical Religion*, I (Autumn, 1935), p. 3.

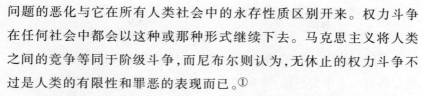

问题的恶化与它在所有人类社会中的永存性质区别开来。权力斗争在任何社会中都会以这种或那种形式继续下去。马克思主义将人类之间的竞争等同于阶级斗争,而尼布尔则认为,无休止的权力斗争不过是人类的有限性和罪恶的表现而已。①

公正地讲,尼布尔是绝不会不分青红皂白地或者不加质问、不加批评地就接受马克思主义对自由主义的批判的。但也不能因此就推断说,马克思主义对他的影响微不足道。当年,大萧条的沉闷气氛在知识界投下了巨大的阴影,马克思主义的判断和预言在空前广泛的范围内赢得了信任。资本主义正在自取灭亡并且必将为生产资料的社会主义所有制所代替,这在美国最严重的经济危机期间似乎不可避免了。不如此就无法在一个技术的时代为健康与公平打下基础。②如果尼布尔赶在大多数社会观察家前面改变他的看法,以迅速反映美国经济活动的实际变化的话,加上马克思主义学说的影响,他将仍旧误解"罗斯福新政"这一社会革命的实用性。"新政"正是对马克思主义预言的反驳。当时富兰克林·罗斯福总统正不辞辛苦地实施一项与尼布尔愿望一致的社会折中计划,而这位政治哲学家却坚持认为罗斯福是那种犹豫不决、优柔寡断、半心半意的政治家。在尼布尔的思想中,可能没有别的错误如此深刻地影响了其哲学最后阶段,或者说实用与审慎阶段的发展了。

另外,经济权力与政治权力相结合为国家所带来的真正危险在当时总是被尼布尔低估。1932 年,他谈到伯特兰·罗素(Bertrand Russell)的一句预言,即某种形式的寡头政治在技术时代不可避免时,质问到底是共产主义的还是资本主义的寡头政治更加难以忍受。如果罗素的预言是对的,那么从长时期看来,共产主义的寡头政治可能更优越。因为,在尼布尔看来,"共产主义寡头的权力将纯粹是政治性的,不会存在特殊的经济利益引诱他去推行有悖于国家利益的经

---

① Reinhold Niebuhr,"Radical Religion",*Radical Religion*, I (Autumn, 1935), p. 3.
② Ibid., p. 5.

济政策"。后来,尼布尔断然地推翻了这种观点,并坦承:"人们尚未认识到,即使一种民主的社会主义也可能要面对如何在一个全面集体主义的经济中保护积极性的问题,并且会出现经济政治权力集中到官僚机构手中的危险,哪怕拥有一个民主政治的架构。"①

出于差不多同样的立场,尼布尔对马克思主义的批判和拒绝反映了那个时代的历史。的确,他首先是在哲学而非经验的基础上表达他对马克思主义的疑虑。其次,他的批判基于俄国的社会主义实验本身,这要远早于他的许多知识界同行。1936年他起而对比阿特丽斯·韦布和西德尼·韦布(Beatrice and Sidney Webb)所著的《苏联共产主义:一种新文明》一书表示异议。他批评该著将法律的结构和规则与政治现实混为一谈。韦布夫妇的研究恰如在议论纽约市政府时完全不提及坦马尼厅②一样。到1939年,事实已经无可争辩了。马克思主义关于"邪恶一俟资本主义灭亡即行消失的主张完全被俄国的现实所否定,正如自由主义所主张的教育可以全面提升人们使他们脱离自身的经济条件并可以促使他们的灵魂脱离肉体欲望、仅凭善良愿望而行动,在我们的社会中被否定一样"③。

尼布尔在两次从迷失中走出后,于20世纪30年代开始寻求建立一种切实可行的政治理论。在此过程中,他保留了自由主义和马克思主义中内在的、永恒性的某些真理。比如,自由主义提出了一些道德目标,这些目标可以促使我们的社会变得更加文雅温和、更加文明开化。这些目标合在一起,构成了尼布尔所谓的自由主义灵魂,它比资产阶级文化还要古老。这些目标中包含有一种宽容和公正的精神,如果没有了这种精神,人类的生活将退化到一种几乎没有人性的境地。自由则是道德上和政治上的另一种目标,自由主义的这种精

---

① Reinhold Niebuhr,"Christian Faith and Social Action", in John Hutchinson (ed.), *Christian Faith and Social Action* (New York: Charles Scribner's Sons, 1955), pp. 227-228.
② 纽约市民主党组织"坦马尼协会"所在地。——译者
③ Reinhold Niebuhr,"Reflections on the Retreat of Democracy", *Radical Religion*, Ⅳ (Spring, 1939), p. 8.

神——不单是在中产阶级所理解和使用的意义上——传给了尼布尔,深深地融入了他的政治思想中。

同样地,马克思主义哲学虽然被尼布尔更全面、更断然地加以拒绝,但它至少还是在尼布尔的研究方法中留下了一些残余因子。如果理解得正确的话,在他看来,马克思主义思想中有三个见解是部分正确的,其中包括:强调人类生活的社会的一面以及人类生存的共同命运——这一点对尼布尔来说意味着一种不仅为个人也为国内和国际社会而追求正义的责任。但他又说道,人类生活的这些有机形式不会同意集体主义者或理想主义者企图强迫把它们融入到机械的或人为的新模型中去。其次,马克思主义认为应当认真对待人类共同体的政治经济结构,而拒绝相信只要有好人在操纵着这些系统和结构就可以不重视它们。最后,马克思主义针对自由主义的利益易于调和的观念提出了阶级斗争学说。尼布尔发现,这最后一种思想难以接受,除非将它扩大到包括所有的政治斗争,所有为恢复非正义的受害者和受益者之间的平衡而不断进行着的斗争。

部分地从马克思主义中,更多地从后来的浪漫主义哲学家如亨利·伯格森(Henri Bergson)那里,尼布尔得出了一个挽救他不致陷入前者的"严重谬误"和 20 世纪 30 年代一些顶尖知识分子深重的悲观主义之中的概念。共同体和民族国家对尼布尔来说都是社会有机体,它们与时俱进。推动其发展的并非只是技术和经济,还有人的基本社会本能。社会能够通过理性加以研究,但理性有其局限性。生命力与人的活力与经济上的决定因素同样重要。20 世纪 30 年代,尼布尔从奥斯瓦尔德·施本格勒(Oswald Spengler)那里吸收和发展了一种历史灾变论或激变论的主题,这一主题反映在他的著作《道德的人和不道德的社会》(1932)中——这本书后来他曾提出应改名为《不道德的人和更不道德的社会》,并且在其著作《反思一个时代的终结》(1934)中得到更加清晰的反映。这种有关灾变的主题在他的《光明之子与黑暗之子》(1944)和《历史的本质与戏剧化》(1955)两著中又有重述。但是,尼布尔个人的政治经验以及他对奥古斯丁主义的利用和发挥,将他从极度绝望中挽救了出来。无论是在终极的还是眼前的生活与命运问题上,人类还是可以选择,尽管这一选择是有限度的。尼布尔用索伦·克尔凯郭尔(Søren Kierkegaard)与现代存在主义哲学家的学说来重新阐述奥古斯丁的思想,并把它应用到政治领域中去。通观尼布尔本人政治哲学的发展,可以看出,他是将不同的政治和哲学传统整合进他个人的知识体系中去的,这让我们难以追溯其思想的特定根源。于是他就形成了一种完全是他个人特有的哲学立场。他对人类命运的深切关怀是一贯的、不变的,而且他也一贯坚持他那不可战胜的信仰,即认为人类的未来将遵循基督教的先见之明和社会有机论的观察认识。

第二次世界大战将尼布尔的思想带到了其最高级的、最后定型的阶段。他于1939年春在爱丁堡大学所做的"吉福德讲座",是他为了构建一种关于人性和政治的理论而进行的最系统的尝试。他开场讲道:"人最感到苦恼的问题一向就是人。人是怎样看待他自己的呢?"然后,尼布尔以一种辩证的思想方式讲下去——这种辩证的思想方式是他关于政治伦理的所有著述的特色。他说,任何有关人的主张都包含着矛盾和冲突。如果观察者着重强调人的独特和理性的品质,那么他就会被人的贪婪、权欲和兽性所欺骗;如果写作者认为任何地方的人都是自然的产物,不会超然于周围的环境,那么他就忽略了人还是那种梦想着上帝并梦想着成为上帝的生物,忽略了人的同情心没有止境;如果历史研究者宣称人在本质上是善良的,并且将所有的罪恶都归咎于具体的历史和社会原因,那么他就只不过是回避了问题的实质,因为那些原因其实是人类与生俱来的罪孽所造成的后果;如果因此得出结论说人被剥夺了全部的美德,那么得出这种判断的能力却恰恰又反驳了其论断。所有这些人类认识自我时的令人困惑的矛盾证明了,要公平对待人的独特性同时又要公平对待其与自然的密切关系是困难的。尼布尔批判思想的中心是,现代关于

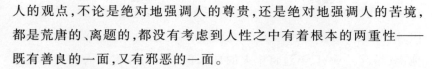

人的观点,不论是绝对地强调人的尊贵,还是绝对地强调人的苦境,都是荒唐的、离题的,都没有考虑到人性之中有着根本的两重性——既有善良的一面,又有邪恶的一面。

人类危险地摇摆于自由和局限、精神和物质、人性和神性之间,这一事实带来了一个更深刻的矛盾。当人处于自由和局限的交点这个暧昧和矛盾的位置上时,他就会陷入焦虑之中,这对理解政治行为至为根本。人总是担忧他人的侵犯和专制,并暗暗惧怕自己的脆弱和无能。由于人的理性的限度,他永远也无法对自己的种种可能性做出全面的判断,因此,他就谎称已经克服了自身的局限性及人类的弱点,从而无休止地寻求着安全,并认为,只有通过扩张自己的权力和影响,才能确保不被他人支配。

人类焦虑的最为重要而明显的政治表现是权力意志。人和动物一样,有着天然的求生的欲望、渴望和冲动。但是,人既想为人又想为神,既想在物质方面又想在精神方面拥有权力,其要求发生了质的变化,不可救药地抬升到那种无拘无束而又贪得无厌的精神层次上了。为了克服社会焦虑,人们追求对其同类的权威和控制,企图压服他们以免他们反过来支配自己。为政治权力而进行的斗争,仅仅是遍及人类生活各个层面的敌对状态的一个例子而已。这种敌对还反映在丈夫与妻子之间、父母与子女之间、配偶与姻亲之间、种族团体之间、子女和再婚父母之间、各州和整个国家之间以及政府的立法机关和执行机关之间的关系上。

在集体行动场合,自我中心的情感力量如此强大,以至于唯一可能达到的调和是,设法使某个敌对的力量中立化,为此,可以运用势力均衡,可以通过互相提防以免其肆意妄为,也可以引导利用来为社会目的服务。社会团结建立在人性的善良本性上,也建立在人性的自私本性上;对于一个国家来说,集体力量的这两个孪生因素就成了大众的献身忠诚和无益争斗。由此出发,政治——无论是在有组织的政治团体中,还是在较大的组织中——由于其成员的无私奉献和忠诚而变得更加好斗、更加残酷。尼布尔的结论是,在国际社会范围内,即使某个国家是由最友好的人组成的,它也不会去爱别的国家。他说:"社会……只不过将个人的自私积累起来并将个人的利他观念转化成集体的自私,从而使团体的自私具有了双倍的力量。正因如此,任何团体的行为都不是完全无私的,更不是互利的,政治也就注定是一种争夺权力的斗争。"①

在世界政治中,这种混合着当今离间和破坏活动的强烈的集体忠诚,加剧了各国追求权力、影响和威望的斗争。所有国家都声称要寻求安全,要依其国家利益行事。尼布尔愿意承认,总体上说国家并非特别有雅量,英明的自私自利通常就是它们道德造化的界限。然而,自私自利和国家自我保全的要求却常常造成对公认道义的侵犯。在 20 世纪 50 年代早期,制造氢弹的决策触怒了许多敏感的人,但是尼布尔却响应道,不管抵御征服、寻求自保的道路有多么危险,任何国家都不会坐视其自身安全受到威胁而不管。当然,核扩散的景象也令他感到恐怖和震惊。

尼布尔承认,人和国家在追求私利时,总是声称遵循了某种总体价值设计。这一信念促使他问道:第一,是否可以说,经常和不加非议地强调国家利益对一国而言并不像对个人生活那样会弄巧成拙?换句话说,一个只顾自身利益的国家是不是就不把其利益界定得太窄,以免会牺牲其基于国际社会中共同热爱的正义原则和既有的相互依存关系之上的安全呢?美国的对外政策过于强调其慈悲为怀,因而加深了那些嫉妒其财富和权力的人们的怨恨。国家利益一方面受到道德上玩世不恭的危害,另一方面又受到道德上自命不凡、虚伪造作和意识形态诡辩的危害。尼布尔在其更早些的著作里,曾强烈谴责过道德上的玩世不恭,但后来他更关心的是虚伪造作和意识形态诡辩。他总结道,玩世不恭和自命不凡是一个问题的两个方

---

① Reinhold Niebuhr,"Human Nature and Social Change",*Christian Century*,L(1963),p. 363.

面——它是一种对国家责任的依旧相互冲突着的情感,时而认为除了自身利益外对国家不负义务,时而又忘我地投身于高尚的正义运动。

埃德蒙·伯克(Edmund Burke)提出的一个概念被尼布尔所用,并成为这位伟大神学家思想发展最后阶段的中心概念。理论家,尤其是社会科学家,常常相信历史王国类似于自然王国,并且相信采用正确的科学方法或理论方法可以保证人们掌握他们的历史命运。正因如此,大部分科学研究在很大程度上与经国治世的实践不发生关系,在治国领域其口号必定是"一天的难处一天当就够了"(因为明天自有明天的忧虑)。对伯克而言,将理论与政治实践关联起来的问题涉及"审慎"这个概念。审慎,而不是正义,居于政治美德之首;它既是指导者,又是调节者。形而上学离不开定义,但审慎却对其定义小心翼翼,因为它学会了和变动不居的现实相处。政治学不是一门科学,而是一门艺术。

当尼布尔转向一种越来越实用的世界政治观点时,他意识到了理性的局限性以及传统规范思维的局限性。在很大程度上不合乎理性的政治领域中,斗争通常表现得很激烈,以至于唯一可能实现的和平是停战,唯一的秩序是暂时的力量均衡。即使最浅显的政治道德准则也很少在实践中兑现;折中妥协即使靠不住,政治家们也得勉强接受。对权力斗争中各方在道德上的自命不凡加以节制是必要的,同样也有必要将有关国家利益的道德做出区别。20世纪20年代的尼布尔是一位社会改革家和乐观主义者;30年代他受马克思主义的影响成了一个激进分子;但在后来的岁月中,他又成了一位基督教现实主义思想家。当有批评家警告他有成为一位实用主义者的危险,并且其实用主义又因为缺乏激情、道德淡漠而处境危险时,他回答道,他的实用主义是有限度的、工具性的,即使他承认他会因此而冒险站到了"玩世不恭的无底深渊边上"。他希望,将他从那个危险的地方挽救过来的,是他愿意公开承受来自朋友、敌人和上帝的批评。

挽救他的还有,他有能力通过宗教——并在美国的宪法体制下通过更高的法——"为找到一个天外的杠杆支点"而高瞻远瞩。他这样解释圣保罗的话并奉之为生活的指南:"在我们的生命历程中,任何值得做的事都没有做成;因此,我们必是得救于希望。……我们所做的任何事,无论多么高尚,都无法单独做成;因此,我们必是得救于爱。任何善良的行为从我们的朋友或敌人的立场上看都远没有从我们自己的立场上看那么善良,因此,我们必是得救于爱的最后形式,即宽仁之心。"①

尼布尔对别的思想家的影响并不难跟踪追述。乔治·凯南曾把尼布尔称为"众家之父",暗示着存在一个由凯南及其他人继承下来的知识传统。如果尼布尔是某个传统的创始人,那么他的后继者选择的是,以许多各不相同的方式来解释他的思想。宗教信徒们引以自豪的是尼布尔遵奉的所谓"基督教现实主义",他们宁可不记得他还说过:"宗教对于诚实的人是好东西,而对不诚实的人则是坏东西。……教会给人的印象尚不够深刻,因为许多宗教领导人总是按照理性去布道。"世俗的领袖们之所以受尼布尔吸引,可能是因为他的"疑教谈话",哈佛大学还成立了一个团体,就叫做"支持尼布尔的无神论者"。这些宗教怀疑论的追随者们如果知道他肯定过约翰·贝利(John Baillie)说的这段话一定很窘迫:"无论我后退多远……我都不会后退到无神论意识上。我决不会走到只知有自己而不知有上帝的那一天,正如我决不会走到只知有自己而不知有别人的那一天。"②这种独特的疑教与信教相结合的观念,使尼布尔既成为其他有批判精神的思想家的先驱,又成为美国知识界无可替代的人物。在美国政治科学学会 1974 年年会上,阿瑟·施莱辛格(Arthur Schlesinger, Jr.)总

---

① Reinhold Niebuhr, *The Irony of American History* (New York: Charles Scribner's Sons, 1952), p. 63.尼布尔常常这样转述《圣经》中的经文,以此来阐释现在。

② June Bingham, *Courage to Change: An Introduction to the Life and Thought of Reinhold Niebuhr* (New York: Charles Scribner's Sons, 1961), p. 12.

莱因霍尔德·尼布尔(1892—1971)：由神学到政治审慎

结尼布尔的贡献时说："自 20 世纪 30 年代至 60 年代,没有人能够取代他的地位和他所扮演的角色。"

但是,从尼布尔对任何特定人群的直接影响方面来说,他的影响也不能够加以夸大。他对那些被弗雷德里希·施莱艾尔马赫(Friedrich Schleiermacher)称做基督教的"知识蔑视者们"发表过演讲。他是一位现代的巡回牧师,不断地在小型研讨会、大型公开讲座和宗教布道会上向学院和大学的人群发表演讲和说教。他的话让人感到可信,因为他从不隐瞒他本人的怀疑。20 世纪 40 年代某个周末的上午,当他在马萨诸塞州希尔思市靠近他的夏日住所的一个小教堂里讲道时,他的一个朋友兼邻居——美国最高法院法官费利克斯·法兰克福特(Felix Frankfurter)插话道："我喜欢你所讲的东西,莱尼,而且我这么说就好像我是一个信教的异教徒。"尼布尔回答说："很高兴你喜欢,因为我讲道时就好像我是一个不信教的信徒。"

尼布尔的追随者与日俱增。联名推荐尼布尔荣任联合神学院社会伦理学教授一职的人士有：

文学家奥登(W. H. Auden)、艾伦·佩顿(Alan Paton)、艾略特(T. S. Eliot);

政治领袖阿道夫·伯利(Adolph A. Berle)、切斯特·鲍尔斯(Chester Bowles)、海因里希·布吕宁(Heinrich Bruning)、拉尔夫·邦奇(Ralph J. Bunche)、休伯特·汉弗莱(Hubert H. Humphrey, Jr.)、赫伯特·莱曼(Herbert Lehman)、埃莉诺·罗斯福(Eleanor Roosevelt)、拉达·克里希南(Radha Krishnan)、阿德莱·史蒂文森(Adlai Stevenson)、诺曼·托马斯(Norman Thomas);

教育家查尔斯·科尔(Charles W. Cole)、多德(C. H. Dodd)、路易斯·芬克尔斯坦(Louis Finklestein)、威廉·霍金、克拉克·克尔(Clark Kerr)、格雷森·柯克(Grayson L. Kirk)、罗伯特·哈钦斯(Robert M. Hutchins)、亨利·里斯顿

（Henry R. Wriston）；

企业家弗兰克·阿特休尔（Frank Altschul）、保罗·霍夫曼（Paul G. Hoffman）、亨利·卢斯、欧文·米勒（J. Irwin Miller）；

劳工领袖戴维·杜宾斯基（David Dubinsky）、约瑟夫·劳（Joseph L. Rauh）、沃尔特·鲁瑟（Walter Reuther）；

神学家埃米尔·布隆内尔（Emil Brunner）、杜鲁门·道格拉斯（Truman Douglass）、安格斯·邓恩（Angus Dun）、舍伍德·埃迪（Sherwood Eddy）、乔治·福特（George B. Ford）、哈里·埃默森·福斯迪克（Harry Emerson Fosdick）、威尔·赫贝格（Will Herberg）、雅克·马利丹（Jacques Maritain）、保罗·蒂利希；

以及外交政策分析家巴巴拉·华德·杰克逊（Barbara Ward Jackson）、乔治·凯南、沃尔特·李普曼、阿瑟·施莱辛格、阿诺德·汤因比、阿诺德·沃尔弗斯。

很难找到任何其他美国思想家拥有如此广泛而又如此多样化的追随者群，也无人能够像他一样如此热情、敏锐和巧妙地邀集到研究方法迥异的较年轻一代作者给他编辑的杂志撰稿，特别是《基督教与危机》杂志。尼布尔之后的一大批作者——自由主义者、保守主义者、黑人作家、白人种族主义者、激进分子和冷战的不同诠释者——都声称尼布尔是属于他们的。作为17部著作、1500多篇期刊论文的作者，尼布尔不可避免地令为数众多的人从中受益。

然而，在他的全部著作中，尼布尔却只是集中探讨了以下几个基本主题：人性和原罪；从紧张对立的观点中寻求真理；自相矛盾与模棱两可的悖论；运用理智而不把理性的一致当成"普罗克拉斯提斯之床"①而强求一律；政治与权力；审慎与务实的道义；共同体与政治利

---

① 该语典出于希腊神话中的巨人普罗克拉斯提斯（Procrustes），他将俘虏拔长或截肢以使他们与床齐长。——译者

益的汇聚。在终极关怀方面,他宁愿违背逻辑,去揭示人类环境不和谐之中的复杂关系,以及历史的嘲弄和最后希望之所在。他说:"不管我们是生还是死,我们都为主而生,向主而死。"在政治危机中,他从不回避必须做出的道德和政治选择。在他 1943 年 8 月 25 日写作的与二战有关的《基督教通讯》中,他说:"当世界未来的和平处于危殆之中时,政治上的权宜之计决非可耻之事。"即使像卡尔和泰勒(A. J. P. Taylor)那样的政治思想大师,都曾因为要选择是维护美国式民主还是拥护希特勒国社党的集体活力而犹豫不决,而尼布尔则宣布,如果在这个问题上不可能有道德分辨力,那么在这世间也就永远不可能存在道德分辨力了。

尼布尔在《民族与帝国的结构》(1959)一书中预言到,随着苏联的第二和第三代革命者和专家治国论者取代狂热的革命者,共产主义对西方的威胁将逐渐减弱,东西方紧张关系有可能松弛下来。他赞成美国通过北约和马歇尔计划与苏联对抗,但却质疑美国为了阻止一场民族主义内战而对越南进行大规模干涉。

若有人说他的政治判断一向正确,他一定会感到窘迫不安。但他的传记作者说他表现了"变革的勇气",对此他却颇引以为傲。他留给后人的,主要是他对于一项政治理论的基本原理表现出的坚持精神,而不是他作为一位政治学权威有能力创作出那么惊人数量的政治观察和评论之作。

莱因霍尔德·尼布尔的著作:

1927

Does Civilization Need Religion: A Study in the Social Resources and Limitations of Religion in Modern Life. New York: Macmillan Co.

1929

Leaves from the Notebook of a Tamed Cynic. New York: Willett, Clark & Colby.

1932

The Contribution of Religion to Social Work. New York: Columbia University Press.

Moral Man and Immoral Society: A Study in Ethics and Politics. New York: Charles Scribner's Sons.

1934

Reflections on the End of an Era. New York: Charles Scribner's Sons.

1935

An Interpretation of Christian Ethics. New York: Harper & Brothers.

1937

Beyond Tragedy: Essays on the Christian Interpretation of History. New York: Charles Scribner's Sons.

1940

Christianity and Power Politics. New York: Charles Scribner's Sons.

1941—1943

The Nature and Destiny of Man: A Christian Interpretation. 2 vols. New York: Charles Scribner's Sons. Published in 1949 as one volume.

1944

The Children of Light and the Children of Darkness: A Vindication of Democracy and a Critique of Its Traditional Defence. New York: Charles Scribner's Sons.

1946

Discerning the Signs of the Times: Sermons for Today and Tomorrow. New York: Charles Scribner's Sons.

1949

Faith and History: A Comparison of Christian and Modern Views of History. New York: Charles Scribner's Sons.

1952

The Irony of American History. New York: Charles Scribner's Sons.

1953

Christian Realism and Political Problems. New York: Charles Scribner's Sons.

1955

The Self and the Dramas of History. New York: Charles Scribner's Sons.

1958

Pious and Secular America. New York: Charles Scribner's Sons.

1959

The Structure of Nations and Empires: A Study of the Recurring Patterns and Problems of the Political Order in Relation to the Unique Problems of the Nuclear Age. New York: Charles Scribner's Sons.

关于莱因霍尔德·尼布尔的著作：

Bingham, June. *Courage to Change: An Introduction to the Life and Thought of Reinhold Niebuhr.* New York: Charles Scribner's Sons, 1961.

◆----→ 约翰·考特尼·默里(1904—1967)

基督教与战争

约翰·考特尼·默里(John Courtney Murray)牧师是从罗马天主教传统出发就国际关系道义问题发表著述的最重要的一位美国理论家。默里也是一位特立独行的神学家,他曾表示,基督教思想家个人有责任就国际政治问题发表有力的言论。他坚持认为,道义必须决定权力的使用。就权力的性质和难题,默里写道:"权力唯有用道义原则才能加以指导。命令、禁止和限制权力的使用,或者更笼统地说,规定权力应当或必须为之而行使的目的,这些都是道义的功能。"道德法则内在于理性的传统之中,尤其在天主教自然法学家们看来是如此。他反复强调正义战争观念、实力均衡思想和审慎的政治品德之重要意义。这种道义观让默里能够去评价时事,并为他评判别人的道德逻辑提供了标准。比如,他警告人们不要冒险相信那种"过分简单化的说法",即"行使权力是傲慢虚荣的,因而是错误的,但不使用权力却是不负责任的,因而更加错误"①。

约翰·考特尼·默里 1904 年 9 月 12 日生于纽约市。他的母亲是爱尔兰人;父亲是苏格兰人,是一名律师,在他 12 岁时就过世了。他的父母都是天主教徒,但母亲对家庭的宗教影响最大。虽然默里小时候对从事医学感兴趣,但他在一所耶稣会高中——圣弗朗西斯·泽维尔中学所受的教育,引导他在 16 岁时就加入了耶稣会。他考上了马萨诸塞州韦斯顿学院和邻近的波士顿学院,于 1926 年和 1927 年先后取得学士和硕士学位。

依照耶稣会的惯例,他的学业被中断三年,去菲律宾的马尼拉雅典耀大学教授拉丁文和英语文学,这所大学是菲律宾几所著名的天主教高等学府中最受尊敬的一所。1930 年返回美国后,他到马里兰州伍德斯托克学院——一所专供耶稣会牧师学习神学的学校——学了四年神学,后又在罗马的教皇格利高里大学研修神学四年,并取得了神学博士学位。1937 年,默里返回伍德斯托克担任神学教授,一直到他去世。他也到别的研究机构去讲过学,包括到耶鲁大学做访问教授,专讲中世纪哲学与文化。在伍德斯托克,他专门研究的是"三一"论与天恩论以及当代无神论问题。他著有《天主的问题:过去与现在》(1964),而且,在他和其他神学家如古斯塔夫·魏格尔(Gustav Weigel)等的共同努力下,伍德斯托克学院成了美国最有实力的神学研究中心。

默里早在 20 世纪 30 年代就开始在耶稣会学术会刊《关怀》上发表文章,那时他还是一个在读神学的学生。但是,直到 40 年代他发表关于民主时代多元化国度里天主教会诸问题的里程碑式系列文章时,他才出人头地,成为一位著名的宗教思想家。1941 年,默里出任伍德斯托克学院出版的《神学研究》杂志主编。在这份杂志与《教会评论》上,默里不遗余力地呼吁美国社会中的天主教徒与新教徒之间

---

① John Courtney Murray, *We Hold These Truths* (New York: Sheed & Ward, 1960), pp. 273, 288.

应有更大的合作。他坚决主张,梵蒂冈不仅应当宽容美国的宗教多元化形势,而且还应当承认这种形势是一种新的体系,其本身是好的,因为美国天主教徒在非天主教多数人中虽处于少数的地位,但这已经是天主教徒自4世纪以来史无前例的有利地位了。默里所引发的争论过于活跃,以至于他所属的耶稣会终于下令让他住嘴,命令他以后所有关于政教事务的著述必须报请耶稣会总会批准。他在《世界事务中的天主教会》(1954)中写的文章令教会大为震惊,据该书主编沃尔德马·古里安(Waldemar Gurian)称,由于默里的这篇文章,有人提议收回教会的出版许可。

但是,默里的观点随着罗马教皇约翰二十三世发动的改革进程而得以证实。敌视他的宗教自由观的反对者们设法拒绝他参加第二届梵蒂冈大会第一次神职人员会议,但教皇保罗六世却邀请他以专家身份参加第二次神职人员会议。另外,默里的思想还构成了宣布"人人享有信教的自由权利"的大会文件的基础。那份文件主要出自默里之手,开篇写道:"人类的尊严观念已日益深入到当代人的意识之中。人们越来越迫切地要求按照自己的判断而行动,充分利用自由的权利而且愿意承担责任,这并非出于强制而是出于责任感。人们还因此要求立宪限制政府的权力,以防止它侵犯个人与社团的合法自由权利。"① 如此说来,美国政教关系的经验就应当被视为所有教会的楷模。正如莱因霍尔德·尼布尔说到默里时那样:"默里之所以颇有影响,是因为他总是同时根据天主教神学和美国传统观念去思考。他为自己身处美国传统之中而欢欣鼓舞。"② 默里与尼布尔之间的关系,他们的相互支持与观念分歧,他们的著名辩论和争论,在美国宗教与政治思想史上成为一场最有价值的对话。这两位都是影响很大和意志坚定的思想家,他们的基本信念与信仰都不会为了意气

---

① Walter Abbott (ed.), *The Documents of Vatican II* (New York: Guild Press. 1966), p. 675.

② 引自 *Current Biography*, 1961, p. 332.

相投而稍有改变的。

默里既相信美国传统对天主教传统颇有价值,同样也相信天主教传统对美国经验深具意义。在《我们坚信这些真理》(1960)一书中,默里写道:"天主教教义是否适合于美国民主这个问题不时被人提起。这个问题既不恰当又无意义,因为它提出的方式颠倒了价值顺序。当然我们必须将它反过来,读成:美国民主是否适合于天主教教义。"①他在大量宗教和非宗教期刊——从《美国政治与社会科学学会年报》到《天主教思想》——上发表文章,提倡宗教的首要地位。他还以沉着冷静、合情合理的说教以及理智清晰和谦恭周到的处世之道而闻名。20世纪60年代,默里应罗伯特·梅纳德·哈钦斯之邀加入了民主制度研究中心,与莱因霍尔德·尼布尔、亨利·皮特·范杜森、埃莉诺·史蒂文森(Eleanor Stevenson)、阿道夫·伯利以及埃里克·戈德曼(Eric Goldman)等人为伍。1966年,默里出任耶稣会所设的约翰·拉法热协会主任,该协会旨在将社会上各行各业的领导人邀集到一起,就宗教自由、种族歧视、新闻检查、堕胎、商业与政治伦理、宗教与艺术、战争与不合作运动以及人口爆炸等问题进行非正式的讨论。依默里之见,这些讨论的目的并不是求取意见一致,而是为坦诚的意见分歧创造相互理解的前提条件。默里相信,通过自然法可以达到更广泛的共识,恰如道格拉斯·奥金克洛斯(Douglas Auchincloss)在1960年12月12日的《时代周刊》上所写的:"如果有什么人能够帮助美国天主教徒与其非天主教同胞在展开争论之前先相互理解,那他一定就是约翰·考特尼·默里。"身高6.4英尺的默里,不论在发表有关自然法的演讲时,还是在点叫一杯"苦极了的干马提尼酒"时,都操着一口洪亮的男中音,在美国学术界树立了一个引人注目的形象。

作为一位关心维护西方文明的美国公民,默里寻求将天主教关

---

① Murray, *We Hold These Truths*, pp. ix-x.

于正义战争的教诲应用于核时代的生死问题上。默里不仅没有把这一教诲当做枝节问题加以摒弃,而且坚持认为,应当承认关于正义战争的理论在政策制定中起着极为重要的作用。他写道,"正义战争的三重传统功能"是,"谴责战争为恶、限制战争引起之恶和尽可能地使战争行为人道化"。他批判那种"孤注一掷的理论家",认为他们是强迫自己走上情绪化的和平主义或玩世不恭的现实主义两个极端的。"其主要谬误在于,假定'战争'与'和平'是两个不相连属、不相通约的存在范畴和论域。……而事实上,我们是生活在一种介于和平与战争之间的中间状态。"① 在默里看来,公开的辩论应当涉及有限战争,甚至有限核战争。(这种观点导致默里的批评者称他为"核战争道学家"。)

对默里来说,正义战争的基本命题在核时代仍然有根有据。所有的侵略战争在道德上都是被禁止的。但是,真正的问题并非侵略问题,而是非正义问题,而且任何一个国家都不再可能独享正义之理。(如果默里能活到亲眼目睹第三世界国家对不公平的国际秩序的攻击,那么他一定会和道德哲学家如印尼人苏查特莫科[Soedjatmoko]等展开吸引人的辩论。)另一方面,防御性战争在原则上和事实上都为道德所许可。关于正义与非正义,是以道德指针作为调和二者的原则的。需要考虑的是,必须把一种不公平秩序所造成的苦难与一场为结束不公平而发动的战争所带来的伤害相权衡。这种比较涉及道德上的考量,其根据是,理解到物质上的死亡与毁灭并不是战争可能造成的最严重不幸。进一步说,使用武力应当被限制在必须和足以维护法律和政治目的的范围内。关于这一点,像"总体战""无条件投降"等概念就违反了均衡和权力有限的原则。越战时,如果默里还在世的话,他一定会一再用这个标准去评估那里的战争行为。

自然法标准给默里提供了一个提出其他道义理论的框架。在否

---

① Murray, *We Hold These Truths*, pp. 269, 270.

约翰·考特尼·默里(1904—1967)：基督教与战争

定和平主义与玩世不恭的现实主义过分简单化的同时，默里也对道德"骑墙"主义予以批判。如其所见，这种道德上的"骑墙"源于新教的唯意志论的、主观主义的个人主义，它重点强调的不是一个人做了什么事，而是一个人为什么做此事。（一定程度上，他的这一批评是指向尼布尔的。）取代这种旧道德观的新道德观认为旧的道德观太过朴素，因此就反过来强调道德决定的二义性。对于"骑墙"主义者，最后的道德判断范畴不是对或错，而是模棱两可：行动即犯罪。默里同意说道德问题是复杂的，但他坚持认为，对与错是可以加以分辨的。道德"骑墙"主义者对现存的政治关系提出了一种有说服力的批评，但他们在如何建立新结构的积极思想及其相关政策方面却无甚贡献。预料到有人会提出异议，说理性已使非正义的政治安排合法化了，默里写道："传统道德强调公共事务中的理治原则，但并不认为，人类在历史上成功地将理性安置在合法的地位上就会有丰厚的收益。当然，有收益就很重要了。"[①]于是，默里呼吁返回自然法，以重建美国的自我认识。

　　罗马教廷对默里的抨击使他不能参加第二届梵蒂冈大会第一次会议。当有人问他对此有何感想时，他回答道："人生苦短；如果像这样的大事发生了，一个人觉得还是在场的好。"但是，第二年他就参加了，并亲眼目睹了教皇约翰二十三世倡议的"天主教现代化"取得成功，看到自己的思想被写进大公会的《宗教自由宣言》，还与教皇保罗六世共做弥撒。他的批判可能是破坏性的，对此笔者有所领教，当时他对笔者提交给宗教与国际事务委员会的一篇论文提出了诘难。他有时也犯错，正如天主教作家约翰·科格利(John Cogley)曾指出的：他的政治预言有时太离谱；他的保守主义偏见经常辜负他自己；他偶尔还抓不住别的思想家所议论的要点。然而，科格利断言，默里绝没有说过一句愚蠢糊涂的话、一句感情用事的话或故意说过一句残酷

[①] Murray, *We Hold These Truths*, p. 289.

无情的话。他的文风源出古典,有贵族气质,且结构严谨,有时甚至达到了刻板的地步,但是其态度温文尔雅。他在知识界的对手们一向都有点儿怀疑,他在辩论前早已成竹在胸、藏而不露,但他从不隐藏的是对理性经久不渝的信念。

他猛烈抨击三种相反的对待战争的观点:(1)比较具有基督教和平主义的观点,即认为今天的战争变得太具有破坏性,已成了道德上荒谬的事情(默里回答:的确如此,但并非每一场战争都如此);(2)认为敌人完全不讲道德,因此反击者为了赢取战争也必须不讲道德的观点;(3)认为联合国能够出面宣布战争为非法的观点。他坚持认为,原子战争本身并不会自然而然地在道德上就是不合理的。比起有形的毁灭而言,还有更大的不幸。要判断以武力镇压来对付非正义颠覆是否合乎道义,就必须从道德上加以考量。战争与和平并非两个不相连属、不相通约的存在范畴。人类大部分时间生活在一种和平与战争之间的中间状态。政策总是在权力范畴和道义范畴两者的交汇点加以制定。教皇庇护十二世曾期望设立一个正式的、在国际事务中拥有垄断性武装力量的国际权威机构,但是联合国没有达到这一目标。

默里极力主张回到以前更早、更古老的道义观,那种道义观确信,善就是善,因为这由上帝主宰。首要的问题是道义本身的性质。按照自然法,社会和国家都是合理的设置,它们都有着相对自主的目的或意图,这些目的或意图在人类的社会政治本性中是已经预先设计好的。不错,社会生活和国家行为中所固有的道义原则并非毫不含糊地就是个人生活的道义原则。从政治道义上看,自私自利作为国家行为的动机既是合法的,又是必需的。当然,理性传统仍认为,不能说任何权力的使用都值得骄傲;理性要求对武力与暴力加以区分。武力指的是将权力限制在必须和足以维护正当的法律和政治目的的范围内。(但对于反抗不公正的国际秩序的国家而言,谁会问什么目的是正当的呢?)越过这一范围就是暴力。作为国际政治的一种工具,武力本身自然而然地就是道德中立的。

默里努力反驳有人批评自然法被混同于抽象主义、目的论、法律至上论和守旧主义。相反,他认为自然法的目的在于,使人类在理性上是人道的,使社会在本质上是文明的。基督教徒应当超越自然,而不是逃避自然。自然法为现实秩序提供了一个安全的寄托之所。它依据的是现实主义认识论的前提("人可有知"),依据的是像目的论那样的属性("历史总是有着某种目的或意图的"),依据的是自然神学("上帝位居生命秩序的最高处"),而且它还相信,自然秩序并非必须盲目地加以实现的秩序,而是理性的秩序,因而也就是自由。自然法是共同的感觉和经验的积淀。它的内容在不断变化,其应用也有不断发展。对全部已有的人类价值而言,它是保守的,但在促进人类认识不断完善方面,它却是充满活力的。

默里相信法的教育性和作为理性而非意志的法的优越性。政治权威的来源是反映国家有机性的共同体。统治者的权威是有限的,政府建立在统治者与被统治者的契约性关系之上。默里对这些经典观念抓住不放,恰如其分地反驳了关于国内政治和国际政治的对立观点,对这些对立的观点,他并没有摒弃而是试图加以超越。政治,在他看来,就是人类的理性活动和道义活动。

默里于1967年8月16日因心脏病去世,享年62岁。他在天主教会和这个国家留下了身后英名。沃尔特·伯格哈特在致悼词时努力去捕捉这位伟人的思想精华,他说:约翰·考特尼·默里乃基督教人道主义者的化身,在他身上,既有着尊贵的思想,又洋溢着众生之爱。我们真的很幸运,因为我们认识并热爱这位基督教伟人,这位"与智慧同在的伟人"①。

---

① Walter Burghardt,"He Lived with Wisdom", *America*, CXVII (September 9, 1967), p. 249.

约翰·考特尼·默里的著作：

1958

Foreign Policy and the Free Society. With Walter Millis. New York：Oceana Publications, for the Fund for the Republic.

1959

The Moral Dilemma of Nuclear Weapons. Essays from *Worldview*. Edited by William Clancy. New York：Council on Religion and International Affairs.

Morality and Modern War. New York：Council on Religion and International Affairs.

1960

We Hold These Truths：Catholic Reflections on the American Proposition. New York：Sheed & Ward.

1964

The Problem of God, Yesterday and Today. New Haven, Conn.：Yale University Press.

1965

Freedom and Man. Edited by John Courtney Murrey. New York：P. J. Kenedy Publishers.

The Problem of Religious Freedom. Westminster, Md.：Newman Press.

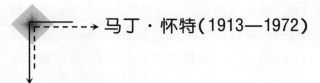 马丁·怀特(1913—1972)

西方文明的价值

马丁·怀特(Martin Wight)以杰出的表现从事于国际关系的教学,他研究这一主题时选择的方法不是流行的社会科学方法论和系统论,而是历史学、政治学和神学的经典表达方式。师从英国学者查尔斯·曼宁(Charles Manning)及其门徒——他们声称要通过科学的研究方法改造国际问题研究——的美国留学生们,经常转而投到怀特门下接受其悉心指导,把怀特当成他们的主要导师。与曼宁不同的是,怀特把国际研究视为一种方法而不是一门科学。在鼓励和培养学生方面,没有一位教师曾比怀特更同情理解学生,更诲人不倦。因此,当我们探求他的思想影响时,不仅要研究他本人的著述,还必须走进他的出道弟子们的思想。

怀特1913年生于英国的布赖顿市,其父是当地的一名医生。怀特是在牛津大学布拉德菲尔德和赫特福德学院接受的教育,1935年,他在牛津拿到了现代史学的第一名(赫伯特·巴特菲尔德是主考人之一)。怀特的朋友回忆他时说,他高大、庄重、文质彬彬,身材酷似林肯,且衷心敬爱真理。他很早就成为一名博学的学者。他喜欢搜集欧洲历史上的手稿、史前器物和雕像,并且酷爱钻牛角尖。他的朋友亚当·沃森(Adan Watson)有个说法:"他有鹊儿癖,爱收藏小东小西。"

怀特离开牛津大学后,加入了位于查塔姆的皇家国际事务研究所,在那里从事研究和写作一直到1949年,其间仅在二战时中断过,到联合国任专栏作家时又中断一年。在查塔姆大厦即皇家国际事务研究所——它是由英美两国的公私捐赠人和基金会所创办的,怀特受到了阿诺德·汤因比的影响。作为年轻人的怀特与这位世界著名的历史学家合作编辑了这家研究所的连续出版物《国际事务概览》,并就汤因比主编的《历史研究》进行合作。怀特还在《国际事务概览》第七卷之后附录了几成一本小书的评论和注释,以反映他与汤因比在历史问题和神学问题上的不同意见。尽管他们之间有不同意见,但汤因比与怀特都有坚定的宗教信仰,都将历史看做是普遍性的而非地方性的,还共同关心世俗历史与宗教历史之间的相关关系,而且他们都具有找出现在与过去之间相似之处的能力。费希尔(H. A. L. Fisher)在评论某一卷《国际事务概览》时发现,汤因比,并推断可能还有怀特,试图将现在与更宏大的历史潮流联系起来,以确认它们之间存在富有历史意义的相似处。汤因比研究当代问题的方法给《国际事务概览》打上了鲜明的印记,明显有别于纽约对外关系委员会出版的期刊性年度报告。汤因比与怀特的研究方法也使他们置身于主流的学术性编史工作之外,他们也不被列入《世界事务中的美利坚》所做的年度事务综述以及各国外交关系委员会的年度出版物之中。作为一名大学校长,怀特把历史看做是预言剧或者"案例哲学教学",这种研究思路把他与更加传统的学术和对外政策群体截然分开了。

在二战前夕和战争期间,怀特一直在黑利伯里担任校长。在那里,尽管他没有什么经验,但他很快就证明自己是一名极为出色的教师。他鼓励学生不要只把历史看做是关于事实的知识——与汤因比的历史观相反,要看到历史上的每一个决策都有其自身的道义内容。怀特把汤因比关于内在与外在无产者和文明衰败与复兴的概念,运用到更广阔的历史时代中去。他不仅强调历史,还重视当今时代的问题,虽然在他的职业生涯中他很少拥护什么——这可能也反映了他对自己曾拥护过国联而产生的失望情绪。

在二战前,怀特是一个基督教和平主义者,起初他拥护国际联盟,但是对国联在阿比西尼亚危机当中没能有效实施针对墨索里尼的集体制裁而深感失望。他原本希望国联能够为和平创造一种新格局;他担心的是,一旦埃塞俄比亚被占领,其他国家也难以幸免。1936年,他的和平主义①受到了迪克·谢泼德(Dick Sheppard)的影响。谢泼德历任圣马丁教堂代理主教、圣保罗大教堂教士、坎特伯雷大教堂主持,并创办了"誓保和平联盟"。怀特不仅信奉基督教和平主义,还在路伽山经营一家和平主义者书店。他的和平主义并非激进而不妥协的,与美国贵格教徒的务实和平主义和基督教禁欲主义并没有多少类似之处。在赫伯特·巴特菲尔德呼吁冷战中的一个或另一个超级大国必须真正冒险求取和平之前,怀特就已指出,和平主义就是要求一个国家为了长期的和平而做出某些牺牲。

由于他的基督教信仰,怀特在二战期间是一位正直的反战人士。他发现,这场战争是对西方文明的现世主义和唯物主义的一次惩罚,因为那个时代在精神上背教弃义。第一次世界大战在他一生中都是一件痛心事,因为他从中看到,那是一场大规模摧毁欧洲文明结构的欧洲内战。战争力图战胜的邪恶并不如它们制造的邪恶那么可怕。战后意大利的华而不实为墨索里尼所利用,"希腊之光荣"不见了,这使怀特在内心对未来深感悲哀。这位看到了上帝审判的基督教徒,除了拒绝参与战争之外别无选择,他只好更加努力地去开拓新的文明之路,以信守天国教义。即使在他生命的这个时期,怀特似乎仍未

---

① Martin Wight, "Christian Pacifism", *Theology*, XXXIII (July, 1936).

解决两种矛盾信念的相互影响问题——这两种矛盾信念当时正在成为他的主要的世界观原则,即:他对国际政治的严酷现实并不抱幻想,他也决不相信和平主义能够打败阿道夫·希特勒。他毫不掩饰他对温斯顿·丘吉尔战时演说的赞赏,同时,他也公开对世界政治中的必然事态表达他在道德上的嫌恶。随着时光的推移,他的和平主义减弱了,可能因为他后来结了婚,孤独感有所减退吧。他对基督教信念的虔诚,只有他的至爱亲朋才可了解。如果他曾调和过其现实主义与其和平主义的紧张关系的话,那也只是在两种矛盾力量之间实现的一时休战而已。

从1941年到1946年,怀特加入了马热丽·佩勒姆(Margery Perham,研究尼日利亚的权威和研究发展中国家问题的先驱学者)与其他研究者在牛津大学开展的殖民地问题研究工作。在这一经历的基础上,怀特发表了三部作品:《殖民地议会的发展(1606—1945)》(1946)、《黄金海岸[加纳]议会》(1947)和《英属殖民地的宪法(1947)》(1952)。值得思考的是,部分由于他的基督教价值观,怀特转向了对欠发达国家和条件较差国家问题的研究。他还与三位重要学者——阿瑟·刘易斯(W. Arthur Lewis,西印度群岛大学副校长)、迈克尔·斯科特(Michael Scott)和科林·利格姆(Colin Legum)——合作发表了《对非洲的态度》(1951)。如果说他在殖民地研究领域的工作代表着他作为一名传统的或专门的历史学家所做出的最重要贡献,或者说它标志着他从汤因比的世界史框架中脱身的话,那还不如说它代表着他的最为坚定的学术关怀。二战期间,权力观念战胜了权利观念,这促使怀特的工作重点由基于和平主义或道德主义的方法转向了对权力政治和均势问题的关怀。这一写作重心的转移受到了巴特菲尔德的影响,也是他自己坚持分析事物内在逻辑的结果。他开始认识到把简单的道义原则当做对外政策的唯一指针所造成的恶果。

1946年,怀特发表《权力政治》,其研究工作随之进入了第三个阶段(第一个阶段是普遍史学阶段,第二个是殖民地问题研究阶段)。即使怀特别的什么都没有写,这本薄薄的论文集也会给他赢得思想大师的头衔。这本书囊括了以后三十年中所有的国际政治基本问题:大国、小国、国际无政府状态、重大利益与威望、势力均衡、缓冲地带、国联、联合国以及权力政治以外的问题。后世的学者很难再在这个基本问题的列表中增加什么了。这本书现在仍是怀特最著名的作品。根据其注释而编辑的修订版本已由赫德利·布尔——他最优秀的学生——和卡斯滕·豪布拉德(Carsten Holbraad)完成。

1949年,怀特离开查塔姆大厦,并辞去他1946年短期受聘的《观察家报》驻联合国通讯员工作,而受他在学术上的"冤家"——查尔斯·曼宁之邀来到了伦敦经济学院的国际关系系(当笔者于20世纪50年代和60年代去拜访他们的时候,讶异于他们竟能够相互表示宽容)。对于试图要揭示两种正好相反观点的学者来说,曼宁与怀特二人的相互关系完全可以比之于现实主义者汉斯·摩根索和理想主义者昆西·赖特,跟随后两人学习的芝加哥大学的学生对此颇有感触。原为法学家后转向社会科学研究的曼宁,对美国的新政治学学派来说可能更有吸引力——美国的阿诺德·沃尔弗斯、威廉·福克斯(William T. R. Fox)和卡尔·多伊奇把曼宁看做是英国学者中的希望;但是,怀特的学术研究旨趣介于经典的历史学和政治学之间,因而对于几乎任何一个欲抓住当代外交实质问题的学者而言,他都颇具魅力。不只是学者,而且连美国的新闻记者,如霍华德·史密斯(Howard K. Smith)和桑德尔·瓦诺克尔(Sander Vanocur),也发现怀特的思想与他们关心的主要问题更为相关,尽管如此,怀特还是将最为慷慨激昂的词章放在了哲学和历史主题上。笔者对曼宁的访谈,证实了别人的报道。曼宁所忙于从事的学术工作更多的是建立一个思想的流派,而不是在积累个人的著述,他提醒笔者去关注那些他引为其事业伙伴的同事们。怀特则似乎完全远离了这些新型国际研究的创业者们,而在浩如烟海的历史与政治之中,轻车熟路地探寻其宏大的研究计划。怀特的著作,质量高且讲解透彻,从而使他在学生与同事们中间赢得了近乎尊崇的威信。

在伦敦经济学院——这所院校在经济学和历史学方面以其激进社会主义路线而知名,同时也是一个著名的保守主义根据地——怀特讲授国际制度,从1409—1449年的教会运动讲起,讲到17世纪和18世纪的和平计划,再到国际联盟——他认为它是对托马斯·霍布斯思想的贯彻,最后讲到联合国——它则被认为是洛克式的制度设计。对怀特而言,这些新创造的国际制度均为"伪制度",比起联盟与外交来是次要的。怀特最喜欢讲授的课是国际理论课,集中讲解的是西方思想的三大传统,即:现实主义或马基雅弗利传统、理性主义或格劳秀斯传统、革命主义或康德传统。他认为国际理论的主要问题都已经明确包含在这三大传统之间的争论中了,并且他将这一观念写进了一篇题为《国际关系中的西方价值观》的论文中,该文后收入其著作《外交探索》(1966)中,作为该著的一章。

1961年,怀特离开伦敦经济学院,回到布赖顿,在新成立的苏塞克斯大学任历史学教授,并任欧洲研究学院院长。对于那些把伦敦看做世界学术之都的人来说,他的离开令人惊讶,正如人们惊讶于阿诺德·沃尔弗斯离开耶鲁大学而到华盛顿特区高级国际研究学院新设的美国对外政策研究中心工作一样。这可能是由于怀特像乔治·凯南一样心中有着浪漫气息,或者可能因为他响应富尔顿勋爵(Lord Fulton)的挑战而加入到一所新设立的大学的事业中,或者可能因为欧洲在他的世界政治设计中居于压倒的地位,从而使他选择回到欧洲研究上去。苏塞克斯大学的欧洲研究学院当年在英国学术界是一个新生事物,在那里,怀特专心致志地研究自希腊时代至今的欧洲文明,并指导研究古代史、但丁、雅各布·伯克哈特(Jacob Burckhardt)以及国际关系。他在新同事中稳定地发展着拥护他的热心人,并在与学生个人的关系中表现得既严肃又和蔼。他有自己所热衷的东西——宗教研究、艺术史、大学图书馆和"海外年度休假",并且,作为一位教师和一位学术规划人,他盛名昭昭。当然,他从未放弃对国际理论的主要兴趣;而且国际政治理论英国委员会又给他发挥其最具原创性的写作能力提供了一条途径(他继赫伯特·巴特菲尔德之后成为该委员会的召集人)。他一生中最有收获的时光正是他与那些开明思想家们在英国委员会里相互切磋时度过的;经过切磋之后他所发表的文章也成了他最经久的学术贡献。在该委员会面临解散之际,怀特筹措基金、扩大会员,将它维持了下去。

怀特的现实主义建立在威廉·斯塔布斯(William Stubbs)的概念基础上,斯塔布斯认为,现代历史由于权力观念战胜了权利观念而有别于中世纪史。列强正如气体膨胀而充满真空一样,法律或者上帝的意志是无法阻止它们的,只能由别的强国加以阻遏。只有当它们达到其极限时才会停止扩张,这种极限发生于均势的强制之下和自感应当克制的时候。赫德利·布尔曾经把怀特的现实主义与 E. H. 卡尔(其《20 年危机》一著在 40 年代深深地影响过怀特)、汉斯·摩根索和乔治·凯南的现实主义区别开来。布尔始终认为他们比怀特更好辩、更有系统性、更爱说教。怀特跟其他现实主义者一样,根本上是悲观主义的(他曾经被人称为基督教悲观主义者)。他不同意说世界正从权力政治向一种新的更好的国际秩序转变。他在《为什么没有国际理论?》一文中设想,如果托马斯·莫尔爵士或亨利四世回到 1960 年的英国或法国的话,他们会发现其国内景象较近于他们理想的社会,但是其国际景象却相反,即"其舞台愈宽广,而角色愈稀少(这一特征用以描述 1960 年的世界比描述 1980 年的世界更加准确),各国的武器虽更加尖端,演出的却仍是过去时代的情节剧。国际政治就是一个循环往复、周而复始的事件发生地;它是政治活动最窘迫无为的领域"①。怀特探寻着其中反复再现的模式:美苏之间的斗争类似于当年法国与哈布斯堡王室之间的斗争;西方国家与共产

---

① Herbert Butterfield and Martin Wight (eds.), *Diplomatic Investigations* (London: George Allen & Unwin, 1966), p. 26.

主义国家之间的意识形态冲突使人想起当年基督教世界的东西宗派分裂;纳粹主义的"超人"观就是《圣经·旧约》中关于"选民"概念的贬义说法。在其《权力政治》一书中,怀特写道:"列强将继续寻求安全而不考虑正义,追逐它们的重大利益而不顾及国际社会的共同利益,只不过不再是昔日弱肉强食的丛林之战,而具有了欧洲惯例罢了。"①布尔注意到,《权力政治》一书之后,怀特的写作重点有所转移,当时怀特是33岁。在后来的著述中,怀特的注意力更多地转向国际社会的共同利益和义务,例如,他迫切要求英国加入欧洲经济共同体。但是,要说他已经摒弃了那些权力政治箴言,则不免言之过甚。布尔为怀特的遗著《国家体系》(1977)(上述的分析大多基于该书)写了出色而精辟的导言,这一点为读者所公认,但是读者也怀疑,这个学生是不是偶尔也把自己的思想加进对这位大师的分析中了。

《权力政治》始终是怀特解释和界定国际政治的最重要贡献,对这一领域,曾经有人咒骂它是一种虽更华丽却俗不可耐的时事辩论。这部伟大的作品不仅得到后世认可,而且大多数作者都到这部书中去寻找大量术语的定义。"权力政治,"怀特写道,"意味着各独立国家之间的关系。它包含两个条件:有独立存在的单元,它们不承认有在政治上比它们更优越者;在它们之间存在持续而有组织的关系。"②不论他的思想有何转变,怀特也不会在20世纪80年代改写这一定义。然而怀特也承认,他所描绘的国际体系并非一直都存在,而只是大约在16世纪欧洲宗教改革时代才出现。他承认,像"英国对外政策"这样的词语是对一种极其复杂的政策制定模式的简约表达,它不仅涉及外交部门,而且牵涉到首相、国会下院、大量的惯例、利益、活着的和逝去的人物。武力或威胁使用武力并非权力政治的唯一组成部分,但是,他强调,忽视这一组成部分就是忽视一种虽令人不安却

---

① Martin Wight, *Power Politics* (London: Royal Institute of International Affairs, 1946), p. 68.

② Ibid, p. 7.

马丁·怀特(1913—1972)：西方文明的价值

长久存在的政治现实。

大国的特殊地位在外交实践中首次得到认可，是在1814年维也纳和会上。在英国外交中，是卡斯尔雷子爵(Viscount Castlereagh)发明了这一概念，当时他主张，和会上的谈判应当由"六个人口和势力最大的大国"来操纵——这六个大国是英国、俄国、奥地利、普鲁士、西班牙和战败的法国。事实上，是由四国联盟控制着和会。这种状况在1919年巴黎和会上得到延续，其决议主要是由美、英、法、意、日来优先做出。怀特始终认为："一国之成为大国，乃由于它战胜了另一个大国。"①大国地位的丧失，正如其赢得一样，都是暴力和战争使然。大国通过占据国联理事会常任国席位而首次在法律上得到承认。既然大国拥有更广泛的利益和更充裕的资源，它们就有处理国际问题的重大责任。检验一个大国就是看它有没有卓然独立、不倚不靠的潜在能力。中等强国在国际机构如联合国中虽有特殊的地位，却要仰赖某一大国与之亲善，比如：墨西哥要靠着美国，波兰要仗着苏联。不过，大国的数量虽日趋减少、力量却日趋增强，这也预示着在一战期间崛起了所谓世界性大国。小国只能保卫有限的利益，而且某些小国实际上只是形式上的国家，因为它们只是消极地通过中立政策来追求其利益。随着现代战争中技术革命的发展，小国（仅靠着与某一大国的联合而生存的小国）与大国之间的鸿沟愈拉愈大，尽管在理论上国家是平等的。在一个权力政治体系中，统治者的职责是，维持一国的独立自主并保护其重大利益（即它不惜以战争来捍卫的利益），对抗他国人的利益竞争。一国的重大利益，无论有多么不确定，多么变化无常，都是它所认为重大的利益；而不是别国说其重大才重大的利益。威望，乃是权力头上的光环，或者是他国人对一国国力的认可。权力部分地建立在声望之上，而声望反过来又建立在权力之上。

---

① Wight, *Power Politics*, pp. 19-20.

冲突的一个主要来源是,所有强国普遍都有扩张的倾向,包括经济上的、文化上的和政治上的扩张——归结起来就是领土的扩张。不仅大的殖民帝国像英国、俄国和美国表现出这样的扩张倾向,而且像葡萄牙、荷兰和比利时这样的小强国也是如此,它们在一战后占有的殖民帝国数倍于它们的本土面积。"每个强国都倾向于扩张,直至它达到某种均衡为止,这种均衡是两种因素即外部压力和内部组织相互作用的产物。"① 反过来说,列强一般都不肯不经斗争而坐视其领土的丧失。对此法则,英国和美国是个例外,尤其是英国;它们已经在逆境中被培养成友好邻国。

权力政治体系的核心原则是势力均衡。客观地讲,它是自我保存法则的应用:"当一个大国变得强大而危险时,别的大国会联合以对。每当一个主导大国企图征服世界时,势力均衡就会发挥作用。"② 势力均衡曾经是多重复合的,恰如一架枝形吊灯。典型的例子发生在 18 世纪的欧洲,当时英国、法国和西班牙在西欧和海外相互制衡,而奥地利、普鲁士、俄罗斯和土耳其在中东欧相互制衡,而这两种制衡相互间又发生作用。当这些大国被分成敌对的阵营时,这种枝形吊灯模式才会被一种简单的平衡或两两对等形势所取代。这种情况发生在 19 世纪末期的欧洲,当时是 1893 年缔结的法俄联盟与德奥(匈)意三国同盟相互平衡制约,也发生在 1936 年,当时是柏林-罗马轴心联合对抗同盟国家。

均势,就像国家安全一样,可以有两种含义——均衡或优势(恰如保持银行的账户平衡)。对势力均衡的主观解释在这里就出现了。历史学家冷静地观察冲突,可能会认为,只要对立的集团在力量上大致相当就算是一种均势。而政治家则始终认为,只有当自己一方比对方略为强大一点才算均势。在美国国内,每一次关于国防的连续公开辩论都落脚到两种对均势概念的不同理解上——外交官们坚持

---

① Wight, *Power Politics*, p. 41.
② Ibid., p. 44.

与苏联的对等,而军方领导人则声明要保证美国的力量高人一等。过去,某些国家曾是均势的操纵者,可以自由地将自己的砝码加到均势两端的任一端。英国的"光荣孤立"和美国的孤立主义,尤其在19世纪,就曾扮演了这种操纵者的角色,但是美国到20世纪时仍自欺欺人地相信,这样的行动自由是美国对外政策的永恒标志。

怀特指出,政治学不是一门精确的科学,不存在疏而不漏的政治法则。但他始终认为,"势力均衡几乎是一个我们可能找得到的根本政治法则:很容易从历史上看到,它就是许多大国在大多数场合追求自我保全的方式"①。如今,势力均衡法则更是为那些有实力、有信心并有国际凝聚力的国家所一贯奉行。美国人原想和怀特争论势力均衡之永恒性质,但像丘吉尔这样的政治家提醒他们说:迄自二战以来的世界和平,不就是建立在一种两极政治均势和一种技术上的"恐怖平衡"之上吗?没有别的思想大师曾经像怀特这样以如此简明、有力和清楚的方式去界定权力政治体系中的活动原则。在怀特后来的著述中,不论他对其思想作了多大的扩展或详述,他早期对权力政治核心现实的定义都将永远真实有效。

如果在评述完马丁·怀特对权力政治的果敢描述之后,就此结束对他的思想的讨论,未免对他太不公平。在他的思想中还有一片宗教的天地。他是一位正统的基督教徒,也是一位虔诚的英国国教徒(圣公会教徒),受过赫伯特·巴特菲尔德和莱因霍尔德·尼布尔的强烈影响。他在世俗的悲观主义中加进了神学的愿望。宗教之于他并非一种装饰品,而是他的命根子。他怀疑,是否我们当个好心人就一定能够混得下去:"我们并不是尽力而为的好心人;我们是可怜的罪人,生活在报应之下。……我们就像卡亚法斯②一样为着我们盲目的忠诚而'竭心尽力';我们就像彼拉多③一样'好心',每天都在重

---

① Wight, *Power Politics*, p. 47.
② 卡亚法斯(Caiaphus)是《新约全书》中主审耶稣的犹太人大祭师。——译者
③ 彼拉多(Pilate)是下令把耶稣钉死在十字架上的古罗马总督。——译者

新将耶稣钉到十字架上。"①他嘲讽那种福利国家式、联合国式的基督教义,并特别强调说,应用到世界政治中的基督教义不只是耶稣的"登山宝训"。怀特认为有必要划分出神学家所界定的"恺撒的王国"和"上帝的王国"。他怀疑人类能够根除战争,因为基督教义本身自17世纪以来就已经被进步观念所污染。虽然人类可能避免某些战争,但从统计学意义上讲,战争仍旧是无法避免的。他在1946年写道:"第三次世界大战是确定无疑要发生的,恰如哈雷彗星一定会回来一样。"怀特在晚年较少写出他的宗教观点,但他对传统基督教教义的遵奉却从未动摇,这种遵奉使得他的主体思想具有了一个特定的参照系。他用实用的道义与审慎代替基督教的至善论,并不断探求基于过去的智慧的国际道义新理论。

怀特最为重要的三篇文章发表在国际政治理论英国委员会的第一份出版物《外交探索》上,该书由巴特菲尔德和怀特主编。在其中第一篇题为《为什么没有国际理论?》的文章中,他问道,为什么"政治理论"一语不必加以解释而"国际理论"却需要加以解释呢?前者涉及对国家的思考;而后者在怀特看来指的是对国际关系的思索,它经常被理解成国际关系研究的方法论或者某种新的概念体系。政治科学及其所有的分支均由政治理论维系在一起。相反,"在19世纪和更早的时候,没有接连地出现过关于国家体系和外交的一流图书,全然不像政治学经典那样从博丹到密尔接连辈出"。在20世纪之前,关于"国家的社会"的思考源于国际法和下述方面:(1)预言国际联盟的作者们,如:伊拉斯谟(Erasmus)、彭威廉(William Penn)和圣皮埃尔长老(the Abbé de St. Pierre);(2)马基雅弗利们或者写作有关"国家的理由"的作者们,其中弗雷德里希·梅尼克(Friedrich Meinecke)是最早的诠释者;(3)哲学家和历史学家们在不经意间所撷取到的国

---

① Martin Wight, "The Church, Russia and the West", *Ecumenical Review*, I (Autumn, 1948), pp. 35-36.

际政治基本问题,如:大卫·休谟之论"势力均衡",让·雅克·卢梭之论"永久和平方案",杰里米·边沁之论"普遍和平计划",埃德蒙·伯克之"法兰西事件的反思"和"弑君者和平书简",利奥波德·冯·兰克(Leopold von Ranke)之论大国以及约翰·斯图亚特·密尔之论万国公法的文章;(4)政治家和外交家们的演讲、公函、回忆录和论文,如:乔治·坎宁1823年关于保证国理论的经典外交公文,俾斯麦的《思想与回忆》,以及索尔兹伯里勋爵早期在《季度评论》上关于对外事务的论文。在这些政治哲学家当中,唯有伯克曾专门从政治理论转向国际理论,而唯有马基雅弗利在进行论说时对国内政治和国家间的关系尚能够等量齐观。在探索国际理论时,上述第三类有关国际政治的文献与有关国际法的作品一起,构成了后来国际理论最有用的知识源泉。

总起来看,这些来源还都是片段的、零散的。这些思想与对进步的崇信和有关国家、个人、德行及美好生活的许多政治理念都是相对立的。进步主义者的诠释很难影响国际政治。构建进步理论的种种努力本身就带有一种未有证据先定罪名的绝望情绪。怀特评论道:"对国际政治理论而言,声称如果不接受它我们就会陷入绝望境地,这的确不是什么高论。不过,这是一种由黑格尔(和康德)那里自然引申出来的论点。……俄国人在德军迫近莫斯科时和纳粹在俄国人反攻德国时,都叫嚷着说失败是不可想象的,因为如果他们战败了,历史就毫无意义了。"①

另有两种倾向毁掉了大多数国际理论,其中最近的一种说来奇怪的进步观点认为,核武器已经改变了国际政治,使战争成为不可能的事。在怀特看来,这种想法跟19世纪关于舆论使战争变得不可能的观点类似。政治理论与政治现实相联系;国际理论,尤其是以法律术语表达的国际理论,却要求改变而非理解外交现实。"当外交诉诸

---

① Martin Wight,"The Church, Russia and the West", *Ecumenical Review*, I (Autumn, 1948), p. 28.

武力、无所顾忌时,国际法就飞升到自然法的领域里翱翔;当外交养成一些合作的习惯时,国际法就钻进法律实证主义的泥淖里爬行。"国际理论与外交实践之间存在的这种张力根源于国际理论自身的问题。国际关系研究中唯一得到承认并可以与政治哲学领域的伟大经典作品相比较的经典作品,是修昔底德的历史著作。为了理解美国政府和美国国父,学者会去阅读《联邦党人文集》。而要理解治国之道,学者应当去阅读像约翰·西利(John Seeley)的《英国政策的成长》、加勒特·马丁利(Garrett Mattingly)的《文艺复兴外交》或者约翰·惠勒-贝内特(John Wheeler-Bennett)的《布列斯特-立托夫斯克和约》这一类的历史著作,而不要去读那些在方法论上玩新花样的国际理论。

怀特力图揭示,由于国际政治较之于国内政治有着截然不同的环境,从而造成了国际理论与外交实践之间的脱节。"政治理论与法是经验的映射或行为的规律,超不出正常的关系范围,并可以预想到其结果。它们是有关美好生活的理论。国际理论则是有关如何生存下去的理论。对政治理论而言的极端情况(如革命或内战),在国际理论看来却是常见的事实。"①国际理论的范围包括了雨果·格劳秀斯建立战争法的可贵努力和约瑟夫·德·迈斯特(Joseph de Maistre)的以暴易暴的"诡秘而恐怖的法则"。国际理论所涉及的问题关乎国家生存又关乎国家灭亡,比如:对绥靖政策的论争,关于核威慑的辩论,或者安全与裁军问题。这些问题突破了习以为常的社会科学语言,并且限制了任何国际理论的形式,除了源于历史者。

就这样,怀特在帮助人们理解权力政治和应用到国际问题中的基督教传统的同时,也向人们阐明了国际理论的这些难题。他还有两个贡献值得注意:一个是他对国家体系(现代或西方的国家体系与古希腊的国家体系)所做的比较研究,另一个是他对国际关系中的西

---

① Martin Wight,"The Church, Russia and the West", p. 33.

方价值观的论述。前者类似于当代社会科学家就国家体系的性质与限度以及相互依赖世界的兴起所做的研究。怀特认为,一个国家体系所包含的应是这样的国家间关系,其中这些国家不承认有政治上高于自己者,并通过外交使节、各种国际会议、外交辞令和通商贸易来维持它们之间持久的或暂时的相互关系。完全具备这些特征的国家体系只有三个:现代国家体系或者说西方国家体系,这一体系发端于 15 世纪,如今已经遍及全球;古希腊或希腊主义的或者说古希腊罗马式的国家体系;中国战国时代的国家体系。怀特指出了这些国家体系之间的重要差别,其中最重要的差别在于,驱动体系的规范和价值观以及由此而形成的制度有所不同。一个国家体系是以一种共同文化为前提的,不论这种文化前提是局限于一种实现共存的共同道德和礼法,还是更深一层地成为宗教或意识形态前提。他提出但未加回答的问题是:所有这些礼法规范都体现着人类在寻求自然法过程中的共同实践吗?文化的统一性在宗教战争中、在法国大革命时期已经一再发生断裂,但国家体系却往往去寻求与外部势力在文化上的差异。怀特怀疑,随着现代国家体系扩张到欧洲范围之外,文化的统一性是否还存在。最后,他分析了今日世界里国家体系和非国家体系之间不确定的界线,并因此为其他学者更全面地思考跨国集团、多国公司和世界革命运动的作用而铺设了道路。

怀特著作中一个反复再现的主题,是他对伦理与宗教问题的关怀。在他最后写作的论文中,有一篇探讨了西方价值观在国际关系中的地位。说起价值观,怀特指的是某种前后一致的思维模式,它存在于他所描述的外交上的辉格党人传统或"立宪传统"的中心,而又被雨果·格劳秀斯、埃德蒙·伯克、阿列克西·德·托克维尔、亚伯拉罕·林肯、古列尔莫·费雷罗(Guglielmo Ferrero)、布赖尔利(J. L. Brierly)、哈罗德·尼科尔森(Harold Nicolson)、温斯顿·丘吉尔和保罗·斯巴克(Paul A. Spaak)加以举例说明过。他提出了四个显著的命题。第一个是国际社会,包括"各独立共同体之间的惯常交往,它渊源于欧洲基督教国家之间的交往并逐渐扩大到全世界……[并且]反映在外交体系中;反映在有意识地维持均势以保持国际社会各成员共同体的独立自主上;反映在国际法的正常实施过程中,国际法的约束力在一个广泛但可能在政治上并不重要的问题范围内已经为人们所接受;反映在经济、社会和技术的相互依赖以及功能不同的国际制度中"。第二个是维持秩序,这既包括公平的力量分配或均衡,也包括一套共同遵守的国际规范,如抵抗侵略的原则和以正义平衡秩序的原则等。第三个是干涉主义,反映了国家之间的相互依赖,以及现实国际生活中发生在任何一个国家中的事务都必定会与所有其他国家利害相关。在怀特看来,由于势力均衡的一贯不稳定和国际社会成员在道德发展上长期存在的不平等,所以可以证明偶尔为之的干涉尽管是不幸的但却是必要的。在道德的天平上,维持势力均衡是比维护文明标准更好的干涉理由,不过维护文明标准又是比保持现有统治更好的干涉理由。最后一个是,国际道义将个人良知引入国际政治,并引入了政治活动有伦理限制的观念。怀特注意到:"政治权宜之计本身不得不考虑到它将会影响到的人们的道德感受……[因此]变得温和起来,成为政治审慎,审慎则是一种美德。"① 怀特原本是一个基于宗教信仰而反战的人,但最后竟然会成为一个为审慎与实用道德辩解的人,这证明了西方核心价值观与权力政治的僵硬现实间有着固有的内在关联。怀特本来希望,权力政治会让位于新的政治结构,比如国联,但结果他不得不回到国际史所奉行的原则上。

正如赫伯特·巴特菲尔德(怀特的老师)和莱因霍尔德·尼布尔(曾给怀特的思想以灵感),马丁·怀特投入了大量学术精力去探求政治的规范基础。这三位思想大师是那些论述过道义与外交政策的基督教史学家中的三巨头。经过终生思考之后,三位大师无不认为,实用道德与审慎乃是通向政治道义的最高尚而又最真实可靠的途径,

---

① Martin Wight, "Western Values in International Relations", in Butterfield and Wight (eds.), *Diplomatic Investigations*, pp. 96-97, 128.

这对那些欲继承他们事业的人是有教益的。约翰·考特尼·默里牧师始终按照罗马天主教的传统进行写作,所坚持的是经典的自然法观点。然而,在战争与和平问题上,特别是在战争伦理与外交政策的均衡原则上,默里的思想与这三位大师并无根本差别。在任何文化中,我们很难找到其他为建立一种政治的可靠规范基础而比他们更勇敢、更坚决地奋斗的思想家。

马丁·怀特的著作:

图书

1946

The Development of the Legislative Council, *1606-1945*. London: Faber & Faber.

Power Politics. London: Royal Institute of International Affairs.

1947

The Gold Coast Legislative Council. London: Faber & Faber.

1951

Attitudes to Africa. With W. Arthur Lewis, Michael Scott and Colin Legum. New York: Penguin Books.

1952

British Colonial Constitutions, *1947*. Oxford: Clarendon Press.

1977

Systems of States. Edited with an introduction by Hedley Bull. Leicester: Leicester University Press.

1978

Power Politics. Edited by Hedley Bull and Carsten Holbraad. New York: Holmes & Meier Publishers.

期刊文章

"Christian Pacifism", *Theology*, XXXIII (July, 1936).

"The Tanaka Memorial", *History*, XXVIII (March, 1943).

"The Church, Russia and the West", *Ecumenical Review*, I (Autumn, 1948).

"History and Judgement: Butterfield, Niebuhr and the Technical Historian", *Frontier*, I (August, 1950).

"What Makes a Good Historian?" *Listener*, No. 17 (February, 1953).

"War and International Politics". *Listener*, No. 13 (October, 1953).

"The Power Struggle Within the United Nations". *Proceedings of the Institute of World Affairs*, 33rd Session, 1956.

"Why Is There No International Theory?" *International Relations*, II (April, 1960).

"Brutus in Foreign Policy: The Memoirs of Sir Anthony Eden". *International Affairs*, XXXVI (July, 1960).

"The Place of Classics in a New University". *Didaskalos*, no. 1 (1963).

"International Legitimacy". *International Relations*, IV, (May, 1972).

文集文章

"Spain and Portugal", "Switzerland, the Low Countries and Scandinavia", "Eastern Europe", "Germany", "The Balance of Power". In Arnold Toynbee, ed., *The World in March*, 1939. London: Oxford University Press, 1952.

"European Studies". In David Daiches, ed., *The Idea of a New University: An Experiment in Sussex*. London: Andre Deutsch, 1964.

"Why Is There No International Theory?" "Western Values in International Relations", and "The Balance of Power". In Herbert Butterfield and Martin Wight, eds., *Diplomatic Investigations*. London: George Allen & Unwin, 1966.

"The Balance of Power and International Order". In A. M. James, ed. *The Bases of International Order: Essays in Honour of C. A. W. Manning*. Oxford: Oxford University Press, 1973.

第二部分
权 力 与 政 治

人们为寻求自由与安全而移居美国,同时也有来自不同国籍的知识分子移入。在持续不断的移民浪潮中,有一波移民对国际思想的发展相当重要,那就是20世纪30年代和40年代许多由希特勒德国出逃来到美国的知识分子。其中一些人后来进入政府部门担任公职,而另一些人进入了科学研究领域和商界。尤为著名的是流亡科学家们对"曼哈顿计划"做出的贡献,该计划是在芝加哥大学的施塔格·菲尔德(Stagg Field)率领下实施的,它导致了原子弹的发明。在人文社会科学领域,阿尔文·约翰逊(Alvin Johnson)在纽约的社会研究所新校设立了研究生院,为一些欧洲来的最优秀的思想家,包括列奥·施特劳斯(Leo Strauss)、汉斯·斯皮尔(Hans Spier)、阿诺德·布雷希特(Arnold Brecht)、库尔特·里斯勒(Kurt Riessler)、汉斯·约纳斯(Hans Jonas)和埃里希·胡拉(Erich Hula),提供了一个学术家园。战后美国社会科学界许多最有创造性的思想家都是从希特勒德国逃出来的难民,直到今天他们对美国社会思想的贡献仍受到尊敬。

从这次移民浪潮中受益最大的莫如国际研究了,甚至难以历数这方面的一流思想家。一些人主要致力于教学;另一些人转而研究哲学(列奥·施特劳斯、汉娜·阿伦特[Hannah Arendt]、汉斯·约纳斯、埃里克·沃格林[Eric Voegelin]),比较政府(卡尔·约阿希姆·弗里德里希[Carl Joachim Friedrich]、弗朗兹·诺伊曼和西格蒙·诺伊曼

[Franz and Sigmund Neumann]、奥托·基希海默[Otto Kirchheimer]、布吕宁前总理、沃尔德马·古里安[Waldemar Gurian])，或者国际法(列奥·格罗斯[Leo Gross]和汉斯·凯尔森[Hans Kelsen])。年纪较轻者如后来的国务卿亨利·基辛格和国家安全事务助理兹比格纽·布热津斯基来到美国时还是学生，他们构成了第二代思想家，在治国方面表现出色。另有一些思想家留在了英国(乔治·施瓦岑贝格尔[George Schwarzenberger]和赫希·劳特派特[Hersh Lauterpacht])，还有一些去了瑞士和西班牙。最后，历史、社会学、经济学和文学领域都有欧洲思想家的贡献，像雅各布·维纳(Jacob Viner)、弗雷德里希·冯·哈耶克(Frederich von Hayek)、卡尔·曼海姆(Karl Mannheim)和约瑟夫·熊彼特(Joseph A. Schumpeter)。在整个人类知识发展史上，如此规模的人才智力迁徙是罕见的。美国的大学生活中容纳了来自英国与欧洲大陆的学者的影响，真是幸运。

特别是在国际研究领域，美国和英国的学者提出了一条强调政治中权力之根本重要性的研究思路。美国人之所以未受到权力政治现实的打击，是因为其国家在地理上远离欧洲，而且英国海军代为保护着美国的利益，尤其是在沿大西洋航线。经过了三个世纪，英国与大陆欧洲已经接受了权力政治的现实。权力被视为政府与政治中一个不可回避的因素，且不会随着国际新秩序的出现而消失。美国人在伍德罗·威尔逊总统鼓舞人心的领导下，对国际法和国际组织更为乐见其成。威尔逊们预言，过去的做法，比如同盟和势力均衡，正在为反映人类共同利益的新格局所取代。

两次世界大战之间的风云岁月为英国和欧洲的这种权力观提供了支持。希特勒公开宣称，是同盟国对权力的蔑视使他征服了大部分欧洲的。移居美国的这一小批欧籍美国学者也证实，软弱无力是危险的，它已经毁掉了魏玛德国，也使得各国无法共同组织起来抵御纳粹的扩张。新建的国际制度软弱无力，只不过是其成员国的一厢情愿而已。

第一位起而提倡国际关系现实主义的作家并不是旅居美国的欧籍美国人,而是一位生长在大不列颠的英国人E.H.卡尔,他是一位外交官,还是记者和历史学家。二战前夕,卡尔写作了《20年危机》,把危机的原因更多地归结为同盟国没能组织起有效的反侵略力量,而较少把它归结到背离威尔逊国际主义(包括美国对威尔逊主义的背离)上面。历来不见有像西方国家这样言行相悖、言政分离如此之大者。任何社会思想体系在其早期发展阶段总是乌托邦主义的,但是,如果西方要生存下去,就必须抛弃乌托邦主义,奉行现实主义。

汉斯·摩根索继承了卡尔的思想,略有不同的地方只是,在对政治现实主义必要性的认识上,摩根索的观点更加坚定不移、更加直言不讳。无论政策的最终目标是什么,在现存的国际体系中,权力都不可避免地就是达到这种目标的工具;而且为了保卫国家,必须根据国家利益来组织和界定权力。美国学界曾迁怒于摩根索的早期著述,尤其是他的《科学人对抗权力政治》《国家间政治》《捍卫国家利益》;但是随着美苏争斗日益激烈,他的观点才越来越为学者们所接受。其思想之博大,其政治现实主义涵盖面之广,特别是其关于权力局限性的观点,在应用到亚洲和越南问题上以前,无人激赏。

阿诺德·沃尔弗斯和约翰·赫茨也是欧籍美国人中权力政治的诠释者。不过,他们试图调和现实主义与理想主义,因此他们更易为美国政治现实主义传统所接受。沃尔弗斯的《两次世界大战之间的英国与法国》是对这两个主要西方大国在联合抵抗德国扩张上的悲剧败局所做的资料最翔实的研究。沃尔弗斯向我们揭示了,是民主国家的外交政策,而非国联中政客们的花言巧语,决定着我们对和平的追求。在他们后来的著述中,沃尔弗斯与赫茨都试图在美国的两种不同思想流派之间找到共识点。

科学方法的应用是另一种独特的美国世界政治观。欧籍美国学者卡尔·多伊奇精通沟通理论、控制论、人口统计学和数量分析,并把这些方法融合成为一种研究国际政治的精辟科学视角,但仍主张权力的重要性。在对国际关系开展科学研究的美国学者中,多伊奇影响深远,尽管他从未抛弃其欧洲视野。

年轻一点的欧籍美国作家,如斯坦利·霍夫曼(Stanley Hoffmann)与乔治·利斯卡(George Liska),对这些早期的研究思路已做了修改,但他们却是最早承认这些早期作家开创性影响的人。当年卡尔与摩根索写作时,在人们的思想中灌输现实主义的时机已经成熟。美国一夜之间跃升到世界领导者的位置上,却很少注意到自己是否具有相称的政治军事条件。正是这些早期作家在主张权力是领导的基本条件问题上态度坚定、毫不妥协,才使他们的观点在战后时代尤其受到尊重。

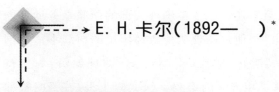

无处不在的权力标准

爱德华·霍列特·卡尔（Edward Hallett Carr）于1892年6月28日出生在伦敦北区，父亲是一个被卡尔形容为隶属于"中等中产阶级"的小工厂主。他就学于泰勒商校，1911年考取并拿到了剑桥大学三一学院的奖学金。他与三一学院最有名望的指导教师，如阿尔弗雷德·诺思·怀特海（Alfred North Whitehead）、豪斯曼（A. E. Housman）、詹姆斯·弗朗兹（James Frazer）以及伯特兰·罗素等之间的接触并不多；但他获得了剑桥大学古典文学学士学位考试的第一名，而且拿到了拉丁隽语诗、拉丁韵文和希腊文翻译方面的大学优秀奖。

要不是第一次世界大战干扰了他，卡尔肯定已经成了剑桥大学的古典文学教师，但事与愿违，他当了二十年的外交官。历史意外事故决定了他的学术道路达六十多年之久。进入外交部一年之后，用他自己的话来说，他被"调动到应付俄国革命问题上"。他意外地参

---

* 原书写作和出版时该学者尚在世，已于1982年去世。——译者

与了1919年巴黎和会,后来还担任了英国外交部的国联事务助理顾问。在《20年危机》一书中,他力图理清他所经历过的纠缠不清的国际政治"蛛网"。在二战期间,他任《泰晤士报》助理编辑,为支持1945年的工党政府发挥了相当大的影响。(《泰晤士报》在当时被称为《"三便士"工人日报》,而且保守派批评家认为卡尔是一帮国家社会主义激进分子的成员。)两次世界大战,特别是第一次,使他对自由英国价值观的已有信念发生了动摇,也促使他去探索一个有别于他童年时代所时常憧憬的世界。他所走的思想路线跟30年代钟情于列宁主义的知识分子不同,他走的是一条发掘19世纪俄罗斯智慧、发现费奥多尔·陀思妥耶夫斯基(Feoder Dostoevski)与米哈伊尔·巴枯宁(Mikhail Bakunin)之作品的道路。他两度返回大学校园。1936年,他出任位于阿伯里斯特威斯的威尔士大学的国际政治学威尔逊讲座教授,就此离开了外交部(他意识到自己在那儿待得太久了),而有了更大的自由去写作关于俄国革命问题的文章。1953年,他回到剑桥大学,开始了他长达四分之一世纪的苏维埃俄国历史研究,最后出版了十卷十四本著作。他回到剑桥大学的原因并非是有人要他离开《泰晤士报》,而是在52岁时他下定决心要退而写作他的苏俄历史,这对他有着双重的魅力,既展示给了他"另一个世界",又使他有余力去筹策其社会改革计划。作为一位新闻记者,他曾经被英国议会上院斥责为"一个活跃的危险人物",而在1946年时,伦道夫·丘吉尔爵士(Sir Randolph Churchill)还控告卡尔,说他"应对《泰晤士报》变成了在英国除共产党的《工人日报》之外为克里姆林宫政策辩护的主要媒体负主要责任"①。他曾经对《泰晤士报》支持《贝弗里奇报告》、主张战后英国实行类似于苏俄经验的计划有过影响。他曾经参加过"里加学派"(他于1925—1929年任英国驻拉脱维亚里加的二秘)——该

---

① Peter Scott, "Revolution Without the Passion: Peter Scott Talks to E. H. Carr Whose Epic History of Soviet Russia Will be Completed This Autumn", *Times Education Supplement*, July 7, 1978, pp. 7-8.

E. H. 卡尔(1892—)：无处不在的权力标准

学派在美国被当做是主张对苏强硬路线的学派，但仍有人指责他引领《泰晤士报》走上了温和政策路线。（卡尔曾说，这一批评仅当他在《泰晤士报》工作的最后一年中流行，那时冷战刚刚开始。）

然而，卡尔的学术贡献终究更主要的是要依据其国际关系理论著述和他的《苏维埃俄国史》来判断，而不是依据他所从事过的新闻工作或外交工作来判断。《苏维埃俄国史》一书代表了他的巨大学术成就，但却较难评估。卡尔作为俄罗斯史学家不代表任何明确的思想派别。评论者注意到，他所撰写的是当代历史，主题高度灵活，而且还来不及远离现实以作冷静的学术评价。他曾经强调的是俄国革命宏大的经济、社会和政治方面，而并不试图对其较为残暴和较有争议的方面做出许多历史断语。他的著作已发表 28 年，反映着英国对苏联态度的起起落落。（卡尔承认，如果他是在 1980 年写作第一卷的话，他会用截然不同的写法，就会少着墨于体制安排而多着墨于新的苏维埃国家运转的社会和经济环境。）于是，他的《苏维埃俄国史》从俄国革命后 30 年写到 60 年，成了一套态度暧昧、立场不一的历史经典，因缺乏激情和历史想象力而大失光泽，在一些批评者看来，其道德判断过于谨小慎微，而对另一些批评者来说，其对集体主义的社会改革又同情过甚。但是，这套著作却为各方所接受，不仅因为它对头十年的苏联统治做了坚持不懈的学术研究，而且也因为卡尔在探索苏联决策者的活动上表现出了一丝不苟的精神。他比任何其他历史学家投入了更大的精力去发现苏联领导人行为的动力。

在其职业生涯中，卡尔集政治学家和历史学家于一身，同时又兼具记者和行动家的品质。他 1916 年进入外交部时是临时雇员。二十多年之后，他在《泰晤士报》任助理编辑，匿名撰写社论以使人们更好地理解俄国及其在战后世界上的作用。虽然他有时与英国外交政策的既定主流路线意见不一致，但仍肩负着多项调研使命；在巴黎和拉脱维亚里加担任过外交职务；出任过国联事务助理顾问和外交部一秘；并且还担任过英国情报部外宣处的主任。他的著述涉及面广泛，既包括19世纪和20世纪的学术史和外交史,也包括历史哲学。他做过关于米哈伊尔·巴枯宁、亚历山大·赫尔岑(Aleksandr Herzen)、费奥多尔·陀思妥耶夫斯基和乔治斯·索雷尔(Georges Sorel)的传记性研究;写作过国际政治的理论性著作;还编著过里程碑式的十卷本苏俄史,其价值堪与狄奥多尔·蒙森(Theodor Mommsen)所著的罗马史相媲美。

卡尔对国际研究的主要理论贡献在于为政治现实主义奠定了基础。他的《20年危机:1919—1939》于1940年出版,其时正值希特勒崛起和二战爆发,粉碎了两次世界大战之间人们的和平幻想。两战之间的政治家们,如美国的伍德罗·威尔逊、威廉·霍华德·塔夫脱以及英国的罗伯特·塞西尔勋爵,为了表达当时人们的欣快情绪,曾经宣告了新型国际关系的来临,声称它正在改变古老的、破坏性的国家对抗和权力政治模式。知识分子和学者既致力于研究现存的国际体系,同时又主动投身改革。这种状况促使卡尔强有力地指出,国际研究由于受到乌托邦主义、欺骗性言论和愚昧无知的拖累而正变得不堪重负。人们用好与坏的范畴来判断外交政策;既有所谓好国家与坏国家,也有所谓好的国际主义与坏的国际主义。卡尔在主流思潮面前被列为持异端学说者和背教者,他以"无任所大使"系列丛书主编的身份为"法国卷"作序时写道:"在国际政治中,很少有人跨越小儿的阶段——当有人做他所不喜欢的事时他就说'你好讨厌';因为,当政策令我们不满意时,我们几乎不可避免地会视之为道德上的卑鄙行为。"①

卡尔解释,他写作《20年危机》一书,就是"有意要消除从1919年到1939年间英语国家里对国际政治的所有思考中存在的明显而危险的缺陷,无论其是学术的还是大众的——它们几乎完全忽略了权力

---

① Wassily Comte d'Ormesson, *France*, introduction by E. H. Carr (London: Longmans, Green, 1939), p. iv.

因素"①。在解释为什么会出现这种忽略时,他推断说,国际政治学科尚不成熟。卡尔解释道,每一学科都要首先经过一个空想的阶段,在此阶段,是意图给予分析以最初的冲动和定位。在生命科学领域,提高健康状况的愿望导致了医学的诞生;而修路架桥的需要诱发了工程技术科学。在最初阶段,愿望或意图因素特别突出,而事实分析的因素则淡弱甚至不存在。对政治科学而言,研究战争的冲动来自于期望治愈国家的痼疾沉疴。实验室中的科学家经常并不直接祛病保生,而且其研究与其感情并不相关,但是政治科学家则须臾不离其打算研究的紧迫社会需要。实际上,社会研究本身的目的成了决定性的因素;例如,那些试图维护或捍卫资本主义的经济学家或者马克思主义者,无论其学说是否是"科学的",他们对资本主义的分析都与推翻资本主义的目标连在一起无法分开。观察者的社会地位、其道义上和政治上的目的,难免决定和影响着他的研究,并赋予他的分析和诠释以意义和方向。

在第二阶段,现实主义在社会科学和政治科学中取代了乌托邦主义。"是什么"与"应是什么"被截然分开了。现实主义既要求承认现实,又要求研究其原因和结果。1932 年,温斯顿·丘吉尔就已观察到,在政治家所讲的话与实际所发生的事之间,从未有如此之大的鸿沟。卡尔致力于对乌托邦主义进行诊断和批判。他发现,其病根在于,其拥护者试图将 19 世纪自由理性主义的思想原则从同质的国内社会条件下延续引申到当今异质和近于无政府状态的国际秩序中。国联以及其他集体安全尝试就是企图把特定民族国家内相对成功的原则和制度转变为国际事务中普遍适用的原则。这些尝试背后的思想基础是相信国家间利益会自动协调,这种信条起源于 19 世纪经济学中的自由放任主义。消灭战争的热烈愿望决定着国际研究的第一阶段,而对于该愿望的实现手段的批评意见则被蔑称为是有害的或

---

① E. H. Carr, *The Twenty Years' Crisis, 1919-1939* (London: Macmillan, 1946), p. vii.

破坏性的。"集体安全的拥护者,"卡尔写道,"这样回答其批评者……或者说明集体安全是一定得干的事业……或者提出要求,请你拿出一个更好的办法来。"①这个作为国际共同体思想基础的利益自动协调概念,与这个世界划分为知足的和不知足的或"富有的"和"贫穷的"国家,以及有必要就矛盾的利益进行艰难磋商的现实,是相抵触的。权力与利益仍处于独立主权的民族国家的中心。冲突的发生不仅源于各国领导人之间的误解,而且源于不能共存的目的和抱负的互相抵触,这种冲突不能用某种预定的理性原则加以调解,而只能依靠妥协和外交来调停。国际政治中不存在解决冲突的客观而公正的道义或法律标准。

尽管卡尔看起来是一位彻底的现实主义者,但是他仍承认,仅有现实主义是不够的。他断言:"现实主义一向拒绝考虑四件事,这四件事似乎是全部政治思想的基本要素,它们是:一个有限目标、一种情感诉求、一项道德判断权利和一种行为立场。"②在整个历史上,既需要乌托邦思想,又需要现实主义思想。它们之间存在一种辩证的关系,尽管有的时代可能更需要这一种或那一种。卡尔在摧毁两战之间空想主义的基础之后,认识到有必要为未来提供一种新的国际视野。这种新的视野必须摆脱幻想;他曾这样警告一位年轻的助理讲师:"我希望你……绕开联合国经济发展特别基金(SUNDFED)、联合国经社理事会(ECOSOC)以及其他所有那些有名无实的糟糕设计。"③卡尔观察两战之间的视野要求重视那些现状维护者和反对者之中对和平变革的需要,此种需要建立在正当、合理的基础之上并反映着国际权力关系的变迁。那些受益于某种现状的主要国家(像两战之间的法国和英国)一定得准备好对较为不满国家做出些牺牲。因此,一项成功的外交政策必须在武力和绥靖两种极端之间游刃有

---

① Carr, *The Twenty Years' Crisis, 1919-1939*, p. 8.
② Ibid., p. 89.
③ C. Abramsky, *Essays in Honour of E. H. Carr* (London: Macmillan, 1974), p.179.

E. H. 卡尔（1892— ）：无处不在的权力标准

余。1938年的《慕尼黑协定》既象征着对欧洲均势格局中权力分布的改变，又象征着对民族自决原则所表达之公正的改变。批评家们注意到，卡尔呼吁将权力与道义联系起来的总原则是无可非议的，但是一旦把它应用到《慕尼黑协定》上便流露出卡尔对"无处不在的权力"的屈服。由于卡尔认为，价值观以推行它们的各国的权力和地位为条件，所以他就使自己成了一种道德相对论的牺牲品。

在他的主要理论著作《20年危机》之后，卡尔又发表了一部更具时事性的国际危机分析著作《和平的条件》(1942)。在该书中，他又一次警告说，民主国家正妄图以19世纪的思想观念和制度来应对世界危机。当偷袭珍珠港的事件把美国卷入第二次世界大战时，该书业已付印。卡尔草成该书时，德国和日本的势力正盛极一时，于是他在出书时增加了一个解释性的按语，对其政策结论的假设性质表示歉意。他在书中提出，是苏维埃俄国和纳粹德国掌握着开启未来之门的钥匙，因为它们通过建立计划经济体制而有效地消除了失业问题。那些安于现状的国家，可能不包括美国，在贬低集体主义的经济问题解决之道的同时，将过去理想化了。它们因为太专注于谋求安全和特权而遭受磨难并坚持自由放任资本主义和民族自决，而德国人和俄国人则努力建立一个由更大的单元组成的社会，这些单元处于集中计划和控制之下。希特勒，这个被卡尔描述为"20世纪拿破仑"的人，"完成了曾由马克思和列宁开创的推翻19世纪资本主义体系的任务"。卡尔预言，即使希特勒被打倒，19世纪德国资本主义也不再可能恢复了，正如封建主义在拿破仑下台之后不可能恢复一样。英语世界的理想主义者们由于把自己放在"新世界革命的对立面"而惹祸上身，"这种新世界革命首先在1917年布尔什维克革命中打破了现存秩序"。①

当1919年的和平方案在民族自决的名义下增加了虚弱而挣扎求

---

① E. H. Carr, *Conditions of Peace* (New York: Macmillan, 1942), pp. 9, 10.

生的国家的数目,并且听任中东欧的经济秩序陷于衰弱状态时,战胜了的协约国实际上已经丢失了和平。因此,也就不必谈什么《凡尔赛和约》太刻毒抑或不够狠了。苏维埃俄国和纳粹德国赢得了和平,因为它们的领导者理解了当前发生的革命,并通过实行经济计划而大跃进般地复元;胜利者却无望地一旁静观,依然为19世纪的思想所禁锢。在民主国家,政党代表着强大的既得利益;无组织的大多数人的意志依然无力对抗有组织的经济势力的威力。民主政体的生存靠的是重新界定和解释多数人的权利并找到某种共同的道德意图,这种道德意图应该强大到足以导致强者为了弱者的利益而自我牺牲。共产主义非常像基督教所为,在一种较高的意图中寻找到了其行为立场和有限目标:"西方人与苏俄之间在战争期间的合作应当有助于解决基督教的世俗理想与共产主义的世俗理想之间的对立——偶然的而非根本的对立。"①卡尔希望,民主国家能够从共产主义的道德和经济成功中获取有益的教训。

在《民族主义及其后》(1945)一书中,卡尔考察了19世纪和20世纪之间民族主义的深远变革,主要包括:国家内部的政治参与扩大到新的社会团体、经济和政治权力的明显再结合、战后民族国家的数目开始大规模增长并最终增加了四倍。他警告世人,民族主义的破产导致了两次世界大战的相互残杀和即将到来的民族国家的没落,它不再能够自然而然地为其公民提供军事保护或经济福利了。为了避免民族自决的蔓延导致破坏性的后果,有必要建立一种新的国际秩序,但是又不能通过宪政设计来建成它。相反,这种新秩序必须建立在某项新事业或共同努力之上,比如世界范围对社会正义的追求,这对卡尔来说意味着机会均等、免于贫乏和充分就业。尽管他承认世界性的合作不大可能,但他认为,达到这些目标的最佳方式在于,建立大型多国和地区集团并就充分就业问题实行联合计划,或者向

---

① Carr, *Conditions of Peace*, p. 121.

发展中地区提供援助。卡尔建议,在民族主义时代的后期,欧洲合作实现社会公正,加上英国的参与,就有可能创造出一条不同于苏联式国家垄断意识形态和美国式无限合作意识形态的道路来。

在《苏联对西方世界的冲击》(1947)和《苏维埃俄国史》(1950—1978)中,卡尔详尽地研究了苏联对西方的挑战。在他所写的马克思传记里,称马克思为"整个20世纪思想革命的领袖和先驱"。对马克思主义的某些连续的假设加以思考之后,他在《苏联对西方世界的冲击》中断言:"在一战时期由美国式民主和伍德罗·威尔逊所扮演的传教士角色,在二战时期已经传给了苏联式民主和斯大林元帅。"苏联式民主乃是由西方民主派生出来的。正如克伦威尔式独裁和雅各宾派专政催生了政治民主一样,尼古拉·列宁、约瑟夫·斯大林以及俄国无产阶级建立的苏联式专政也创造了社会民主。苏联式民主对西方的最初冲击是激起了对"普通人"的关心——这是一个"西方民主人士必须加以深思的"挑战。苏联计划经济的成就有助于奠定凯恩斯经济学在西方的基础。在外交政策上,苏联人公开承认权力是政策的决定因素,摘掉了国联政治家们的意识形态假面具。他们还把宣传当做外交政策的日常工具加以运用,干得很漂亮。另外,卡尔还到别处去寻找苏联挑战的影响:"马克思主义者发动革命的主要理由是……他们对西方民主理想与民主原则在道德上的权威性表示怀疑,宣告它们是某个特权阶级的意识反映。"1500年至1900年的个人主义时代行将结束,它有点像是处在中世纪教会和帝国的极权主义与现代集体主义社会之间的一片"绿洲"。两次世界大战、遍及全球的革命、影响深远的社会经济剧变,已经改变了道德风向,并使"所有人,除了那些闭目塞听和不可救药的人之外",相信:"个人主义的力量在当今世界已经不知不觉地失掉了光芒和威信。"因此,苏联威胁的性质并非是军事上的,而主要是道德上的。在苏联对欧洲的政策中,"安全现在是、将来还是"首要的考虑因素。除了安全之外,"在俄国传统中没别的什么东西支持它在东部边界以外的欧洲采取军事行动了",而其东部边界"对于今日苏联的意义正如门罗主义对于美国、低地国家对于大不列颠王国或者莱茵河边界对于法国的意义一样重要"。一个重要得多且更加可能的威胁是来自东方的思想对西方的渗透:"英语世界的危险……在于它相对缺乏灵活性,在于它总是爱吃老本、对过去的成就沾沾自喜",而不在于它正探索着"新的社会经济活动形式,以使个人主义和民主传统中有效的东西能够应用到解决文明社会的问题上"。①

现在的问题是:卡尔的贡献具有什么经久不衰的价值?目前,任何答案都肯定是暂时的。卡尔破除了人们关于国家利益自动协调的乌托邦信念,从而成为最早以政治现实主义的名义重建国际政治学的人。他利用知识社会学中的学术工具,论证了民族的价值观和理想与国家的利益和权力之间存在的联系。他主张,在承认国家利益有冲突的基础上进行艰苦谈判,比起通过类似于国内司法或立法活动的国际程序来,更有可能解决国际争端,这一主张至今仍是有确实根据的。(由于在国际关系中不存在道德共识,所以卡尔把大国谈判比做企业界的集体讨价还价,引起了更大争议。)他对这些问题的探讨如果有什么不足的话,也是由于在争论中言辞过激,而不会是因为说了假话。他对西方政治思想局限性的批判分析至今仍有价值。他写的布尔什维克革命历史有助于今天我们解释苏联领导人的行为和动机以及苏联政策的渊源。

然而,依旧存在以下问题:卡尔在两战之间和二战后两个时期的实际判断怎么会有那么严重的偏差?你看,他曾断定尼维尔·张伯伦是道德现实主义者的榜样,认为《慕尼黑协定》是基于原则和权力而达成的政治妥协的典范。他不加批判地把希特勒和墨索里尼与穆斯塔法·凯末尔(Mustapha Kemal)、约瑟夫·毕苏茨基(Jozef Pilsudski)

---

① E. H. Carr, *Karl Marx:A Study in Fanaticism* (London: J. M. Dent, 1934), p. 302; E. H. Carr, *The Soviet Impact on the Western World* (New York: Macmillan, 1947), pp.3, 19, 94, 107, 108, 111, 113.

和安东尼奥·萨拉查(Antonio Salazar)都当做是反抗自由民主的领导人而相提并论。他不假思索地就对威尔逊和斯大林,或者美国式民主与他的所谓"苏联式民主",进行道德上的区别。他竟然这样写道:"在民主与独裁之间不存在……根本的差异。"①这些错误的判断并非出于偶然,而是源于其政治哲学的一个更加根本的弱点。

对卡尔哲学的缺点有四种可能的解释,而且所有这四种解释都植根于他的研究路线的明显哲学误区中。第一,他的马克思主义倾向促使他在黑格尔和卡尔·马克思的精神鼓舞下到历史进程之中而不是之外去寻求价值和真理(他曾说起过,他比那些盲从的和教条的马克思主义者更像真正的马克思主义者,那些人对他们的意识形态根本不问个究竟)。他的实际道德判断缺乏客观根据。第二,与第一种解释相关联,他好像一再地对道德优越性与权力优越性一视同仁。在他看来,道德推理并不是用来权衡好与坏或者好与更好的,而是专门用来表示"对现实主义的逻辑后果加以回避"②。抓住了他的这一弱点,批评者们就质疑他是否并未理解道德的基本属性。第三,卡尔在其他一些方面虽然受到了莱因霍尔德·尼布尔的启发,但他极少就直接现实的道德做出评论,也很少为竞争中的政治运动提出谨慎判断的范例。(与卡尔相反,尼布尔在20世纪40年代早期写过,如果人们不能够在民主政治与纳粹主义之间做出不同的道德判断,那么任何形式的道德评估实际上都不可能有了。)第四,尽管卡尔承认在政治上需要一个道德判断的标准,但他并没有由此生发出任何突出的观点可以用于评价权力现象。在《历史是什么?》一书中,他试图找到某种历史哲学来作为这样的判断标准,但其结论却是,除历史外,不可能发现一个客观的判断标准。他最接近的说法是:

　　历史上绝对的东西不是那种我们由以开始的过去时代

---

① Carr, *The Soviet Impact on the Western World*, p. 11.
② E. H. Carr, *The Moral Foundations for World Order* (Denver, Colo.: University of Denver Press, 1948), p. 118.

的东西；它也不是现在的东西，因为现在的所有思想都必然是相对的。它是尚未完善的、正在形成中的——某种属于我们不断靠近的未来的——东西，只有当我们向它走去时它才开始形成，而且以此为起点，当我们前进时，我们又渐渐地形成我们对过去的解释。①

如果卡尔想把这个定义当做他最为清晰地加以刻画的一个客观的道德判断标准的话，那么他就必须回答：这是否意味着，判断历史的唯一根据是历史本身，因而历史上幸存的东西实际上就是好东西呢？这是一个早先的历史学家所试图回答而没能回答的问题。一位批评卡尔的人这样总结道："做一个马基雅弗利式的人物是危险的。做一个没有道德的马基雅弗利式人物则是致命的。"②

对此批评，卡尔曾经回答道，某些绝对道德的确存在，如自由和平等、正义和民主。然而作为宽泛的思维范畴，它们几乎都无甚意义，如果不赋予特定的内容就没有什么用处。它们没有指定自由的大小以及享受自由的人的数量，也未标明谁被承认为平等的，因而是没有价值的空头支票。历史记载着人们如何填写这种支票。这些 19 世纪时确立的价值观在第一次世界大战时遭到了破坏。卡尔曾论述到，在那场大战之后，自由主义公开破产，各国或者建立社会主义或者确立保守主义，二者之中只能取一种。他选择了社会主义，一方面因为他是一位左翼人士，一方面因为社会主义象征着对变革的乐观态度。而且他坚决反对那些认为变革就是威胁，就是怀疑、忧郁和恐惧的源泉的人。他在 86 岁时宣称：

> 当刘易斯·纳米尔爵士（Sir Lewis Namier）提醒我远离计划和理想时，当奥克肖特（Oakeshott）教授告诉我说我们

---

① E. H. Carr, *What is History?* (New York: Alfred Knopf, 1961), p. 161.
② Hans J. Morgenthau, *Politics in the Twentieth Century*: Vol. Ⅲ, *The Restoration of American Politics* (Chicago: University of Chicago Press, 1962), p. 43.

其实徒劳无功、前路茫茫时,当波普(Popper)教授想要靠零打碎敲就把陈旧的 T 型老爷车留在路上跑时,当特雷弗-罗珀(Trevor-Roper)教授敲打那些大声嚷嚷的激进分子时,我必将要面对一个骚动的世界、一个痛苦的世界,我必得像一位伟大的科学家所用过的恰当词句来回答:"然而——它仍在转动。"①

E. H. 卡尔的著作:

1931

Dostoevsky. Boston: Houghton Mifflin.

1933

The Romantic Exiles. Boston: Beacon Press.

1934

Karl Marx: A Study in Fanaticism. London: J. M. Dent.

1937

International Relations Since the Peace Treaties. London: Macmillan.

Michael Bakunin. London: Macmillan.

1939

The Twenty Years' Crisis, 1919-1939. London: Macmillan. 2nd ed., 1946.

1942

Conditions of Peace. New York: Macmillan.

1945

Nationalism and After. New York: Macmillan.

1947

The Soviet Impact on the Western World. New York: Macmillan.

1948

The Moral Foundations for World Order. Denver, Colo.: University of

---

① Scott, "Revolution Without the Passion", pp. 7-8.

Denver Press.

1950—1978

A History of Soviet Russia. 10 vols. London: Macmillan

1950

Studies in Revolution. London: Macmillan.

1951

The New Society. London: Macmillan.

1961

What Is History? New York: Alfred Knopf.

关于 E. H. 卡尔的著作：

Abramsky, C., ed. *Essays in Honour of E. H. Carr*. London: Macmillan, 1974.

Bull, Hedley. "The Twenty Years' Crisis Thirty Years On". *International Journal*, XXIV (Autumn, 1969), 625-638.

Deutscher, Isaac. *Heretics and Renegades*. London: Hamish Hamilton, 1955.

Johnston, Whittle. "E. H. Carr's Theory of International Relations: A Critique". *Journal of Politics*, XXIV (November, 1967), 861-884.

Morgenthau, Hans J. *Politics in the Twentieth Century*: Vol. Ⅲ, *The Restoration of American Politics*. Chicago: University of Chicago Press, 1962.

Ormesson, Wassily Comte d'. *France*. Introduction by E. H. Carr. Ambassador at Large Series, edited by E. H. Carr. London: Longmans, Green, 1939.

Scott, Peter. "Revolution Without the Passion: Peter Scott Talks to E. H. Carr Whose Epic History of Soviet Russia Will Be Completed This Autumn". *Times Education Supplement*, July 7, 1978, pp. 7-8.

> 汉斯·摩根索(1904—)*

政治现实主义诸原则

汉斯·摩根索(Hans J. Morgenthau)出生于德国中部的小城市科堡(今属北巴伐利亚的一部分)。统治这个公国的是维多利亚女王的一个外孙,他以公开炫耀德意志民族主义及后来支持希特勒的反犹主义而臭名昭著。在第一次世界大战期间及战后,摩根索还是一个学童,他亲眼目睹了强大而自信的德国军队的战败,目睹了帝国政府领导人的
外逃,看到他们被魏玛政权所取代,而这个政权缺乏权力意识,也没有广泛的政治基础,只是主要受到工人阶级和无产阶级的支持。

由于战后外国军队占领着德国领土,魏玛共和政权的反对者声称德国的战败是"有人背后陷害"的结果。起初是从前的统治阶级(这在像科堡这样的社区里是最有势力的团体),接着是纳粹党人,都宣称德国实际上并未输掉战争,而是由出自内部的叛国者如工会、社会主义者、犹太人、天主教徒、自由主义者和共济会会员等暗中破坏所致。建于1919年的纳粹党还将这种传说变成一种有力的宣传工

---

* 原书写作和出版时该学者尚在世,已于1980年去世。——译者

具。对于年轻的摩根索来说,魏玛时代给他的教训是,政治权力何其重要,而且权力与奔涌不息的暴力和非理性思想暗流在政治中相互激荡。德国人民需要为军事失败和恶性通货膨胀找到一个替罪羊,于是他们找到了犹太人身上。摩根索还记得他的母亲(他敬爱她)带着一篓子纸币去市场购物的情景,记得他当医生的父亲在给人看病时宁愿收取奶油、鸡蛋、小鸡或者布料作为报酬也不愿要那不值钱的货币。他很早就懂得了,一个政府必须有能力去治理,包括有能力维护经济稳定。

作为家中唯一的孩子,摩根索罹受过深深的孤独和频繁的病患,这是家庭环境造成或加重的。他父亲专制而独断,母亲则亲切而十分聪慧。父亲阻止他就读德国一流的柏林大学,对他说:"你疯了吧。你永远也不准去上。上一所较小的学校就行了。"父亲的影响致使他后来产生了一种自卑情结,还总是害怕被人拒绝,并且让他一辈子都带着他那掩饰不住的羞怯。后来他的学生们注意到,没有其他教授比他更加积极地促进学生们的进步,但奇怪的是,也没有其他教授比他显得更含蓄、更恬淡和更超脱的了。

摩根索立志为犹太人创建家园,特别是在晚年作品中强烈表达的支持以色列追求安全的观点,也可以追溯到他的成长岁月中。他还记得自己在德国的类似于美国童子军的队伍中行进时遭人唾骂的情形,记得在古典中学里被拒绝加入一个高年级教友团的情形,以及当他以全班第一名的成绩毕业并在一个纪念科堡公爵加冕的校庆典礼上发言时被人奚落和排斥的情形。在那天,当他走向典礼时,人们挥舞着拳头,对他大声地诅咒着,叫嚷着反犹的污言秽语。当他发言时,公爵和其他贵族捂着鼻子,表示所有的犹太人都臭不可闻。对一个年轻小伙子来说,那是他一生中最难受的一天。

1923年,摩根索在法兰克福大学开始其大学学业,在那儿待了不久就转到了慕尼黑大学。在这两所院校里,他的老师中有学问渊博的人,但没有国际知名的学者。一开始,哲学和文学成了他的主要学术兴趣。(他在文学方面的兴趣虽受其父的挫伤,却预示着他终生偏爱历史上的真实事物。)他的抱负是成为一个作家,可能是一名教授,也可能是一位诗人。1923年9月,作为一名大学预科高年级生,他写道:"我希望将来朝两个方向发展。一是希望消除我所受到的社会环境压力,二是希望为未来的活动找到一个方向和目标。后一个希望要等到前一个做到以后才能够实现。"在那篇文章里,他还说道,他与环境的关系取决于三个因素:他是一个德国人,他是一个犹太人,他成长于第一次世界大战之后。他决心不去扮演受难者的角色,而是起而反抗反犹主义的压迫。他特别指出,这种反犹主义的压迫毁坏了道德的全部基础:"从外部来的这种压迫愈强,我对此(反犹)运动的反感就愈猛烈,也愈偏激。"他认为自己正走向两者择一的抉择之境——或者积聚财富,或者献身一项更高尚的事业。他引述约翰·冯·歌德的自传《诗歌与真理》中的一段话来作为他必须做出的抉择的指南:"我们的愿望乃是我们心中蕴藏的能力的先兆。……我们渴望着悄然之间我们就已经拥有什么。……如果此路明明已由我们的天性所指定,那么我们成长的每一步都是在履行我们最初愿望的一部分。"①

他早年对哲学的研究令他大失所望,只有贝内德托·克罗齐(Benedetto Croce)的作品还令他感兴趣。这个年轻的学生承受不了那种围绕细微的认识论差别而卖弄学问的研究,尤其忍受不了从哲学著作中寻章摘句如老雕虫般地进行剖析。因此,他转学到慕尼黑大学学习法律,来到了两位杰出教师的门下:一位是海因里希·韦尔夫林(Heinrich Wölfflin),他是一位艺术史学家,曾经创立了一个美学学派;另一位是赫尔曼·翁肯(Hermann Oncken),他是一位外交史学家,讨论过历史与伟人的关系,讲授俾斯麦与19世纪的外交和军事政策。回首往事,摩根索在《一个知识分子的不完全自传:1904—1932》

---

① Kenneth W. Thompson and Robert J. Myers(eds.), *Truth and Tragedy*: *A Tribute to Hans Morgenthau*(Washington, D. C.: New Republic Book Co., 1977), pp. 1, 2, 3-4.

中写道:"平生第一次,我感受到了一种浑然一体的思想体系的激荡,它主要是俾斯麦的"现实政治"(Realpolitik)思想的浓缩,它……[支撑着]我对当前外交政策问题所做的独树一帜的、主观的判断。"在慕尼黑,他在卡尔·罗滕比歇尔(Karl Rothenbücher)教授的指导下也阅读过马克斯·韦伯的政治哲学和社会哲学著作,后来他写道:"韦伯做成了他的大部分同行妄图做成的事情,但他……[作为一个公民]不是一个对政治舞台充满热情的观察者,也不是在政治舞台上被击败的参与者,作为一名学者……他在[远眺]政治,不带任何感情色彩……[也不带]超越于理解知识目的之外的任何政治目的。"① 韦伯在摩根索看来就是政治科学家的楷模。

另外两个思想流派——马克思主义和精神分析学对摩根索的影响基本上是消极的。马克思主义吸引了大批年轻的知识分子,他们把它当做加速战后不公正社会的分化并在更为平等基础上重建社会的一个工具。马克思主义在德国的根据地是法兰克福大学的社会研究所。摩根索承认,他在某种程度上得感激马克思主义社会学,但当纳粹祸害近在眼前之时,他还是厌倦马克思主义者的吹毛求疵和寻章摘句的迂腐。听了卡尔·曼海姆呼吁"独立的社会贤达们"起来反对纳粹分子的演说之后,摩根索理解了为什么马克思要对他女婿说:"我,不是马克思主义者。"至于精神分析学,他毫不怀疑西格蒙德·弗洛伊德像卡尔·马克思一样曾经开辟了人类理解的新境界。摩根索一度甚至试图在弗洛伊德的概念和见解之上构建一个政治学的理论体系。但他放弃了这一努力,并且从来没有发表其研究结果:"迫使他放弃建立一个政治学的精神分析理论的原因,也是迫使他曾放弃建立一个政治学的马克思主义理论的原因,即:不可能用某种简化理论的简单逻辑去解释政治现象的复杂性质,无论它是经济的还是精神的。"②

---

① Thompson and Myers (eds.), *Truth and Tragedy: A Tribute to Hans Morgenthau*, pp. 6, 7.
② Ibid., p. 4.

汉斯·摩根索(1904—)：政治现实主义诸原则

大学毕业后摩根索到日内瓦国际关系研究所从事研究工作,并获准当了律师,在法兰克福劳工法院担任代理院长。从1932年到1935年,他在日内瓦大学教公法。由于希特勒于1933年上台,他就没有再返回德国,而是到马德里任教,从1935年教到1936年。其后他来到美国,没有朋友也没有人资助。通过他的不懈努力和聪明才智,他接连受聘任职于布鲁克林学院(1937—1939年)、堪萨斯城大学(1939—1943年)、芝加哥大学(1943—1971年)、纽约市立学院(1968—1975年)和新设在纽约的社会研究所(1975—)。

摩根索对国际政治研究的影响出自于他对哲学和政治的双重重视。他的第一本重要著作《科学人对抗权力政治》(1946),是对现代西方社会、政治和道德哲学思想及其政治生活后果的见解独到而入木三分的批判。论及罗马帝国的兴衰时,他追述了20世纪前半期的危机事件和政治思想的普遍堕落——这种堕落反映在竟然"相信科学有能力解决所有问题,特别是所有的政治问题"。尽管他对未来表示悲观,特别是对自由主义的失败感到失望,而且又受到莱因霍尔德·尼布尔的影响,摩根索还是呼吁重树对"那些人类智慧和道德天赋"的信心,"唯有它们才能够解决人类社会的问题"①。他的这一研究也挑战了政治学中的科学方法,这种方法自查尔斯·梅里安的《政治学新论》(1924)发表之后在美国特别流行。当梅里安的支持者、摩根索所在的芝加哥大学校董伦纳德·怀特教授读到《科学人对抗权力政治》一书后,他提议让摩根索去教一门行政法课,以便把他从错误的轨道上转化过来。在芝加哥,摩根索与政治科学中敌视哲学的学术气氛斗争着(芝加哥大学政治学系的主要兴趣是公共行政和国际法)。鼓励他的人主要是该大学的高层领导,特别是罗伯特·哈钦斯,还有他的一拨年轻同事,但最支持他的是他的学生们,他们选他的课时还满心怀疑,走的时候却大都对他的研究方法久久难忘。经

---

① Hans J. Morgenthau, *Scientific Man vs. Power Politics* (Chicago: University of Chicago Press, 1946), p. vi.

验主义者和行为主义者的研究拥有实力雄厚的资助,他们把他当做是一个威胁。批评哈钦斯校长最严厉的人也反对摩根索专注于哲学(哈钦斯本人所持的新托马斯主义思想和他所从事的世界治理运动后来也导致他与摩根索发生决裂)。

到1948年,摩根索的划时代作品《国家间政治》一问世,对其作品的批判就再次指向他的政治学概念和定义。这本书的副标题《权力斗争与和平》正反映了他的研究目的,他写道:"不论国际政治的最终目的是什么,权力始终是其直接目标。为权力而进行的斗争在时空中无处不在,是一个不可否认的经验事实。"①今天我们难以想象当初这一表达所引起的担忧和惊慌。"权力政治"当时在芝加哥大学成了一个可疑的和有争议的短语。它集中体现了世界治理和公共行政所要根除的罪恶,只有根除此恶才能使人们生活在一个文明的世界里。美国政治学理论家谴责摩根索的"德国式观察事物的方法"。实际从政者则因自己的声望表面上靠的不是赞成像权力这样不光彩的目的,更是赶快和摩根索的政治定义划清界线,至少在公开场合是这样。

奇怪的是,批评者没有注意到,摩根索早年就强调过权力的局限性和正当使用,强调过权力与国家意图的不可分离的关系,以及国家利益所受到的约束。他们也没有注意到,摩根索曾对国际道义问题以及伦理学、习俗和法则的作用做过广泛分析。他写道:"从《圣经》到现代民主政治中的伦理学和宪政安排,所有这些规范体系的主要功能已经将权力意志控制在社会可容忍的范围内。"在他的第一篇有关美国外交政策的论文《捍卫国家利益》(1951)中,他明确指出,把道义原则和国家利益看做是对立的力量是根本错误的。他强调:"不要在道义原则和缺乏道德尊严的国家利益之间进行抉择,而要在一套脱离政治现实的道义原则与另一套植根于政治现实的道义原则之间

---

① Hans J. Morgenthau, *Politics Among Nations* (1st ed.; New York: Alfred Knopf, 1948), pp. 13, 17.

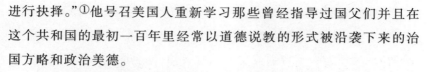

进行抉择。"①他号召美国人重新学习那些曾经指导过国父们并且在这个共和国的最初一百年里经常以道德说教的形式被沿袭下来的治国方略和政治美德。

摩根索关于美国外交的著述甚丰,他不断地检验、测试和应用着他提出的有关权力、利益和道义的核心原则。在《美国政治的目标》(1960)中,他写道:"一个国家要想得到我们的永久同情,就必须为了某一个超然的目标去追逐其利益,这个超然的目标使得其外交政策的日常运作具有了意义。"②这样的道德原则必须与现实主义、审慎原则一起运用到国际环境中,还得充分顾及到其政治后果。军事和经济力量不可以用来服务于完成多样化的、全球性的、人道主义的任务,但是必须用它们来应付国家利益的紧急需要。他告诫人们,不要让对共产主义的恐惧过分地影响到外交政策,并始终认为,不分青红皂白地反共防共是不能为健全的政策提供根据的。在写到某些特殊的外交政策问题时,包括《越南与美国》(1965)、《一项新的美国对外政策建议》(1969)和《真理与权力》(1970),他批评了那种基于抽象道德之上的十字军东征般的对外政策,并批评将那些在欧洲运用得较为成功的美国政策转而用于亚洲和第三世界。

到20世纪60年代中期,他成为美国对越战争的主要批评者。他的批评建立在一项原则基础上,这项原则在《国家间政治》中有明确的阐述,即:国家决不可以让自己陷于一种进退维谷的境地,那样的话,欲进则过分冒险,欲退则丢尽脸面。他曾与一些美国官员,如国家安全顾问麦乔治·邦迪和兹比格纽·布热津斯基,进行过公开争论。走入公共政治舞台是他所不情愿的事,因为他赞同罗伯特·奥本海默(J. Robert Oppenheimer)提出过的告诫:在政治上,如果一个人

---

① Morgenthau, *Politics Among Nations*, p. 169; Hans J. Morgenthau, *In Defense of the National Interest* (New York: Alfred Knopf, 1951), p.33.

② Hans J. Morgenthau, *The Purpose of American Politics* (New York: Alfred Knopf, 1960), p. 8.

想同时既做剧中人又做观众,他一定会两者皆失。无论摩根索本人就哲学家在政治学中的局限性写过什么,他实际上却对此种局限性满不在乎。作为一个特别成功的课堂教师,他企图把美国国会、历届政府和每一个可用的公共场所都变成他的课堂。当他游历世界时,他就像古时的先知一样慷慨陈词,并且不屈不挠地揭露和谴责在他看来错误的说教和流行的奇方妙策。

摩根索的影响不易估量。像雷蒙·阿隆这样的作家曾经指出,摩根索重塑美国外交政策的努力失败得十分可惜。他最大的影响在对外政策的基本原则上,而不在外交策略或日常决策上。不过,到20世纪70年代,美国公共生活中的重要领导人在谈到有必要在制定美国外交政策的过程中考虑国家利益时,没有一个人敢轻描淡写。没有哪一位国务卿能够妄称,这个世界已经摆脱了国际对抗或权力政治。没有哪一位开明的新闻工作者能够对民族主义和国际主义这两种相对的力量不睬不问。要说摩根索的说教是他的一家之言,这肯定言过其实,但是如果没有他明确而无畏的宣教,那么现实主义的原则如此有影响力地得到传播就难以想象了。至少,他完成了他的两个使命。第一,他成功地发现了一项事业,这项事业令他身后留名,并证明他的道德和知识之旅收获不菲——这也是一项他从18岁时就开始了的探索。第二,他坚守住了一个目标,对此他本人有最好的描述:

> 我们的渴望,浇铸了我们的期望的渴望,考虑到了我们期望这个经验世界看起来像什么样子,而不是它实际上是什么样子。因而,经验的现实就无休止地否定着我们的渴望和期望的正当性。……我们期待着神谕给我们一个清晰的回答。我们得到的却是一个充满困惑的难解之谜。剩下的依然是一颗寻根究底的心,它感觉得到它自己,也感觉得到这世界,它在看、在听、在触摸、在思考、在发言——它在寻求着

幻觉背后的终极现实。①

摩根索的研究集中在权力或国家利益与道义的关系上。他的目标是向美国人诠释一种古老的传统。他让美国了解到那些源于欧洲经验的、有关权力与外交政策的经典问题。从腓特烈大帝——他在就任普鲁士国王的头一个礼拜日就呼吁宽容犹太人和胡格诺教徒——身上,摩根索获得了一种世界主义的视野,以及对权力现实的认识。从德意志与希腊思想中他领会到,一个国家的首要职责是保护自己,而且只有这样做它才有可能谈及法(柏拉图)。如果要实现国际稳定和协调,就必须把外交跟权力挂钩(腓特烈大帝)。由此产生的原则就成了所谓的外交政策第一要义,并且俾斯麦把它跟政治克制的传统联系起来。腓特烈大帝象征着一种贵族统治下的国际主义,持这种观念的政治家们用超国家文化的眼光看待这个世界。俾斯麦继承了这一传统的主要观点,但是他认为,普鲁士的国家利益在于,作为一个政策克制和宽容的温和国家而存在,既受制于道义原则,也听命于政治需要。

以上这些传统思想是摩根索的国际关系哲学的一部分,他把它们带到了美国。他发现,美国人过去一直不重视国家利益的观念和外交政策的首要地位。由于美国有着天然的地理位置并受到英国海军的庇护,从而免于欧洲的大国争斗,所以美国人才会以为国际法和国际道义不受权力政治的约束。然而,它的优越地理位置正在发生变化,摩根索抵美时正值美国步入世界领导者的时代,如此它就不可能再逃避权力政治的压力了。美国人开始逐渐认识到,他们正生活在一个被权力所操纵并为别国所影响的世界里,当然他们反过来也能够影响别国。权力不仅是美国外交政策成功的基础,而且是国际稳定与和睦的工具。利益不仅是外交政策的准则,而且在国际关系中,国家利益既相互冲突也融汇聚合。能够使各国利益达成妥协与

---

① Thompson and Myers, *Truth and Tragedy*, pp. 16-17.

和解的途径唯有外交。当冲突发生时,政策制定者必须站得高一点,超越眼前的问题,去创造一个新框架,以便进行调节或者重新分配利益。

摩根索向人们提供了一套新的外交政策思想,与变化中的形势步调一致。他将某些传统的欧洲观念转用到美国经验之上并用适当的术语加以系统阐述。他不断地重新思考和陈述这些思想观念,以使它们与美国民主的现实相和谐——对美国民主他表示接受并加以赞美,这一点在他晚年的著作中体现得尤其突出。由于他颂扬美国观念和制度的独特性,同时又毫不妥协地捍卫着他所谓的国际政治铁律,所以他的成就便更加不同凡响。

在其所有著作中,他经常表达的另一个原则得自于古希腊罗马和犹太基督教思想,即:所有的人类活动都受到道德判断的限制。他探讨了道德约束对人类活动的改变作用,以及相信人类生活无论战时与平时都神圣不可侵犯这一法则的效力。他把分析的矛头指向道德进步与道德堕落。《海牙公约》对战斗员和非战斗员做过区分,但是二战期间的灭绝轰炸——首先是德国人轰炸考文垂和华沙,其后是所有交战国互相轰炸——又使该区分失去了意义。摩根索断言,道义与国际政治的关系不仅受到技术因素的影响,也受时代与文化的影响。民族国家的道义原则是经过社会文化环境过滤出来的,这种社会文化环境影响着看似普世性的道义原则在不同场合的不同施用。

这种研究道义与外交政策的思路最近被集中用于人权问题的研究上。摩根索提出过两个关于人权的问题:在多大程度上,一国有权并有义务把自己的原则强加于另一国?在多大程度上,一国有合乎道德的理由并有站得住脚的学说把某些人权概念应用于另一国?他让人们注意,在美国,人权得到了极好的特别保护,而在像非洲大陆这样的地方,则相对缺乏这种人权保护。他还对美国当前要求世界其他地方的人接受美国的抽象政治道德传统提出了质疑。摩根索曾经表示,卡特政府发起的大众人权运动,并不合乎美国的早期传统,美国的早期传统是,把美国的经验当做一种榜样展示给世界其他国家。伍德罗·威尔逊呼吁各民族国家及世界其余地方接受美国式民主,也破坏了美国的这一早期传统。

摩根索反对威尔逊式的道义与外交政策观念以及吉米·卡特总统的普遍人权运动,有两方面的理由:(1)对人权的全球普遍接受没有可能加以实施;(2)美国作为一个大国在全世界有着多方面的利益(有些要比人权更重要),它将不会一门心思地只奉行一项人权政策。我们能够也应当告诉苏联,它对待少数民族的方式违反了《世界人权宣言》,但这样做的更有效渠道是私下的接触和沟通。在摩根索看来,苏联领导人若不把其主要的道德和政治对手公然不断施加的压力当做是对其现有政治体系存续的威胁,那肯定是咄咄怪事。

在摩根索看来,人权问题并不是一种反常的现象,而是道义与外交政策相互关联的一个普通个案。世界各地的人都是道德的、社会性的,因为他们毕竟都是人,他们都在以不同的方式努力实践着道德的原则。在实践中,他们会遇到种种矛盾和各种逻辑与道德困境。在每一场大的政治道德斗争中,各方都声称自己代表上帝的言行,但上帝是不能对同一事物既赞成又反对的。政治家要想验证什么东西在道德上和政治上是正确的,唯有用林肯的检验方法,即:去研究问题中平白朴素的事实,去弄清什么才是可能的,去努力认识什么是明智的、什么是正当合理的。

在引用林肯的检验标准作为治国艺术的指南时,摩根索告诉了我们他个人生活中所遵循的东西。据笔者所知,没有人能比他更坚决地做着正确和正当的事,没有人能比他更加无所畏惧、不知疲倦地为了探知正确的行为路线而奋斗。终其一生,在这个世界上他基本上是特立独行的,但他从不怨天尤人。他向既有的研究路线发起挑战,推翻了美国学术界视若珍宝的偶像崇拜,并在他的研究过程中始终坚持真理。对朋友他热情大方,对学术对手和私人恩怨他雅量高致。笔者赞同沃尔特·李普曼所说,他的确是我所认识的最讲道德的人。

汉斯·摩根索的著作:

1946

Scientific Man vs. Power Politics. Chicago: University of Chicago Press.

1948

Politics Among Nations. New York: Alfred Knopf. 5th ed., 1978.

1951

In Defense of the National Interest. New York: Alfred Knopf.

Principles and Problems of Internatioal Politics. With Kenneth W. Thompson. New York: Alfred Konpf.

1958

Dilemmas of Politics. Chicago: University of Chicago Press.

1960

The Purpose of American Politics. New York: Alfred Knopf.

1962

Politics in the Twentieth Century. 3 vols. Chicago: University of Chicago Press.

1965

Vietnam and the United States. Washington, D. C.: Public Affairs Press.

1969

A New Foreign Policy for the United States. New York: F. A. Praeger, for the Council on Foreign Relations.

1970

Truth and Power. New York: F. A. Praeger.

1972

Science: Servant or Master? New York: New American Library.

1977

Truth and Tragedy: A Tribute to Hans Morgenthau. Edited by Kenneth W. Thompson and Robert J. Myers. Washington, D.C.: New Republic Book Co.

◆------→ 尼古拉斯·斯拜克曼(1893—1943)

地理与权力

尼古拉斯·斯拜克曼（Nicholas J. Spykman）1893年10月13日生于荷兰的阿姆斯特丹。他于1920年到美国求学，并从加利福尼亚大学先后获得学士学位（1921年）、硕士学位（1921年）和博士学位（1923年）。在此之前他曾经是一名年轻记者，先后工作在近东（1913—1916年）、中东（1916—1919年）和远东（1919—1920年）。1923年到1925年他在加利福尼亚大学任政治学与社会学的讲师，之后于1925年进入耶鲁大学。1935年他当上耶鲁大学国际关系学系主任并任耶鲁国际研究所所长，一直到1940年。他的早期作品集中在社会学领域，包括他的《乔治·齐美尔的社会理论》，但他后期的著作就大体属于地理政治学与国际理论之列了。国际关系领域很少有学者能像他那样对其学生有如此大的影响。在短短49年的人生旅程中（他逝于1943年6月26日），他精心提出并详细阐述了一种关于权力政治和国家利益的观点，对美国思想界产生了至深的影响。

为了使国际思想贴近和扎根于政治现实，斯拜克曼所做的一点

尼古拉斯·斯拜克曼(1893—1943)：地理与权力

儿都不逊于其同时代的其他任何一位学者。他把自己的研究方法称为地理政治学："地理政治学这个术语的含义曾经被某些作者曲解，这一事实并不能成为谴责其方法与资料的正当理由。事实上，它恰如其分地命名了一种分析类型和一类数据资料，在我们就外交政策的某些方面做出明智判断的过程中，这些分析和数据不可或缺。"①他把自己与卡尔·豪斯浩弗(Karl Haushofer)及其追随者们划清界线，因为政策主张与科学钻研并不是一码事。德国地缘政治学派误入歧途的原因正在于：希特勒利用了地缘政治学去为他的政策作辩护。

斯拜克曼把地理看做是外交政策中的首要决定因素，不过他告诫说，不是任何事物——从第四交响乐到第四度空间——都能够用地理概念加以解释。一国在世界上占据的位置及其与其他权力中心的关系决定着它的安全课题。为了确保其地位，一国必须把维护和改善其安全作为首要目标。由于直陈己见，斯拜克曼受到攻击，有人说他极端愤世嫉俗，说他着了"实力政治"之魔。他回答道："权力恶名昭昭，弄权常受谴责。……有这样一种倾向，特别是在某些自由主义者和许多自称为理想主义者的人们中间，他们相信在国际社会中除非从道德非难的角度来谈，否则就别提权力话题。"然而，他的结论是："得不到实力支持的政治理想和政治设想好像没有什么存在价值。"②

斯拜克曼的主要作品是《美国在世界政治中的战略》(1942)。国际政治文献中可能再找不到比这本书更严谨、更系统地追述孤立主义和国际主义争论的了。斯拜克曼发觉，这两种政策因素在美国外交中尤为稳定和持久，超出了过去一般人的想象，特别是那些坚称美国人极易被教导接受国际主义观点的人。例如，他向我们展示了孤立主义既有情绪化的一面，也有战略考虑的一面。在情绪上，它迎合

---

① Nicholas J. Spykman, *The Geography of the Peace*, edited by Helen R. Nicholl(New York: Harcourt, Brace, 1944), p. 7.

② Ibid., p. 3.

了那些反感欧洲并想忘掉旧大陆的移民及其家庭的需要。当现在世界其他地方的战争和冲突波及他们新的家园时,他们却明哲保身,认为不必再为欧洲操心。此外,他们还继承了一种近两百年前的外交政策观点。19世纪的前半期,当英国要求新大陆出面干预以恢复欧洲的势力均衡时,当美国受邀参加两次摩洛哥会议和柏林和会时,当美国参议员们辩论美国是否应加入国联时,发生争论的地方是,是否欧洲和亚洲的秩序与均衡对美国的利益至关重要。孤立主义者们曾打算把他们关于充足防御地带的概念从本土范围扩大到包括加勒比海沿岸地区甚至整个西半球。但是,斯拜克曼发现,即使是在20世纪的40年代,"美洲堡垒"的残余心理仍反映在某些对欧洲危机的态度中。

斯拜克曼研究方法的优点和超脱之处来自于,他认为很多国际主义思想的学术根据与孤立主义思想的一样差强人意。他认为,在接连不断发生的世界危机中,最坚定的国际主义者"曾是那些受理想主义原则所鼓舞的人。有些人主张参与[到接连不断发生的世界危机中去],是因为他们亲英;另一些人主张参与,则是因为他们相信在一个为意识形态而战的年代,我们有道德上的义务去支持那些其社会政治结构最接近于我们的人民"①。但是很少有人明白,保卫美国的第一道防线是维持欧洲和亚洲的势力均衡,第二道防线才是西半球。

斯拜克曼词锋犀利,直指所有的流行教条。1942年,他宣布:"大体说来,新秩序跟旧秩序没什么两样,国际社会将继续奉行同样的基本权力模式。世界将是一个权力政治的世界。"对于一个企图逃避外交政策困扰的国家,他告诫道:"一个先天不稳定、变动不居、反复无常的力量均衡,的确不是国际社会的理想权力模式。但即使我们为其缺陷痛心疾首,我们最好还是要牢记,它是一个以独立国家为基础

---

① Nicholas J. Spykman, *America's Strategy in World Politics* (New York: Harcourt, Brace, 1942), pp. 3-4.

的国际秩序所不可或缺的组成部分。"在讨论集体安全问题时,通常人们集中在侵略的定义、世界警察力量和可能的世界政府上面,他则提出了一个更加根本的原则:"每当……压力变得不对等时,边界就会改变。集体安全问题就是平衡这些压力的问题;只要这一问题得不到解决,扩张的现象就会照旧反复出现。"他置所有关于美好新世界的讨论于不顾,告诫人们说:"历史证明,这种扩张形式一再出现并导致了无休止的冲突,因此,我们没有理由假定或期待国家的这些行为模式会突然间改变或消失。"然而,这决不意味着,美国外交政策就应该屈从于过去。"不拘旧例、立足实用是衡量一项健全政策的准则。指导我们行动计划的纲领应当是美国的总体经验,而不是美国历史上一些个别事例。"①

所有这些都值得注意,其原因至少有两点:首先,这种基于美国总体经验之上的国际关系研究新思路在今天的国际政治研究中被相当广泛地接受。更重要的是,斯拜克曼看来是用他对现有情况的理解来预测未来。例如,在20世纪40年代,在那个人们普遍对俄友好的年代,他却写道:"一个从乌拉尔山脉到北海的俄罗斯国家,并不比一个从北海到乌拉尔山脉的德意志国家好多少。"更大胆的放言可能是他在二战期间所说的话:"我们这一代人两度援助大不列颠,为的是使这个离岸的小岛国不致面对仅有一个庞大国家控制着对岸大陆的形势。如果想要维持远东的未来均势,……美国就不得不对日本采取同样的保护性政策。"在中美友好的年代里,他却把一个有着4亿5千万人口的、充满活力并武装起来的现代中国看做是"一个威胁,不仅威胁日本,而且也威胁西方国家在亚洲的地位"。他也不赞成彻底摧毁德国的势力。在一项声明中,斯拜克曼坚决主张:"当前的战争计划无疑是要摧毁希特勒和国社党,但这并不一定就意味着要摧毁德国这个军事大国。"②这项声明被某位批评家称为最不可思

---

① Spykman, *America's Strategy in World Politics*, p. 7.
② Ibid., p. 460.

议的惊人结论。他把这些预言放在一个前后一致的逻辑语境中,并补充道:权力政治的魅力在于,一国绝对没有必要对自己的友国感到厌倦。因此可以说,斯拜克曼至少具有一点西方文明中最有智慧的哲人所具有的政治预言才华——他们一向从更全面理解人与政治的观点看待未来。斯拜克曼研究政治现实的方法有着牢固的欧洲基础,他也利用了他的欧洲背景来帮助美国人理解他们的国家责任。

尼古拉斯·斯拜克曼的著作:

1919

Hindia Zelfbestwir, *Bahasa Belanda dan Melajoe*. Batavia: G. Kolff.

1925

The Social Theory of George Simmel. Chicago: University of Chicago Press.

1942

America's Strategy in World Politics. New York: Harcourt, Brace.

1944

The Geography of the Peace. Edited posthumously by Helen R. Nicholl. New York: Harcourt, Brace.

→ 阿诺德·沃尔弗斯(1892—1968)

概念化与寻求共识

阿诺德·沃尔弗斯(Arnold Wolfers)于1892年6月14日出生在瑞士圣加仑,父母是奥托·沃尔弗斯和克拉拉·沃尔弗斯。他的教育背景包括,在苏黎世、洛桑、慕尼黑和柏林等地的大学里学习法律,以及在苏黎世和柏林的大学里学习经济学和政治学。他于1917年获准在瑞士任开业律师,在圣加仑执业到1919年,从1923到1930年他在柏林政治大学担任讲师,从1930到1933年任该校校长。1917到1919年,他还按照国家规定在瑞士军队里服役,充任陆军中尉。他早期在欧洲发表的作品有《股份公司的管理机关》(1917)、《美国与德国的工资》(1930)和《卡特尔问题》(1931)。他一生的事业跨越了四个重要的十年和欧美两个大洲;他对国际思想的贡献反映了他的阅历之丰富和欧美文化造诣之深厚。

沃尔弗斯于1917年以最优异的学业成绩从苏黎世大学拿到法学博士学位,1924年从吉森大学拿到博士学位,还从霍利奥克高山学院和罗切斯特大学拿到两个名誉学位。他于1968年7月16日辞世后,被安葬在他的祖国瑞士,葬在恩加丁山谷的锡尔斯-巴塞尔贾。他在世时,经常访问瑞士和德国,并与两国的政府要员和大学领导人保持着密切的接触。

沃尔弗斯于1933年移居美国,几乎同时在耶鲁大学获得学术职位,先后就任客座教授(1933—1935年)和教授(1935—1957年),在耶鲁一待就是24年。他给政府做过事,主要是以顾问身份在战时和冷战初期为政府服务。在二战期间,他在宪兵司令总部、战略勤务局,后来又在国防大学、防务分析研究所、陆军部和国务院,任咨询顾问。他虽然是一位著名的政治史学家,但是一直以其高贵而不失中庸的处事态度担任着一系列政府顾问职务,从而使他接近于华盛顿的权力中心。

对沃尔弗斯的思想进行评价,要比评价赫伯特·巴特菲尔德、E. H. 卡尔或汉斯·摩根索等人的思想更困难,因为他的理论较为不鲜明、较为含糊,也更加折中和复杂多义。他给众多不同学者留下了良好印象。他以《纷争与协作》一书献给斯拜克曼教授以作纪念,称斯拜克曼教授为"值得尊敬的朋友和同事"。尽管他对权力政治的理解不像斯拜克曼那样措辞断然有力,但他作为斯特林国际关系讲座教授继续着斯拜克曼所开创的国际政治研究工作。他毫不讳言地说,他不能接受斯拜克曼所主张的"政治家对正义、公正和宽容等价值的关心程度仅限于这些价值促成或者不妨碍权力目标的程度"①。耶鲁大学校长惠特尼·格里斯沃尔德(Whitney Griswold)是一位历史学家,他虽直陈其对耶鲁国际研究所弗雷德里克·邓恩(Frederick S. Dunn)和克劳斯·诺尔(Klaus Knorr)提出的新奇研究方法的不满,但却认为沃尔弗斯相比之下更可接受,因为他的方法是历史取向的。然而,行为主义取向的作家,如卢西恩·派(Lucian W. Pye)、哈罗德·雅各布森(Harold K. Jacobson)、罗杰·希尔斯曼(Roger Hilsman)和戴维·麦

---

① Roger Hilsman and Robert C. Good (eds.), *Foreign Policy in the Sixties: The Issues and the Instruments* (Baltimore: John Hopkins University Press, 1965), p. xii.

克莱伦（David S. McLellan），也都在沃尔弗斯退休时著文纪念他：相比那些政治行为主义的尖刻批评者来，他较为同情科学式的研究，而且他还鼓励学生阅读行为主义学者罗伯特·达尔（Robert Dahl）和卡尔·多伊奇等人的作品。他赞同博弈论、仿真模拟和政治科学的定量研究。值得注意的是，当他出任斯特林讲座教授时，耶鲁大学国际关系学系开始转向行为主义。

在莱因霍尔德·尼布尔看来，沃尔弗斯更像是一位政治哲学家，而不是一位政治科学家。尼布尔写道："他是一位'哲人'，因为他总是仔细考查和估量各种理论、概念和假说的有效性，并且总是讨论更大的国际关系类型。但是，正如任何一位好的哲学家一样，他也是一位科学家，就是说，他用经验上获知的事实作为最终的准则，去衡量一般概念的准确性或一般假设的有效性。"除了历史和哲学外，沃尔弗斯还关心现实政策。正如尼布尔所言："沃尔弗斯博士所讨论的问题绝不是'经院式的'。它们切中当前对外关系诸多问题的核心要害。"①他把自己生命的最后11年奉献在了组织和指导华盛顿对外政策研究中心上，该中心附属于约翰·霍普金斯大学高级国际研究学院，其合作者保罗·尼采（Paul H. Nitze）是国务院政策设计司的前司长。沃尔弗斯以前的学生总结他在这方面的贡献时说："阿诺德·沃尔弗斯擅长把理论与政策联系起来，并擅长从政策分析中发掘深刻的见解，从而进一步改进理论。"②他兼具欧洲的理论天赋和美国的务实才华，并且能够把这两者牢牢地把握住。

沃尔弗斯的第一本也很可能是最重要的一本书，是《两次世界大战之间的英国和法国》（1940）。该书的副标题《从凡尔赛到第二次世界大战之间相互冲突中的和平战略》道出了它的内容。在该书的致谢辞中，沃尔弗斯写道："对我的朋友尼古拉斯·斯拜克曼先生，我深

---

① Arnold Wolfers, *Discord and Collaboration: Essays on International Politics* (Baltimore: John Hopkins University Press, 1962), p. viii.

② Hilsman and Good, *Foreign Policy in the Sixties*, p. xi.

怀感激之情,感激他深入而细致的批评……感激他的切实忠告和宝贵建议。"斯拜克曼对沃尔弗斯的影响在这部经典著作中比在他之后的任何著述里体现得都更为鲜明。在《两次世界大战之间的英国和法国》一书中,他对两次世界大战之间的症结所给出的诊断与大多数其他美国著作的意见迥然不同,它们一向用国联的失败和美国拒绝加入国联去解释那些导致二战爆发的灾难性事件。而沃尔弗斯则通过分析相互冲突着的各国政策来驳斥他们的意见:"欧洲内外的各大国无不在火上浇油。……苏联企图破坏西欧的社会秩序,日本发动了新一轮的帝国主义扩张,美国的积极参与政策突然发生逆转……转向了政治上的孤立主义,最后欧洲的每一个国家都以各种方式徒增纷扰。……[然而]当战后安排瓦解、欧洲再次走向战争时,却是英法的政策比其他任何国家的政策更直接地导致了战争失败。"①

当初这两个最有直接利害关系的国家虽然都同意最终目标是维护和平、抵制不满现状国家的反抗,但是它们在如何实现这些目标上却有不同意见。法国的答案是,采取维护安全的政策并积聚力量对抗德国。而英国的战略却是,呼吁从和平解决争端的角度着手去排除反抗的原因并不断调整政策。令形势复杂化的是第三种思路,即威尔逊战略——致力于集体安全并在中欧建立起民主政权。这一战略认为,那些中欧国家应与美、英、法一起,建立一个民主国家联盟,从而为所有国家带来安全和公正。这样一来就在维护和平的方法上出现了一种三方争论的局面。虽然沃尔弗斯没有忽视美国的作用,但他还是将焦点选择在英法的两种不同和平战略上,认为它们在实际操作上各行其是,并最终相互抵消而不是相互支持和加强。受斯拜克曼的影响,沃尔弗斯将英法两国政策的差别主要归因于它们各自独特的地理位置以及它们与德国的地理接近程度。如果德国的势力越出《凡尔赛条约》划定的界线,就会对法国的安全构成威胁,这即

---

① Arnold Wolfers, *Britain and France Between Two Wars* (New York: Harcourt, Brace, 1940), pp. 3, 4.

阿诺德·沃尔弗斯(1892—1968)：概念化与寻求共识

使不令法国忧心忡忡也令它全神贯注、不敢懈怠。英国由于地处较远，愿意看到德国增强国力，从而改善欧洲的均势状况并防止贫穷国家的政治暴动。德国通过在东欧而非西欧的扩张主义政策向领土现状发出挑战，从而令英法团结变得更加困难。法国视奥地利的独立与波兰和捷克斯洛伐克的领土完整为其至关重要的国家利益，而英国认为东欧是促使德国做出让步的理想地方。在英国，只有集体安全的倡议者在波兰和捷克斯洛伐克问题上与法国一致，但是他们的方法在沃尔弗斯看来"完全是出于学术上的考虑。因为任何国家为了国联而冒险牺牲其认为必要的国家利益几乎都是不可能的"①。

两战之间的基本问题（沃尔弗斯预言它也将是二战之后的基本问题）是，如何使德国的势力——它的版图、军备和经济影响维持在一定的水平范围之内，其最高水平是不能对其他欧洲国家造成威胁，最低水平是必须不让德国人怨恨和反抗，因为那样也会威胁到欧洲的稳定。

> 只有当法国、英国和德国在这两个界限之间为德国的势力找到一个适当的水平位置，才有可能实现永久的和平安排。……经验告诉我们，有一个办法也仅有一个办法可以做到这一点，那就是"势力均衡"。旧的平衡……与将来的平衡差别仅仅在于，英国的全部砝码必须现在就放到天平上去而不能再留一手以平衡其他国家了。……有人也许会失望地认为，这样的话欧洲可能会不得不把势力均衡的危险游戏继续玩下去。但是，这样的批评者如果不存幻想的话，应当认识到，任何别的解决办法甚至更令人反感。在欧洲只要有许多大的主权国家共存，那么势力均衡就是避免一国或一个国家集团支配另一国或另一个国家集团的唯一选择。②

---

① Wolfers, *Britain and France Between Two Wars*, pp. 384-385.
② Ibid., pp. 389-390.

二战后,沃尔弗斯继续从事外交政策写作,探索和平之路。1945年4月,他在耶鲁国际研究所的系列备忘录上发表了一篇文章,题为《旧金山会议上的冲突与妥协》。他把参加联合国家国际组织大会的国家划分成三大国、法国和中小国家,并告诫道:"如果那些刚刚加入谈判的中小国家的要求得不到任何满足,那么三大国之间为达成妥协而从敦巴顿橡树园会议开始到雅尔塔会议完成的悉心工作将会毁于一旦。"①他分析了参加方讨价还价的实力,并概括了会议争论的问题,其中包括:大国的联合国安理会常任地位问题、和平变革还是领土安排神圣不可侵犯的问题(这一问题在凡尔赛和会之后已被证明是致命的)、地区化和地区结盟与新国际安全组织的关系问题。在所有这些问题上,沃尔弗斯都坚持认为,英国和美国应当在旧金山会议上扮演"诚实掮客"的角色。美国不应当在其谈判过程中给人以不惜任何代价避免会议失败的印象。在沃尔弗斯论建立联合国的文章中,他的政策建议似乎倒不如他的思想导向和长远观点那样重要。沃尔弗斯从其未来成员国的外交政策出发看待即将成立的联合国,就像他曾经在其经典著作《两次世界大战之间的英国和法国》中讨论国联一样。在这两个案例中,这位耶鲁教授都走到了时代前面;与他同时代的大多数人都更喜欢从制度和结构的意义上去思考联合国,而不去分析外交政策及其对和平的影响。沃尔弗斯的这一特殊贡献至少得归功于塑造了他的思想的欧洲传统。

1950年,耶鲁国际研究所出版了由阿诺德·沃尔弗斯所写的另一期备忘录《西德——保护国还是盟国?》。该备忘录是一项研究工作的成果,在这项研究中,他与美德两国的高级官员进行了愉快的合作。那时候,原本显得很遥远的德国再起的威胁,由于东西方的激烈对抗而加大了。苏联可能试图在某个时候把整个德国都纳入它的势力范围。沃尔弗斯主张,美国的政策不应当针对如何消除德国的势

---

① Amold Wolfers,"Conflict and Compromise at San Francisco", Memorandum number 16 (New Haven, Conn.: Yale Institute of International Studies, April 24, 1945), p. 1.

阿诺德·沃尔弗斯(1892—1968)：概念化与寻求共识

力,而应当针对如何把德国变成西方世界的一个值得信赖的伙伴。他把二战后建于20世纪50年代的波恩共和国的前途与一战后建于20世纪20年代的魏玛共和国的前途加以比较后发现,波恩共和国的处境要好得多。他赞扬了康拉德·阿登纳政权,并驳斥了美国新闻界对战后德国政府的批评。他对非纳粹化的成果表示了质疑,他说:"是到了终止任何民主化努力的时候了,民主化是我们不愿也不能施之于任何目前在政治上与我们联合的国家的。"在对德国解除武装还是重新武装的问题上,他倾向于主张后者:"德国在所有欧洲国家允许的范围内重新武装起来,可能已正逢其时——机不可失,时不再来。"沃尔弗斯当时正打算建议把美国对西德的保护现状转变为美德间真正的联盟:"她将被允许武装起来,其限度由经她认可的一项共同战略计划加以设定。"现有的高级委员会将继续存在,"直到在《北大西洋公约》的框架下建立起一个盟国与德国的共同防务伙伴关系"①。欧洲的防务需要加强,对此,沃尔弗斯遗憾地认为这方面工作不力,应当将德国的军事力量投入到均势活动中去。

无论沃尔弗斯在1950年所持立场的缘由如何,根据明确的记载,他已经改变了他的观点。1947年时他曾经提出:"创建一个单一德国,经济上和政治上都统一的德国,是达成任何盟国协议的必要条件。……尽管这种统一蕴藏着危险……但是一个统一德国的建立却是两害相权取其轻的事。……从军事上和经济上禁止德国武装起来,并辅以对德国鲁尔工业区的国际占领,这是最为成功的选择。"②但是,显然他在1950年转而主张重新武装德国,并反对有所推迟和拖延,认为推迟和拖延会使得有人随后企图——这种企图最后可能会失败——把削减盟国和苏联分别在西、东德驻军作为全盘政治解决

---

① Arnold Wolfers, "West Germany—Protectorate or Ally?" Memorandum number 35(New Haven, Conn.: Yale Institute of International Studies, August 30, 1950), pp. 39, 40, 49.
② Arnold Wolfers, "United States Policy Toward Germany", Memorandum number 20 (New Haven, Conn.: Yale Institute of International Studies, February 21, 1947), p. 28.

方案的一部分。

　　在他1950年关于西德问题的备忘录中,沃尔弗斯明确地支持美国军政当局,并表示他根本不同意政治现实主义者如沃尔特·李普曼、乔治·凯南和汉斯·摩根索的观点,也不同意他的前任尼古拉斯·斯拜克曼的观点。政治现实主义者们引以为傲的是,他们与外交政策精英几乎完全保持着自己的独立,这往往也限制了他们对政策的影响力。相比之下,沃尔弗斯对于接近权力中心就显得一味贪图了。(笔者本人在他来访时直接观察到了这一点——当时本人是洛克菲勒基金会的一名低级办事员,每次在我们结束谈话后,他总是向我提出见一见总裁迪安·腊斯克。)如果说摩根索与凯南太独立于当权者,那么沃尔弗斯就有些过于热衷接近他们了。

　　1956年,他与他的学生劳伦斯·马丁合编了一本读物《英美外交传统》。1959年,他与华盛顿对外政策研究中心的研究人员编辑并撰写了该中心的第一份重要研究成果《冷战时期的联盟政策》。他把联盟政策描述为是"阻止其他国家站到敌对的苏联阵营中的一切努力"。这本书是一部冷战文汇。基于当时的思想潮流,他指出,在中、苏势力增长的过程中必然伴随着威胁(他不曾预见到这两个共产主义国家之间的不和)。他形容美国的责任就像是它处在一个车轮的中枢,而通向盟友的轮辐朝着轮缘向周围延伸,每一个盟友则占据着一条轮辐的末端。对于每条轮辐末端的任一个盟友的威胁都会传导到位于中枢的美国身上,但是美国强大的防御反应却未必能够跟轮辐另一头或者远离轮缘区域的国家的反应配合起来。西方的亚洲盟友特别担心美国集中经营欧洲地区,反之亦然。这乃是美国联盟体系中长期存在的问题。美国人有时因为其盟友对苏联威胁的歇斯底里担心而受到责骂,但沃尔弗斯认为,"土耳其跟美国比跟丹麦更亲近,台湾跟美国比跟巴基斯坦更亲近"①。美国身在"车轮"中央,独

---

① Arnold Wolfers et al., *Alliance Policy in the Cold War* (Baltimore: John Hopkins University Press, 1959), pp. 2, 8.

阿诺德·沃尔弗斯(1892—1968)：概念化与寻求共识

处于各国中间,有责任应付可能起于边缘而波及中央的各种冲突。依据这种观念,美国就会被塑造成为一个世界警察而忽略其至关重要的国家利益,这一点似乎未被沃尔弗斯及其华盛顿中心的同事们所想到。此外,这本书也没有预见到越南战争和朝鲜战争的困境和复杂局面。

1962年,沃尔弗斯出版其论文集《纷争与协作》,这是一部关于国际理论的重要文集,开篇载入他的《国际政治行为体》一文,并收入了他的一篇有关"政治理论与国际关系"的论文(希望比较研究沃尔弗斯与马丁·怀特观点的学者应当读一读后面这篇文章,同时阅读怀特的《为什么没有国际理论?》一文)。这本论文集,从论决策到论国家的逻辑,为国际关系的理论化提供了一个全景式的观照。沃尔弗斯在该书中最为明确地展示了他综合欧美思想的决心。他这样写道：

> 一项综合性的理论并不要求把国际政治划分成两个部分：一部分是作为权力政治行为体的国家的领域[这是欧洲的观念]；另一部分是人类行为体的领域,即由普通人连同他们的心理活动及他们对人类目的的追求所组成的芸芸众生的领域[这是美国的思路]。相反,国际舞台上发生的所有大事必须同时从两个角度去思考和理解：一方面要求我们集中考虑作为有组织人类团体的国家的行为；另一方面要求我们集中考虑人,因为人赋予国家的行为归根结底要依赖于人的心理反应。①

正如我们所见到的,其他作者在把欧洲的传统和观念拿来研究美国的对外政策时,采取的办法是翻译和改编以使之符合美国的情况。沃尔弗斯则致力于综合这两种传统。

沃尔弗斯的努力使得他的这部作品更接近于形成美国学术界的一个重要分支；但它却使其理论著作的主体比起其他作者的著作来,

---

① Wolfers, *Discord and Collaboration*, p. 9.

显得更具试探性质,观点有些不明朗,且较为犹豫不决。在其晚年的著述中,沃尔弗斯似乎在忙于不断地跟他自己和他试图加以调和的两大传统进行辩论。在他去世前两年发表的一篇论文中,他这样写道:"民族国家的政府在其政策上应当受国家利益的指导,这一原则不存在严格的争议。"但他又写道:"有争议并经常受到质疑的是,特定时间里某个特定国家的一项或多项国家利益由什么构成。"为了满足两种传统的标准,沃尔弗斯既断言国家利益的真实存在(这是欧洲人著述的一个特点),又质疑它跟权力和利益是否是一回事,并引用了托马斯·库克与马尔克姆·穆思的《透过目的的权力》,这本书曾对欧洲观加以批判。在评述了两种观点之后,沃尔弗斯的结论与传统的国家利益思想在措辞上并没有什么两样:"保护美国本土或者更准确地说是北美大陆不受军事打击,应当列入这些至关重要的国家利益之中,也许还应当列在第一位,这一点绝对没有受到过质疑。"①很难在这一结论与那些沃尔弗斯反复大力抨击的政治现实主义者的结论之间发现什么不同之处。

无论最终对阿诺德·沃尔弗斯及其著作如何评价,都必须承认,他为我们提供了一种不同于其他欧裔美国学者的研究方法。对他的学生来说,他"是一个早期现实主义者……和一个令那些善意而理想化的学者们感到不快的人,那些学者在一战后的岁月中为缔造(其实是歪曲)国际关系学研究花费了大量心血"。同时,他"总是太热衷于现实的经世治国,因而没有成为一个教条主义者——但也绝不是一个实力政治派"。沃尔弗斯"虽深刻地意识到政治家对国家利益的责任所在,却也深知利益内容的界定有多么暧昧,还清楚地认识到,国家政策的实际范围总是从攫取权力的极端跑到相对不关心权力的极

---

① Arnold Wolfers, "Disarmament, Peacekeeping and the National Interest", in *The United States in a Disarmed World* (Baltimore: Johns Hopkins University Press, 1966), pp. 3, 19; Thomas Cook and Malcolm Moos, *Power Through Purpose* (Baltimore: Johns Hopkins University Press, 1962).

端"。他拒绝像其他人那样,对个人道德和国际道义进行区分,他肯定地认为,"人对于关键问题的道德反应,其性质更多地取决于问题本身所表现出来的善意抑或恶意,而不是取决于个人是以个人身份行动还是以其国家福利管理人的身份行动"①。

在其职业生涯结束时,沃尔弗斯留下了一批献身学术的学生,堪与其他任何国际关系学教授的学生们一比高下,他们包括:罗伯特·古德(Robert C. Good)、罗杰·希尔斯曼、哈罗德·雅各布森、劳伦斯·马丁(Laurence W. Martin)、戴维·麦克莱伦、卢西恩·派、理查德·斯特林(Richard Sterling)和霍华德·里金斯(W. Howard Wriggins)。毋庸置疑,他为了对欧美思想进行综合而付出的毕生努力激励和鼓舞了这批给人印象深刻的年轻学者。他们每个人各自开始独立的学术之旅,但是他们无不称赞他们的这位教授,是他向他们介绍了世界政治的制度、方法与思想。如果沃尔弗斯不惜代价,肯将他的观点与较占优势的美国传统思想进一步融合,那么他无疑会通过他所教育和培养过的年轻思想家们的优秀品质和他们具有美国特色的视角来证明他本人方向的正确。不过,通过调整他的欧洲观念,他对美国对外政策实践的影响比任何别的欧籍美国思想家都要直接。

阿诺德·沃尔弗斯的著作:

1940

Britain and France Between Two Wars: Conflicting Strategies of Peace from Versailles to World War II. New York: Harcourt, Brace.

1943

The Small Powers and the Enforcement of Peace. New Haven, Conn.: Yale Institute of International Studies.

---

① Hilsman and Good, *Foreign Policy in the Sixties*, pp. xi, xii.

1945

"Conflict and Compromise at San Francisco". Memorandum number 16. New Haven, Conn.: Yale Institute of International Studies.

1947

"United States Policy Toward Germany", Memorandum number 20. New Haven, Conn.: Yale Institute of International Studies.

1950

"West Germany—Protectorate or Ally?" Memorandum number 35. New Haven, Conn.: Yale Institute of International Studies.

1956

The Anglo-American Tradition in Foreign Affairs: Readings from Thomas More to Woodrow Wilson. Edited by Arnold Wolfers and Laurence W. Martin. New Haven, Conn.: Yale Institute of International Studies.

1959

Alliance Policy in the Cold War. Baltimore: Johns Hopkins University Press.

1962

Discord and Collaboration: Essays on International Politics. Baltimore: Johns Hopkins University Press.

1965

Foreign Policy in the Sixties: The Issues and the Instruments. Essays in honor of Arnold Wolfers. Edited by Roger Hilsman and Robert C. Good. Baltimore: Johns Hopkins University Press.

1966

The United States in a Disarmed World: A Study of the United States Outline for General and Complete Disarmament. Baltimore: Johns Hopkins University Press.

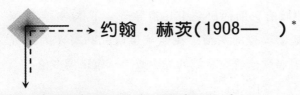

约翰·赫茨(1908—)[*]

调和现实主义与理想主义

约翰·赫茨(John H. Herz)1908年生于德国杜塞尔多夫市,就读于科隆大学并获公法博士学位。像逃离纳粹统治的其他杰出德国学者——他们有些留在中立国瑞士或西班牙的教学机构从事科研或教学——一样,赫茨在二战前也经由瑞士移居美国。他在战时是美国战略勤务局和国务院的职员,跟其他一些避难的德国学者一道成为战后研究德国和德国政治的权威学者。他先是在霍华德大学任教,其后又到哥伦比亚大学、社会研究所新所和弗莱彻法律与外交学院任教。他的终身学术职位是在纽约市立学院任政治学教授,并负责纽约城市大学研究生中心的博士研究生项目。在他的整个学术生涯中,他通过在马堡大学和柏林自由大学从事研究和教学而与德国的大学一直保持着密切的联系。他关于德国和欧洲的著作有:《重要的外交大国》(1952)、《德国政府》(1972)和《20世纪政府与政治(第3版)》

---

[*] 原书写作和出版时该学者尚在世,已于2005年去世。——译者

(1973)。他也在某些政府资助的研究中心指导研究工作,并在德国拥有一个富布赖特基金教授的头衔。在他从事研究和写作的过程中,曾与一位非洲政府与政治研究领域的先驱政治学家格温多伦·卡特(Gwendolen M. Carter)合作过。

早在将国内政治与国际政治联系起来的研究流行以前,赫茨就已经在这方面进行写作了。他与人合写的比较政治学教材,在大学生中比他的更全面的国际政治著作更有名气。他的研究方法的折中特点使他易于为那些包容了差异甚大的方法论和哲学立场的学术期刊所接受(比如,赫茨就是少量受邀为《世界政治》杂志工作并自称为政治现实主义者中的一位)。通过调和表面上不相容的政治理论,比如政治现实主义和政治理想主义,他缓和了传统上势不两立的学术立场之间的尖锐分歧。

与此同时,还必须把赫茨列入那一小批欧裔美国学者之中,是他们对国际政治研究在美国的兴起发挥了决定性的作用。他的重要性比起汉斯·摩根索、卡尔·多伊奇和阿诺德·沃尔弗斯(他曾在其著《民族国家与世界政治危机》的长篇自传式导论中把自己与他们联系起来),不太容易得到准确说明。由于他的兴趣广泛,常常被视为是一位研究比较政府的学者,而不是一位国际政治学者(他的国际政治学著作跟摩根索或多伊奇的相比都要少很多)。

如果赫茨一直无保留地献身于国际政治学研究,那么他作为一位伟大的思想家所产生的影响几乎肯定要比现在的更重大。然而,他的一大半著作都是比较政治领域的,而且他还是《比较政治》杂志的联合主编。他成长阶段在德国以及在日内瓦国际关系研究所所接受的教育是法律而非政治学,而且他的导师是汉斯·凯尔森(Hans Kelsen),"纯粹法学理论"的创始人。希特勒的崛起残酷地唤醒了年轻的赫茨,使他意识到国际事务中权力的作用。他的第一本书《国际法的国家社会主义学说》(1938)(以笔名发表)警告世人不要被国社党的著作所欺骗,它们是在掩盖早期纳粹主义的好战倾向。赫茨对

约翰·赫茨(1908—):调和现实主义与理想主义

世界的幻想破灭根源于,集体安全的失败、社会主义在斯大林主义统治下的俄国遭到破坏以及纳粹极权主义在德国的得势。

然而,赫茨所表达的失望情绪并没有把先天的理想主义和不灭的浪漫主义从他之后的所有作品中抹掉。在《民族国家与世界政治危机》的第一篇题为《权力政治与世界组织》的文章中,他描绘了居于权力无序状态与无法实现的世界政府之间的"中间体系"。他对现实主义和理想主义的不断调和体现在他的开创性著作《政治现实主义和政治理想主义:一项对理论与现实的研究》(1951)之中,这部著作写作于两次世界大战之间。这部著作更重要的意义在于,提出了一些原创性的政治学概念(比如:安全—权力困境),而不在于他的政治预言(他承认他没有预见到两极世界的出现,也没有预见到核武器的发明)。他的第二部经典著作是《原子时代的国际政治》(1959),该书不仅克服了第一本书对战后现实描述上的缺乏,而且补充了新的概念,比如:领土国家的"不可渗透性"和冷战期间的"附庸国"与"卫星国"战后集团。他还描述了用于防止核毁灭威胁的核威慑战略。把他20世纪50年代写的这两本书结合起来看,赫茨不愧为一位国际政治思想大师。

然而,赫茨作为一位理论家所具有的持久影响力受到三个限制因素的损害:其一,据他所说,他属于那种慎思独行的个别学者,总在自己私人的学术实验室里工作,很少与其他理论家交流沟通,包括那些跟他有共同研究旨趣的学者和那些他甚至可能怀有感激的学者;其二,他的思想发展演变反映了他倾向于接受乌托邦式自由主义态度(他一度自称为一个自由派现实主义者),并且是以他独有的浪漫热情,而不是像莱因霍尔德·尼布尔那样以自我批评或辩证的态度去接受的;其三,赫茨根据新的现实调整自己思维的才能,既是一个优点,也是一个缺点。

赫茨学术事业的前一部分花在了研究集体安全和核时代问题对领土国家兴衰的影响上。他后来的著作论述的是科学技术与国际关系所有领域的加速发展。他的注意力不仅转向了粮食与人口、环境与资源枯竭等问题以及"生存伦理"问题（几乎被大多数政治现实主义者所忽视），而且他还把他作为一个"文化批评家"和人文主义者的能力用于分析这些重要问题。他提出，必须用一种"最低限度的生存伦理"来代替过去从历史性的国际政治学出发对个人或集体伦理标准的思考。然而，他对民族国家体系的功能失调和运用生存伦理到大多数外交决策中的障碍表示失望，尤其在美国更是如此。美国的生存受到其内部分化为两个社会的威胁——这两个社会是活性社会与惰性社会（后者由一个基本上靠救济为生的下层阶级组成），也受到有权有势者的铺张浪费和自私统治的威胁。在后越战时期，在他心头，民主政治的幽灵失落了，而"仁慈的威权主义"或"友善的法西斯主义"却占了上风。他所关心的是大国的"权力过剩"，它们目光短浅地屈服于大众对核霸权和工业霸权的需求，以及人类不情愿无所畏惧地去思考文明终结的可能性（他呼吁反思"体面死亡的伦理学"或者准备铤而走险的思想）。

赫茨的学术历程记录了这位自由派现实主义者响应接连发生的危机的历史。他的行程始于探索一个合乎逻辑的规范体系，进而是他对国家性质（它们的不可渗透性和当前的可渗透性）及核外交的复杂性的洞察，然后他走向对人类历经众多生存威胁仍加速向前迈进的研究。尽管他开始时是一位坚定的法制理想主义者，但最终却成了一位感到绝望和苦闷至极的浪漫主义者，死死地信守着勒内·迪布瓦（René Dubois）的格言："趋势并非命运。"如果赫茨在原则、态度与政策上的急剧转变是不可能的，那么人类也就可能真的没有未来了。在他的晚期作品中，他提高了对外交政策的要求，并拓宽了政治现实主义的研究范围，这样说可能一点也不假。彬彬有礼的批评家不禁会问：当赫茨的崇高愿望一个接一个落空之后，他的绝望是否就是他一度抛弃政治现实主义的精华所造成的呢？或者他们会问：他晚年的世界观强调的是世界上的腐朽力量，是否就是对文明可能终结的预言呢？公正而言，如果赫茨曾经给他那悲天悯人的人道主义以更具体的诠释，并且作为一个自由派现实主义者为人类和各国规划一条稳步成长的可循之路，以使他们可以供养自身、抑制人口增长并阻止环境恶化的话，那么，即使他年事已高，他也会帮助人们更清楚地知道如何从他们现在所处的地方走向他所希望他们去的地方。

然而，无可置疑的是，赫茨已经通过他的慎思独行和他那无与伦比的欧式美国观为我们做出了经久不衰的贡献。在一些从欧洲移居美国的学者中间，赫茨更为主动地改变了他的研究重心，以反映不断变化的世界问题。当新的、未曾预见到的问题出现时，他就对自己的研究主题加以扩充或修订。当他察觉到国际政治体系中的变革时，虽然他修改了自己关于权力或国家利益重要性的观点，却抵制住了研究国际政治的种种新方法的诱惑，而坚持延续那古老悠久的政治史与政治法律理论的传统。

赫茨的重要性也许表现在，尽管他是一位特立独行的思想家，却仍然对国际思想产生了意义重大的影响。他没有创建任何思想学派，也没有吸收任何忠实的追随者，而且长期执教于一所其研究生项目并不大知名的大学。然而，学者们却很重视赫茨的理论，并称赞他的作品所具有的优点与创见。

约翰·赫茨的著作：

1938

Die volkerrechtslehere des national sozialismus. Zurich: Europa-verlag. Pseudonym, Edward Bristler.

1951

Political Realism and Political Idealism: A Study in Theories and Realities. Chicago: University of Chicago Press.

1952

Major Foreign Powers: The Governments of Great Britain, France, the Soviet Union and Germany. With Gwendolyn Carter and John C. Ranney. New York: Harcourt, Brace.

1959

International Politics in the Atomic Age. New York: Columbia University Press.

1961

Government and Politics in the Twentieth Century. With Gwendolyn Carter. London: Thames & Hudson. 3rd ed., 1973.

1972

The Government of Germany. New York: Harcourt, Brace.

1976

The Nation-State and the Crisis of World Politics: Essays on International Politics in the 20th Century. New York: David McKay.

→ 卡尔·多伊奇(1912—)*

政治研究的科学方法

卡尔·多伊奇(Karl Wolfgang Deutsch)1912年7月21日生于捷克斯洛伐克的布拉格,父母是马丁·多伊奇和玛丽亚·多伊奇。他在布拉格德语大学接受教育,1934年获得法学学士学位。他在布拉格的查尔斯大学攻读研究生并于1938年被授予法学博士学位,之后为躲避希特勒的帝国主义压迫而逃离捷克斯洛伐克。来到美国后,他进入哈佛大学政府系,并于1941年在那里拿到硕士学位,1951年拿到博士学位。在攻读哈佛大学博士学位的同时,他在麻省理工学院(MIT)开始了他光辉的教学生涯,起初自1942年至1952年担任讲师,后来从1952年起到1958年任政治学教授。无论在哈佛还是在麻省理工,他在社会科学所有领域的广博兴趣和多方面的学术才能都给其同事和学生留下了深刻印象。从1952年到1967年,他在耶鲁大学担任政治学教授。1967年他在哈佛任政府学教授,1971年任斯坦菲尔德国际和平教授。他在几所美国军事参谋学院巡回讲学,并先后在海德堡大学

---

* 原书写作和出版时该学者尚在世,已于1992年去世。——译者

（1961年）、牛津大学纳菲尔德学院（1962年）、德国法兰克福的歌德大学（1968年）、日内瓦大学（1970—1971年和1971—1972年）、曼海姆大学（1971年）和巴黎大学（1973年）担任客座教授。1956—1957年，他还在行为科学高级研究中心任研究员。

尽管多伊奇最持久的贡献是他作为美国政治学和国际政治学的科学研究创始人之一而做出的，但是，他拒绝承认自己是一位遁世学者。很少有政治学家像他这样在国内和国际学术界都十分活跃的。从1965年到1966年，他担任新英格兰政治科学联合会主席。1969年，他当选为美国政治科学联合会副会长；1970年当选为国际政治科学联合会副会长，尔后又当选为会长。从1969年到1970年，他是美国全国科研委员会的委员和美国国家科学院的院士。美国政治学家中很少有人像他这样在如此之多的科学团体里获得如此之大的重视。他的几门自然科学学科的知识都是百科全书式的。最主要的物理科学专业协会无论什么时候打算与社会科学家合作研究，都会求助于多伊奇。他已成了行为主义社会科学事业的一名不知疲倦的发言人，并且他还显示了从事社会科学与自然科学交叉研究的非凡能力。同时，多伊奇还曾经应国务院之召先后于1962年到印度、1964年和1967年到德国、1967年到捷克斯洛伐克和波兰担任美国专家。在所有这些工作任务中，无论是在剑桥、华盛顿、东京还是在里约热内卢，他都表现出了惊人的学术精力和身体毅力。

作为哈佛大学颇为传统的政府系的毕业生，多伊奇熟谙历史上著名的政治学文献，他所通晓的知识范围也远远超过了传统的政治科学。他的开创性著作《民族主义与社会沟通》（1953）是对民族性的基础进行的一项大胆新探索。多伊奇提出了"为什么民族主义思想在某些时候和某些地方引起了广泛响应而在其他时候和其他地方却几乎没有反响"的问题。他问道，为什么经济增长有时导致国家统一而有时却导致国家分裂？在这一论题引起广泛关注之前，多伊奇早就考察过种族民族性对政府的影响，并评论过一流社会科学家解释民族主义构成和演变的成果、不同社会科学有关此项研究的资料以及这些成果和资料对于理解政治权力和政治权力依赖社会沟通的意义。他问道:"刚过去的几十年中发生的事件究竟是有助于统一这个世界,还是比以前更深刻地分裂了它呢?"①在 20 世纪的前半期,占支配地位的力量是国际主义还是民族主义,是立宪主义还是暴力革命,是宽容还是压迫,是和平还是战争呢?多伊奇的回答是,对这些问题不可能有简单的或单一的答案,但是社会科学能够给出目前来说较好的回答。民族主义史学家和政治哲学家已经为理论家理解民族主义质的方面准备了大量经验数据和技术。所缺的是定量评估与预测性陈述而已。

民族主义这一主题已经成为各独立社会科学交叉研究的课题——交叉于从事各国语言研究与写作的语言学家、从事各国地理环境研究与写作的地理学家和从事经济民族主义研究与写作的经济学家之间。这些研究需要新的概念。多伊奇写道:"如果我们能够在每一关系到民族主义和民族性的专门社会科学中找出一套结构性概念来,那么,我们就会考虑,这些来自于各个专门领域的结构性概念是不是相互搭配得适当,与所有这些学科共同处理的单个社会现实是不是一致。"多伊奇从社会学中借用了"社会""社会等级""阶级"的概念;从地理学中借用了"核心区与枢纽区"的概念;从语言学中借用了"言语共同体""言语交流密度"的概念;从经济学中借用了"市场"与作为可供分配商品之总和的"财富"概念。他建议,在研究特定情况时应当把这些概念结合在一起。为了理解像尼日利亚这样一个国家的民族团结前途,他勾勒了一幅由相互交叠的簇组成的图画,这些簇分别代表居住和交通模式、语言集中地、主要商品和服务交易的地区与重要阶级或阶层占优势的地区。他承认,这样一个框架不能解释个别领导人或政治运动在建设民族团结过程中的成败得失,但

---

① Karl W. Deutsch, *Nationalism and Social Communication* (Cambridge: Technology Press of the Massachusetts Institute of Technology; and New York: John Wiley, 1953), pp. v, 1.

它可以提供"一种背景条件和一种衡量这类运动所必须经历的困难的尺度"①。

在《民族主义与社会沟通》一书中,多伊奇运用沟通理论把政治权力定义为,"在其他地方的一个有限正熵中保持负熵的能力"。权力包含着保持某种模式或安排的能力,或者实现一种新的相对秩序安排的能力。在一场冲突中,权力维持着其中一个体系的内部结构,其代价是,在相对立的体系中造成大的改变:"政治……存在于权力的生产、使用和分配之中,事实将证明这些与超越狭隘权力领域的社会万象和社会发展是兼容的。"②多伊奇后来发现,这种冷冰冰的权力定义太狭隘,而且不完全合乎事实,因为它忽略了使权力合法化的因素。

为什么权力至今仍限于种族的、地区的或国家的单元上呢?多伊奇认为原因在于这种事实,即支配人类的权力要求两件事:"第一,在个人或集团身上组合出一个有效的内部结构、造就出一段有影响的历史;第二,集中各种手段去实现这种内部结构所蕴含的意义,并把它们运用到外部世界的制度上。"政治权力在社会中的这种内部来源有赖于社会沟通的设施——储存和传播记忆信息与价值观念的设施。这些设施有助于将一国国民组成一个社会沟通的共同体。定量的概念可应用到社会、教育和经济的统计中去,以预测民族同化与分化的状况。一个决定性的因素是社会动员的过程,它伴随着市场、产业与城市的成长,并最终伴随着文教水平和大规模沟通的发展。一度为工业革命所强化的民族主义趋向于分化人民,但同时它也为人民实现一种史无前例的、完全彻底的、遍及全世界的统一性打下了基础。这种统一性的一个主要障碍是社会沟通与各国财富的不平衡。多伊奇这样总结他的研究:"在世界大多数人民走到穷途末路以前,在不平等和不安全有所缓和以前,在亚洲和非洲的普遍贫穷经由工

---

① Deutsch, *Nationalism and Social Communication*, pp. 3, 45.
② Ibid., pp. 47, 48.

卡尔·多伊奇(1912—)：政治研究的科学方法

业化、经由生活水平的提高和教育培养的增加而根本减轻以前——在这些以前，民族主义和民族差异的时代尚看不到终结的苗头。"①

在《民族主义与社会沟通》一书中，多伊奇预示了他对政治一体化的毕生的研究兴趣，为此他出版的著作有：《政治共同体与北大西洋地区》(1957)、《民族主义及其他出路》(1969)、《民族主义与国家发展：一份跨学科参考文献》(1970)和《国际法的实用性》(1968)。在他的学术历程中，主要探索的是各种超越当今民族主义的道路——经验的、社会学的和种种沟通的道路。

在《政治共同体与北大西洋地区》一书中，多伊奇及其合作者考察了历史上德国、哈布斯堡王朝、挪威与瑞典、联合王国以及美国的经验，试图发现构筑更大范围政治共同体的远景。这项研究工作受到普林斯顿大学世界政治制度研究中心的赞助，该中心始建于1950年。除了单独的专题论文，如罗伯特·卡恩的《哈布斯堡帝国：一项关于一体化与分裂的研究》外，该中心，尤其是多伊奇，已经就政治共同体建立了比较研究的一般法则。该项研究计划以多伊奇担纲理论阐述的工作，其研究目的是，通过政治共同体的成长和扩大，主要在北大西洋地区实现消除战争。多伊奇提出，战争在广大的地区内实际上已经被消除了，这样的地区他称之为政治共同体——"拥有一种政治上沟通的步骤、一些强制执行的机关和一些大众性服从习惯的社会集团"。并非每个政治共同体都已经永久地消除了战争（甚至美国也遭受过一次悲惨的内战），但是确有一些政治共同体通过建立安全共同体而实现了政治上的一体化。多伊奇预言道："如果整个世界被整合为一个安全共同体的话，所有战争都将自动被清除。"他区分了两类共同体：一类共同体中，融合随着两个或更多以前相互独立的单元正式合并成单一的或联邦的共和政府（比如美利坚合众国）而发生；另一类是多元型安全共同体，其中各个政府保有它们法定的独立

---

① Deutsch, *Nationalism and Social Communication*, pp. 49, 165.

自主(比如加拿大和基于各州权利意义上的美利坚合众国)。有关安全共同体形成过程的知识应该对计划设计者和现有的国际组织有帮助。"我们用一体化来表示在一块领土内某种'共同体'意识的达成和相应制度与惯例的确立,这些制度和惯例必须足够牢固和普及,以确保在其全体居民中存在一个'长期'、可靠的'和平变革'期望。"①

多伊奇选择了研究北大西洋地区,以确定它是否构成一个共同体。他将这一地区的范围限定为那些地理上位于北大西洋或北海沿岸的国家以及紧邻北大西洋或北海的内陆国家。他考察了人们普遍持有的某些政治一体化观念,包括相信现代生活以其飞快的交通运输和大众传播使得一体化更加可能。他注意到:"不论是对我们选择例子的研究,还是对较有限的大量国家的资料的观察,都无法得出任何明确支持此种观点的证据来。"在研究现时代时,多伊奇发现很少有由两个或多个主权国家融合的成功案例,并且他还问道:政治一体化的主要动机到底是对无政府状态的恐惧,还是对战争的恐惧?尽管他质疑了某些流行的政治一体化观点,但他断言,融合型安全共同体和多元型安全共同体两者都曾经是历史上的一体化道路。多元主义(如加拿大和美国)是两者中更有希望的一体化之路,因为它起码在维持和平方面跟融合型安全共同体一样有效。北大西洋各国较少表现出政治一体化所需要的相互呼应,但是多伊奇主张,社会学习(更多的信息和更多的接触)将可以加速这一过程。他还呼吁这些国家在更大范围内相互交易,如签订贸易协定、促成更大的人员流动和加强社会沟通的环节等。北大西洋国家,除了西班牙和葡萄牙,已经就一体化的14个先决条件中的8个建立了统一所需的联系纽带。更加功能性的实验,比如欧洲煤钢共同体,将会使一体化的前景更加光明。人们如何了解这种政治一体化趋势是否在朝积极的方向发展呢?多伊奇表明,他所给出的是针对国家间各种社会交往如贸易和

---

① Karl W. Deutsch et al., *Political Community and the North Atlantic Area* (Princeton, N. J.: Princeton University Press, 1957), p. 5.

邮政事务的一个相当粗糙的分析。从贸易中他发现,"根据1952年的贸易流分析,西欧大陆……似乎没有形成任何明显的经济联合。……其中几个较大国家的主要贸易甚至仍大量流向英语世界国家"。至于北大西洋地区内部的邮件流,"其所建立的主要联系却不在西欧大陆国家之间,而是在这些国家和英语世界国家之间"①。然而,在所研究的时期内,欧洲国家内部的邮政通讯联系比贸易联系更牢固。他承认,所用数据资料太不完整,不能据以做出决定性的结论;但是通过研究,他坚持认为,整个北大西洋地区交往圈的交往密度还是要比西欧更大。这意味着前一地区作为一个共同体要比后一地区结合得更加紧密。

《民族主义及其他出路》是多伊奇为普通读者所写,不是针对社会科学家的。他对民族主义的分析始于西欧的经验,但是延伸到了东欧和共产主义世界、发展中国家以及区域性联盟。民族主义的发展在世界的每一个地区都惊人地相似。他解释说,这种发展可以概括为相对成功的政治一体化进程:"当几个人群联合到一起时——通过混居或通过增修道路、增加通讯联络和增加经济活动——人们就会逐渐自认为是一个国家。"在多伊奇看来,一个国家是一个有着极高相互依赖性的地域。在一个国家里,地价、工资和许多商品与服务的价格都是彼此相连的;其人民也感到他们的命运休戚相关。语言是统一的,有一些超群的社会精英作为人们效仿的榜样,亲近感由部落宗族扩大到民族大家庭中,人们养成了连锁式的交流习惯,而且各个行政区划在政治上联合为一个整体。他解释道:"一个民族国家就是一个基本上有着同一类人身份的国家。"②一旦人民接触到越来越多的现代事物,社会动员就会发生。大众传媒造就了全国性的听众(或观众);货币信用发生效力;文教范围扩大,同时非农职业和城市

---

① Deutsch et al., *Political Community and the North Atlantic Area*, pp. 22, 206.
② Karl W. Deutsch, *Nationalism and Its Alternatives* (New York: Alfred A. Knopf, 1969), pp. 6, 19.

化也扩大了；工薪阶层人数和国内人口流动增加。然而，民族主义自身也充满矛盾，比如，国家的权力增大了，而对地方和全球问题的公正判断却丧失了。在东欧和发展中国家，语言和民族的同化，特别是对历史悠久的少数种族的同化从来都没有什么成效。国家建设尚未完成，而对民族自决的要求却于20世纪初回到塞尔维亚，引发了第一次世界大战。在某种程度上说，民族主义在东欧的兴起——有人轻蔑地称之为"奥斯曼帝国的巴尔干化"——是一种悲哀。不过，多伊奇引用约翰·狄金森（John Dickinson）的话说，一个愚人自己穿上衬衫要比十个智者帮他穿更好。

民族主义在像东欧这样的地方并不是唯一的出路。在两战期间，它"成了一个承认少数人拥有垄断和特权的信条，并且被加以粉饰，使穷人极其畏惧它"。东欧对社会不公的愤懑和要求自决的愿望在共产主义运动中找到了出路。民族主义和共产主义互为补充、彼此强化，而共产主义又并不废除民族国家。隔着东西方冲突的边界线，共产主义社会与非共产主义社会彼此对峙，为了解决两个顽固的世界性问题而斗争着——这两个问题是：如何克服贫穷和愚昧；如何应付民族国家的兴起及其所带来的疏远、恐惧和猜疑以及迫在眉睫的战争威胁。由于这两个问题没有一个得到人们很好的理解，多伊奇就发出了以下动人的呼吁：东方和西方都应当认识到，它们没有能够"使我们清醒地避免一场发生在两种迥然有别而同样愚昧的意识形态之间的自杀性冲突"。在亚洲和非洲，往往不是选择共产主义道路，就是选择受外国政府支持并依赖外援的本国独裁者。"危险在于，民族主义和共产主义的力量可能会合并在一起，变成一场普遍仇恨西方的滔滔洪水——这场敌意的洪流可能会极为严重地消耗我们有限的人力和物力，并且可能把我们卷入一连串冲突中，其结局可想而知。"①值得注意的是，欧洲出生的多伊奇在他对美国人的讲演中把

---

① Deutsch, *Nationalism and Its Alternatives*, pp. 52, 65, 91.

卡尔·多伊奇(1912—　)：政治研究的科学方法

民主政治当作典范，认为如果生活在民主政治中的人始终保持着自由与开放、继续不断地革新与学习的话，那么民主政治将会强于任何其他政府形式。

因而，多伊奇对学者和决策者所做出的最持久的贡献是双重的。其一，无论是在他关于民族主义的著作中，还是在他的分析性作品如《政府的神经中枢》（1963）和《政治与政府：人民如何决定他们的命运》（1970）或者他的政策研究著作如《军备控制与大西洋联盟》（1967）中，他都始终如一地拥护民主，把民主视为人类最好的希望所在。其二，他吸收了行为科学的成果，提出了新的概念性分析与思维框架。一群较年轻的学者——如布鲁斯·拉西特（Bruce M. Russett）、海沃德·阿尔克（Hayward R. Alker, Jr.），较不直接的意义上还有戴维·辛格（David Singer）——都或多或少地从多伊奇的作品中吸取了学术灵感。在多伊奇高度理论性的作品中，充满着一种人文主义气息，这无疑根源于他的传统欧洲思想和他对人类命运的至深而持久的关怀。像他的许多追随者一样，多伊奇是一位出类拔萃的技术型社会科学家，但绝不是一位技术专家。为了把现代社会科学的新技术与传统上关注的政治哲学和国际理论结合起来，多伊奇花费的精力比任何在世的学者都要多。在此意义上，他完全称得上是一位思想大师。

卡尔·多伊奇的著作：

1953

Nationalism and Social Communication. Cambridge: Technology Press of the Massachusetts Institute of Technology; and New York: John Wiley.

1957

Political Community and the North Atlantic Area. By Karl W. Deutsch and others. Princeton, N. J.: Princeton University Press.

1959

Germany Rejoins the Powers. With Lewis J. Edinger. Stanford, Calif.: Stanford University Press.

1963

The Nerves of Government. New York: Free Press.

1964

World Handbook of Political and Social Indicators. New Haven, Conn.: Yale University Press.

1967

Arms Control and the Atlantic Alliance: Europe Faces Coming Policy Decisions. New York: John Wiley.

France, Germany and the Western Alliance: A Study of Elite Attitudes on European Integration and World Politics. By Karl W. Deutsch and others. New York: Charles Scribner's Sons.

1968

The Analysis of International Relations. Englewood Cliffs, N. J.: Prentice-Hall.

The Relevance of International Law. Edited by Karl W. Deutsch and Stanley Hoffmann. Garden City, N. Y.: Anchor Books.

1969

Nationalism and Its Alternatives. New York: Alfred A. Knopf.

1970

Politics and Government: How People Decide Their Fate. Boston: Houghton Mifflin.

Nationalism and National Development: An Interdisciplinary Bibliography. Cambridge: Massachusetts Institute of Technology Press.

第三部分
冲突与当前危机

　　现代人本打算在理想国里生活,但现实世界却是一个冲突与危机不断的世界。冷战这场20世纪的重头戏,其冲突空前激烈,其危机无比严重。当今的冲突中,人们处处感到深切的痛楚,内心充满矛盾,这表明他们中间存在着难以化解的问题和相互冲突的价值观。经过学校教育而思考过胜利与失败的人们,正被迫学会如何与逆境共处。冷战的要求不同于战争,在战争中一国拿起武器为了一个共同的目标而团结在一起。冷战更接近于是对人类生存条件的考验,其中为了身份、安全和承认而进行的战斗无休无止。在世界政治中,共同意志是少见的;误会与误解将人类和国家分裂开来。战争,一如体育竞技,都是用胜与负来记载和衡量的。政治和冷战更类似于沃尔特·惠特曼(Walt Whitman)所描绘的斗争:"胜利的果实,无论是什么,都必然会有一个更大的争斗随之而来,这是事物的真正本质。"

　　这里的几位思想大师以各自不同的方法,尝试着更明白地解释当前东西方斗争的性质。无论他们有什么不同,他们的某些基本假定和世界观却是共同的。他们都坚持认为,政治家必须在一个根本不同于理想国的世界上活动,这个世界实际上是一个民族主权国家的世界,它们在国际范围内组织得尚不完备,并且自1946年以来一直受到危险的阴影的威胁。各国陷入了一种可怕的困境中,为确保安全,它们必须准备战争,并且它们知道这场战争可能会毁掉人类的全部希望。这一部分的四位学者坚决主张重视外交,主张必须保持权利与义务的平衡,坚信古老的智慧劝言"一天的难处一天当就够了",并主张坚决支持领袖在人类生存之中的核心地位。

沃尔特·李普曼一度被称为"20世纪最有影响力的新闻工作者"。其作品的中肯有力和清晰明澈,在外交著述中无出其右者。他起初是一个国际主义者、一个威尔逊主义者和一个社会主义者,后来他的思想接连发生了几次转变,变成了一个威尔逊政策的批评者(威尔逊政策忽视了和平所需要的特定领土和政治条件),成了一个关心传统与经济现实的保守派,一个倡导美苏之间应当实现政治和解的人,一个自然法和政治理性的晚近支持者。

乔治·凯南的事业综合了从事外交工作和从事堪以嘉许的政治史写作两方面。虽然他在词藻章法上不如李普曼,但是他的一些政策建议和积极的政治态度却更加胸襟开阔、更加坦率直陈。他的建言经常被其国人注意,但其真意却被曲解;例如,哈里·杜鲁门总统就从普遍意义上而非审慎的意义上采纳他的遏制政策。然而在力主外交政策的温和与克制方面,没有哪位作者能比他更加前后一贯、更加坚定有力。

路易斯·哈利最初是一位博物学家,后来进入外交领域,当上了一位政策设计参谋人员。他的《冷战史》建立在政治现实主义之上,而他的里程碑式作品《走出混沌》则是一部类似于阿诺德·汤因比和奥斯瓦尔德·施本格勒(Oswald Spengler)之世界史作品的普遍史学著作。在美国或欧洲,没有别的观察家能像他这样耗费如此巨大的精力,坚持认为必须以历史往事为镜鉴去观察当前的危机。

雷蒙·阿隆被称为"法国的沃尔特·李普曼",他的报纸专栏有着明确的历史学和社会学定位。当选为索邦巴黎大学的教授后,他写下了一部不朽之作《和平与战争》。他以其法国特色的明晰,为人们提供了一个结构合理的分析框架,让人们可以在其中研究和理解当前的危机,同时他又不曾忽视国际政治的规范要素。

总起来说,这四位重要的国际思想家为我们把握当前危机的本来面目提供了一个条理清晰的基础。

┈┈→ 沃尔特·李普曼(1889—1974)

理性主义与政治理性

沃尔特·李普曼(Walter Lippmann)1889年9月23日生于纽约市,逝于1974年12月14日,享年84岁。他的祖先从德国移民到美国要比东欧犹太人移来早半个世纪,那些犹太人在他们看来是"劣等民族"。也许这一点说明了,为什么李普曼对犹太人问题漠不关心。他的父母雅各布·李普曼和黛西·李普曼极为重视孩子的教育,把他送进位于曼哈顿的朱利叶斯·塞奇私立教会高中就读,带他到欧洲,还鼓励他在艺术与文学批评方面的早期兴趣。1909年他从哈佛大学毕业,在那里他引起了乔治·桑塔亚纳(George Santayana)和威廉·詹姆斯(William James)的注意。他继续在哈佛念了一年研究生,专业是哲学,从那之后,他就与哈佛保持了终身的联系,从1933年到1939年一直在该校督学委员会任职。

李普曼很早就被视为美国新闻界和政界的一位举足轻重的人物。欧洲人把他与那些像韦尔斯(H. G. Wells)、萧伯纳(George Bernard Shaw)、约翰·梅纳德·凯恩斯(John Maynard Keynes)、伯纳德·贝伦松(Bernard Berenson)和哈罗德·尼科尔森一样的知识分子联系起来。历史学家和社会批评家林肯·斯蒂芬斯(Lincoln Steffens)在年轻的李普曼身上发现了"最能通过写作来表达自我的才智。……他理解他所学习到的全部东西"①。自由主义和社会主义思想家把他看成是一道新的耀眼夺目的光芒。他成了费边社的正式成员,并且在他24岁时受赫伯特·克罗利(Herbert Croly)之邀加入了《新共和》杂志社。他出版了《保罗·玛丽埃塔诗集》(1913)的一个版本、《政治学前言》——这本书被弗洛伊德的传记作者厄恩斯特·琼斯(Ernest Jones)称为最早的弗洛伊德的政治疗法——和《放任与控制》(1914),还有刊登在《新共和》上的大量文章与评论,其中包括刊登在该杂志创刊号上的文章《武力与思想》。

李普曼的早年事业并未局限于他的文学成就上。他在政治上的激进主义虽然藏而不露,但却是他终身不渝的性格特征。尽管他告诫新闻界同行要与有权者保持距离,但他却于1916年有力地游说参议院,为的是批准路易斯·布兰代斯(Louis D. Brandeis)出任最高法院陪审法官,敦促阿瑟·范登堡(Arthur Vandenberg)转向国际主义,还襄助麦乔治·邦迪出任约翰·肯尼迪政府的国务卿。他在哈佛已经很是活跃,1912年他又赴纽约的斯克内克塔迪市,为一位社会党人市长乔治·伦德(George R. Lund)牧师工作。当有人问他最喜爱的是什么,他回答道:"是这活生生的世界。"在第一次世界大战期间,他作为军事情报上尉为国效力,并作为副官跟随上校爱德华·豪斯(Edward M. House)和艾赛亚·鲍曼(Isaiah Bowman)起草美国的和平条件(他拟写了"十四点"和平计划中的八点),后来参加了巴黎和会。他在《新共和》作为副主编的任期直到1921年,这正是一个不受干扰的学术拓展期,其间他的思想经历了多次转型。阿瑟·施莱辛格写过这些岁月中的他:"生于1889年维多利亚时代的宁静岁月,受到

---

① Walter Lippmann, *Early Writings* (New York: Liveright, 1970), p. vii.

沃尔特·李普曼(1889—1974)：理性主义与政治理性

进步时代纷扰的鼓动,他在1910年离开哈佛前成了一名社会主义者。他的社会主义很快又烟消云散,没有形成任何教条,但却残留下一种信念,相信为了控制现代社会初始阶段的大混乱,有必要进行合理的计划与打算。"人类正处于革命的不稳定时代,价值体系本身在其中也正经历深远的变革,这一事实在成为人们的口头禅之前他就意识到了。他在《德行前言》(1929)中宣布,"现代性之迷幻药"正在腐蚀现存的价值观。他在西奥多·罗斯福1912年的竞选运动中,看到了为应付工业秩序挑战而进行的前所未有的齐心努力,但是他对罗斯福的热情随着罗斯福复归于沙文主义而减退了。其后,伍德罗·威尔逊在李普曼及其朋友心中又成了美国人——如果不是全人类——的希望所在。民主国家的放任与无计划威胁着社会。代议制政府因其不能集中各国的资源按照明确的目标去有效地应付变化多端的问题而陷入危险之中。国会体系已经显露了弊端,需要加以调整。早在20世纪70年代就总统职务进行大辩论之前,李普曼就曾告诫人们警惕中央权力的狂热行动以及其各个部门习惯上的冷漠。总统因承担作为一个仁慈暴君的全部工作而不堪重负,但却未被赋予施行权威的手段。李普曼写道:

> 我们期待着一个人物来代表我们的国家发言,阐述我们国家的需要,并将这些需要变成一个政治纲领。我们期待这个人物把这些意图和这个政纲灌输进一个……政党系统中,推动本党把它们制定成法律,并创造一个廉洁的行政管理层级制度来实现其政治设计。我们期待他去监督日常公务,控制集团利益,未雨绸缪,并随时观察可能发生的紧急事态。对此无人能够胜任。①

显然,他早期著作的指导思想是社会主义者对计划之必不可少作用的信仰,也合于时代精神。透过这种流行的观念可以看到,李普

---

① Lippmann, *Early Writings*, pp. ix, x-xi.

曼思想的基础在本质上还是保守主义的,偏爱秩序,并且深信理性。他在其最后一部伟大著作《公共哲学》(1955)中仍坚信这些观念。(不可思议的是,这部书很少得到好评。)汉斯·摩根索在评论这部著作时,对其要求加强所有政治行动的客观标准的感召般的呼吁,做出评论道:

> 这本书因其高尚动人的信念而栩栩如生,使人想起18世纪理性主义者的理想主义,它相信理性本身的力量可以改变人类赖以生存的哲学,乃至改变他们的整个命运。李普曼先生相信,人类在他们的政治思想与行动中可以是"真诚而清醒地出于理性的",并且他把这种理性看做是公共哲学的真正基础。赫伯特·巴特菲尔德、莱因霍尔德·尼布尔、我本人和其他人都曾经力图证明,理性与政治之间的关系比起这种单纯理性主义的信仰要更加暧昧和繁杂。①

摩根索承认其批评说得过分了。但是,李普曼的政治理性主义的确是其所有作品的根本指导思想。他在《新共和》创刊号上的论文开篇写道:"每个健全的人都知道,建设一座城市比炸毁一座城市更伟大,耕种一块土地比践踏一块土地更伟大,服务人类比征服人类更伟大。"②他进而推论,人类的希望在于思想,而不是枪炮。人类的思想在控制穷兵黩武方面是唯一长久有效的武器。构思设计枪炮并决定如何组织与利用强大的军队的是人类的大脑。人类创造出了庞大的毁灭性的武器库,已经膨胀到无法控制的地步。在未来,人类只有下决心终结战争才能控制住战争;必须掌握文明以使得任何机器都不能背叛文明。尽管铸剑与铸犁花费同样多的脑力劳动,但是要优先选择铸犁却需要掌握更崇高的人类价值。

---

① Hans J. Morgenthau, *Politics in the Twentieth Century* (3 vols.; Chicago: University of Chicago Press, 1962). pp.111. 66.

② Lippmann, *Early Writings*, p. 3.

沃尔特·李普曼(1889—1974):理性主义与政治理性

李普曼的学术历程开始于《新共和》杂志创建时所基于的主导思想,即社会主义、威尔逊主义和反对势力均衡。1917年1月27日,他写道:"欧洲的和平从未因那种方法[一种玩跷跷板式的摇摇欲坠的势力均衡]得到过保证,将来也决不会。"① 他当选过政调机构的秘书,那是在一战后由威尔逊总统指定的一个准备和平方案的专家机构。他参加过"十四点"和平计划的拟订工作,并帮助撰写豪斯上校用于停战前谈判的正式说明文件。他赞同威尔逊总统所说的,协约国的目标应当是对德国"和平而不求胜",战后安排应当建立在力量协调而不是势力均衡的基础上。

1917年2月17日,在他发表关于政治目标与和平组织的声明之后不到一个月,李普曼又试图告诫总统,法制至上和道德至上主义是不够的,还需要一种有效地应付战争与和平的政治战略。他接下去说道:"弱国才会渐渐陷入战争而不自知,不知道为什么会抑或怎么样就陷入了战争。"无疑,英国人的海上封锁和德国人的潜艇战都是可怕的武器,因为战争本身就是可怕的。然而,在这两者之间做出选择时,美国不是在合法与非法甚或在残忍与慈悲之间做选择。相反他坚持认为:"正因为我们不能容许德国获得胜利,我们才同意对德国封锁海洋而对协约国开放。"以后来凯南所用的语言,李普曼宣称:"我们是一个向来尊重法律的民族,只不过我们把自己真实的意图掩盖在了大量的技术细节背后。……我们曾经想过去援助协约国并阻挠德国,但是我们又想置身战事之外。我们的政府因此而被迫把参战的技术细节夸大到了顶点。我们巧言中立以掩盖最不中立的目的。"②

李普曼深信的是,大西洋的安全乃是美国人应当不惜为之而战的事。

为什么?因为在大西洋的两岸已经形成了一个把西方

---

① Lippmann, *Early Writings*, p. 3.
② Ibid., pp. 69, 71.

世界联系起来的深厚的利益之网。英国、法国、意大利,甚至西班牙、比利时、荷兰、斯堪的纳维亚国家以及泛美国家,在陷入至深的危境时,它们就结成了一个总的共同体。……它们在这个联结它们的大洋上有着共同的利益。……但是,如果这个共同体遭到破坏,我们应当知道我们因此失掉了什么。到那时,我们应当知道加拿大边界不设防意味着什么,应当知道拉美国家受到英美舰队的共同保护又意味着什么。①

一旦德国在入侵法国时破坏了比利时的中立、向英国发动进攻并企图搞乱美国,从而把战火燃烧到大西洋时,保持美国的中立地位无论从精神上还是行动上都是不可能的了。德国在公海上的胜利将使德国成为东方对西方的首领,长远地看还将成为德-俄-日联合对付大西洋国家的首领。势力均衡将被彻底打破。这样的可能后果对美国来说是不能接受的。

两年后的 1919 年 9 月 3 日,李普曼与威尔逊的思想联系完全断绝。虽然孤立主义在美国人看来是一件过去了的事,但李普曼还是想知道,取而代之的是什么。威尔逊曾经宣布:"事情已经发生,并非源于我们设想的计划,而是出自上帝之手。……我们不能掉头往回走了。我们只能昂首挺胸、精神抖擞地向前进,追随着我们的愿望向前进。"在李普曼听来,如此忠告形同于告诉一个已经 21 岁的人,他不能掉头往回走,必须向前进,必须追随他的愿望。但这愿望是什么?又在何方呢?针对总统,李普曼以其最为尖锐的措辞解释道:

这种非孤立主义的新教条最危险的一个方面是,它太容易变成一种宿命论。以前的教条至少具有界标的作用。这种新教条很容易成为一种只是大体上兴之所至的东西,而且在我看来,它在过去的一年中已经变成了那个样子。已然知

---

① Lippmann, *Early Writings*, p. 73.

沃尔特·李普曼(1889—1974)：理性主义与政治理性

道我们必须"参与"，却忘记了具体说明参与什么。我们决心参与世界事务，但是兴奋之余我们却似乎忘了问一问以什么身份参与世界事务。①

在李普曼后来对美国在全球范围内遏制共产主义的批评中，这一主题将再次出现。

在一个黑暗而愤怒的非理性世界里，李普曼发出了一种理性的声音。他作品中的两个不变特征也值得一提——他既承认变革又承认连续性。他曾经把他的使命说成是努力应对西方社会中日益高涨的混乱失序。他重新开始讨论一些重大的问题，并重新考察一些基本的假定，包括他自己的基本假定。他在一个无政府主义的世纪，一个"乱字当头"（阿里斯托芬剧中人语）的世纪里奋斗，为的是给人类的思想提供支柱。他寻找的是构成公共哲学的永恒真理。

他无疑是美国共和历史上最优秀的，也极有可能是最有影响力的新闻工作者。正如阿瑟·施莱辛格所言，没有人曾经像他那样在为报章杂志撰稿时（特别是在李普曼的专栏"今日与明日"中），对措辞用语如此用心，对问题的实质关心得如此彻底，对长远的未来有如此毫不犹豫的直觉，以及在教导大众有关内政外交的大是大非问题上如此坚决。也没有人像他那样如此坚定地进一步去描述传统与变革的力量，去重新燃起人们对经久不息的价值的激情，去描绘现代生活的复杂性，描绘现代生活如何改变了社会政治的环境条件，使得现有的道德标准被重新确定和表述。

李普曼是一个地地道道的理性主义者，他一贯地努力澄清和阐明时代所处的困境，而且不假装自己有能力快刀斩乱麻一样解决它们。在他通过报业辛迪加向纽约《先驱论坛报》提供的专栏文章中，他没有冒昧地去提出最后的解决之道。他对当前公共政策的连续性评论给读者的感觉是，现存的政策被误解了，也被滥用了，而且可能

---

① Lippmann, *Early Writings*, pp. 86-87, 97.

导致比它们准备克服的疾病更大的病害。然而,李普曼洞悉历史过程中偶然因素的作用和政治的不可思议的后果。他虽然轻蔑非理性与感情用事,但他并不是一台电子计算机,也有人性的脆弱,也通人情世故。《掌握命运之人》(1927)收入了李普曼对辛克莱·刘易斯(Sinclair Lewis)和门肯(H. L. Mencken)敏锐而生动的品评以及他的一些最出色的文学批评文章,该书展示了他对人性与历史力量交互作用的辛辣而深刻的见解。他的私人谈话充满了对英雄主义与荒唐行为的洞察。在富兰克林·罗斯福逝世后,他曾经写道:"对一位领袖最后的考验是他身后留给他人去继承的信念与希望。"如果乔治·凯南能够说莱因霍尔德·尼布尔是"众家之父",那么在李普曼之后任何严肃的新闻工作者也同样不能忽视他为当代新闻事业所确立的智慧和完美标准。

不过,历史更看重他那视角更加开阔的对社会与公共政策的解释。从他最早的观点明快的评论《外交赌注》(1915),到他最后关于美苏关系的作品《共产主义世界与我们的世界》(1959)和《俄国即将到来的考验》(1961),以及他有关西方文明的作品,包括《孤立与结盟》(1952)和《西方团结与共同市场》(1962),他的思想几乎全部建立在同一个单一的命题上。他相信,美国在整个20世纪都缺乏一项固定的、被普遍接受的外交政策。无此,美国才无力准备战争或保卫和平。他在写作中假定,美国在自1812年战争之后的十年到1898年美西战争结束这期间曾经有过一项稳定可靠的对外政策。美国立国后头一百年中的大部分时间里,政治都止于海疆。然而,在1900年的总统选举期间,这个国家却因美西战争的结果而发生分歧。从那时以来,没有一位美国总统在外交行动中能够得到举国一致的支持。从门罗主义的发布到美西战争的结束,美国人民不曾感到有任何发展外交政策的紧迫需要。被疏忽的是所有对外政策不证自明的一项原则——必须保持承诺与权力的平衡,仅仅这项原则就能够解决争议与纠纷。李普曼写道:"一个国家必须保持其目标与权力的均衡,使其意图与手段相当、其手段与意图相若,使其承诺关联着其资源、其资源满足其承诺,这条指导原则若被疏忽,根本就不可能去考虑外交了。"(李普曼对从西奥多·罗斯福到理查德·尼克松的历届美国总统抱有敌意,而且他最一贯的批评就是,他们没有成功地应用这条原则。)美国习惯上把战争与和平的目的、理想、利益、承诺跟讨论裁军、战略地位、潜在的盟国及可能的敌国区别对待。在对外政策中,目标与手段必须是平衡的;各国必须为它们所想达到的目标付出代价,并且只能期望得到它们愿意为之付出代价的东西。美国人做不到这些,是因为他们为"一个盲目的偏见"所害,这个偏见认为,"关心自己的边界和军备、关心盟国是不道德和反动的"。① 这是伍德罗·威尔逊的偏见,但它对后世的威尔逊主义者,如科德尔·赫尔(Cordell Hull),甚至有更深的影响。

此外,李普曼并不愿意只提出一般性的批评意见。他还对一些术语作了清晰而有力的界定,他写道:

> 我所说的"对外承诺"(a foreign commitment)的意思,是指在美国大陆之外的一项义务,这项义务最终可能得靠发动战争才能履行。我所说的"权力"的意思,是指为了阻止这种战争或者在阻止不了的情况下赢得这种战争所必备的武力。在用到"必要权力"(necessaty power)一词时,我的意思包括了能够在美国本土之内有效地动员起来的军事力量,也包括能够得之于可靠盟国的援军。

李普曼的基本论点是,外交政策的本质是保持一国承诺与权力的平衡并保有充足的权力以做到游刃有余。他说:"在权衡应当在国外维护的理想、利益和抱负时……[决策者]对它们合法性的衡量尺度,应该是他在国内能够集聚的力量,加上他在国外其他有着类似理

---

① Walter Lippmann, *U. S. Foreign Policy: Shield of the Republic* (Boston: Little, Brown, 1943), p. 5.

想、利益和抱负的国家中能够寻求到的支持。"①由此所可能达到的有效平衡有可能程度不等（正如家庭有贫穷、小康和富裕之分），但是若要避免祸患，就必须承认和遵守这项原则。

在1789年至1823年的美国早期历史上就出现过严重而令人困扰的分歧，分歧之深以致乔治·华盛顿总统在告别演说中论及了他对党派之争有可能毁掉合众国的担心。亲法派与亲英派曾经把合众国带到战争边缘，始而与法国、继而与英国几乎开战。来自中欧大国联合武装干涉的阴影一度笼罩在挣扎图存的美国头上。当时谣传有的州要脱离合众国，尤其是新英格兰各州；在外交政策的目的和手段上也缺乏团结一致，这突出反映在有关"公民热内"②的危机上。

1823年，三个弗吉尼亚人——詹姆斯·门罗、托马斯·杰斐逊和詹姆斯·麦迪逊为美国外交政策带来了应付裕如的策略和理论根据。借助门罗主义，并通过与大不列颠王国保持一种心照不宣却又尽人皆知的权力协调，他们把美国的承诺与其至关重要的关键利益连接起来了。这些弗吉尼亚人并非孤军奋战。约翰·亚当斯可能造成了更大的影响。他们既不靠征求大众的广泛赞同，也不靠迎合种族集团或压力集团的迫切要求，而是通过陈述一些原则，来塑造一项连意见不合的国民都能够给予支持的外交政策。李普曼解释道，至关重要的关键利益就是那些被一国人民一致认为必须不惜牺牲生命也要加以捍卫的利益。众多不同的文化与民族国家都把集体生存置于个体生存之上。即使是身体力行非暴力运动的圣雄甘地，也没有将他自己生命的保全置于捍卫共同体的关键利益之上。这些人都宁肯在绝食抗议之中死去或死于敌人之手，也不肯放弃他们的原则。

问题接踵而来：对美国至关重要的关键利益是什么？在李普曼

---

① Lippmann, *U. S. Foreign Policy: Shield of the Republic*, p. 6.
② "公民热内"指的是埃德蒙·查尔斯·爱德华·热内（Edmod Charles Edouard Genet, 1763—1834），法国外交官，法国大革命期间曾任驻美临时代办（1793年），力图促美介入反对英国和西班牙的战争，遭华盛顿总统冷遇，后留居美国，成为美国公民。——译者

的早期著作中,他认为就是对这个国家法定领土的捍卫。杰斐逊对法国的赞赏,并没有使他立场模糊而认识不到法军驻扎在密西西比河口的新奥尔良所形成的威胁。通过购得路易斯安那,美国获得了防卫新奥尔良的必要领土。杰斐逊承认美国利益的真实存在,即使直到25年后他才得到联邦最高法院的支持。此后,更大的大陆本土作为美国的法定领土而固定下来,但是在随后的几十年间,设定于加拿大和墨西哥国境之间、从大西洋延伸至太平洋的陆地边界线又需要有大陆之外的前哨阵地和版图来保卫。1861年法国对墨西哥的入侵被美国看做是一次敌对行动。自从1873年以来,整个西半球都已经包括在美国的"法定领土"中了。西半球变成了一个处于更大国际秩序中的安全体系和权力格局。

美国与其邻国被李普曼所谓的"辽阔的大海与天空"所分隔。南北美洲都是其中的岛屿,相互关联着的岛屿。南美洲自巴西凸出部分以下与非洲和欧洲的距离,比美国与欧洲军事中心的距离更近。北美洲对于英国、西欧、俄国和日本而言要比南美、中国或南太平洋地区更容易接近。大国之中,我们的紧邻是英国、苏联和日本——还有德国,都是世界主要的军事大国。德国曾两次企图蹂躏一两个主要大国从而威胁到体系的均衡,并因此而成了美国的紧邻之一。因此,保卫南美也就成为美国至关重要的关键利益之一。由于南美缺少一个本地区的主要军事强国,所以它只可能受到来自北半球的某个大国入侵的威胁。为了防止拉丁美洲遭受严重威胁,至关重要的是要使美国在大国中的友邦力量超过其敌人,或者至少与之保持平衡。

美国承诺,要不惜战争来保卫从阿拉斯加到菲律宾和澳大利亚、从格陵兰到巴西和巴塔哥尼亚地区①的陆地、天空和水域。大体说来,它也基本上确保了这一地带免遭任何重要外部大国的军事主宰。

---

① 巴塔哥尼亚地区(Patagonia)是指南美洲阿根廷南部和智利间的高原,从里奥科罗拉多一直延伸到麦哲伦海峡,从安第斯山脉一直延伸到大西洋。——译者

由于旧世界的联合力量会大大超过西半球的联合力量,所以美国决不能容许西半球的关键地区落到一个或多个其影响盖过美国的重要大国的控制之下。为了保卫西半球,美国必须促进维护世界其他地方的均势。战争手段的变革和大国格局的调整可能会改变美国防御体系的形式,也可能会改变其安全上的盟友。但是,"这就是美国曾置身其中并且现在仍置身其中的权力体系"①。

在《美国战争的目的》(1944)一书中,李普曼表示,《大西洋宪章》和"四大自由论"所宣布的普遍原则并没有穷尽对战争目的的讨论。虽然这些宣言可谓是指引这个国家开辟前进道路的指路明星,但它们却并非崎岖不平的前进道路上的路标。他写道:"我们所能拥有的唯一和平是……通过目前的战争洗礼而获致的和平。如果我们认为可以不在乎这种和平而能够缔造出另外一种不同的和平的话,那我们就太自以为是了。"和平靠的是建立同盟国间牢固的关系,并承认正在出现的两大力量集团——大西洋共同体和俄罗斯势力圈。他强调,俄国在其大陆板块中固若金汤,正如美国处于大西洋共同体的核心而坚不可摧一样。他写道:"在俄国与西方世界之间有着一种由来已久的深刻的不信任……其古老程度可比之于欧洲中世纪黑暗时代里罗马与拜占庭之间的基督教大分裂。"关于战争目的,美国应当:(1)巩固大西洋共同体现有的战略和外交联系;(2)承认俄国势力范围内的战略体系,包括位于德国东部和苏联西部的国家;(3)承认中国为第三个战略体系的中心,这个战略体系终将涵盖东亚大陆;(4)承认北非、中东和南亚的穆斯林和印度教国家,它们终将组成自己的战略体系;(5)要使任何远东或欧洲的战后安排以不使日本和德国在该地区其他各大国间握有制衡力量为目的;(6)要使战后安排以解除开战一方的武装而保护和平一方为目的,要使战胜成为不可改变之事,使和平成为各方接受之举。李普曼论证说,在一战后的和平安

---

① Lippmann, *U. S. Foreign Policy: Shield of the Republic*, p. 70.

排中乔治·克列孟梭是对的而伍德罗·威尔逊错了:"威尔逊总统宁要普遍和平而不要具体和平,他实际上早已把德国的问题抛在了脑后。"威尔逊"解散了赢得战争的联盟,而唯有这个联盟可以使战后安排持久长存。他在微不足道的阜姆港问题上与意大利发生了一场毫无意义的恶劣争吵"。① 这场争吵被加布里埃莱·邓南遮(Gabriele d'Annunzio)所利用,成了意大利法西斯主义兴起的源头。二战后,李普曼坚持主张,世界和平必须具体而有针对性地加以建立,一如其原来的样子。和平将有赖于同盟国的联合力量。

在《冷战》(1947)一书中,李普曼反对在杜鲁门主义和乔治·凯南发表在《外交季刊》上的著名的"X 先生"文章中所表达的错误假设。他同意凯南所说的,除非受到美国所选择的"对抗力量"的反对,否则苏联势力注定要进行扩张。然而他认为,提出遏制政策来对付苏联势力是有利于苏联的,是把主动权拱手交给了俄国人,是明摆着在不适当的情况下运用美国的军事力量,而且还威胁着美国与其大西洋共同体中的天然盟友的关系。更具建设性的政策应当是,致力于从欧洲大陆撤走一切外国军队;苏联红军在欧洲心脏地区的存在是问题的症结。撤军是对俄国人意图的唯一考验方式,也是重建欧洲国家之独立的唯一方式。李普曼赞成马歇尔计划,但不赞成杜鲁门主义,认为杜鲁门主义是一个"战略畸形儿"。

《孤立与结盟》(1952)呼吁人们更深入地理解 1940 年以来影响美国外交政策的世界深刻变化。美英两国的利益如此紧密地联系在一起,以至于温斯顿·丘吉尔 1951 年在美国国会两院联席会上演说时,就像是一位首相在争取一个不大愿意支持他的议院向他投信任票一样。美国外交政策走过了两个阶段。第一个阶段即孤立阶段延续到二战开始为止,这一阶段里,美国势力跨越北美大陆扩展到菲律宾和太平洋诸岛。在第二个阶段即成为一个重要的世界大国阶段

---

① Walter Lippmann, *U. S. War AiMs* (Boston: Little, Brown, 1945), pp. 6, 152, 162-163.

中，美国被赋予建设新的国际联合的责任。捍卫和保障自由欧洲成了美国国家安全的必需任务。美国政策的双重目标是，欧洲的联合和德国问题的解决，这两者正处于冷战的核心。

在《公共哲学》(1955) 一书中，李普曼又回到他长期以来关心的问题——西方社会的衰落与复兴上。他写到了民主国家的弊病、权力的滥用以及公共利益。他呼吁捍卫文明礼法，呼吁复兴公共哲学。他呼吁美国人回归其传统的理想和普遍法则。尽管有人攻击他这部最后的作品跟自然法的某些教条几乎太合拍了，但他成功地唤起了人们对美国人与其海外友人的共同利益的关注，如其所言，这种共同利益就是一种对人类灵魂神圣性的根本信仰。

1966年，李普曼离开他工作了28年的华盛顿，回到纽约，在那里一直住到1974年他与世长辞。李普曼在这后来的岁月中很少写东西，但是决策者们仍旧重视他那透彻明晰的政治见解，即使是那些他们并不总是赞同的见解。在20世纪50年代，李普曼虽然第一个站出来支持美国在朝鲜的军事行动，但他很快就敦促停战、实行政治解决，并反对道格拉斯·麦克阿瑟将军向鸭绿江推进。在越南问题上，他一开始就担心美国的卷入会在中国大陆惹起一场地面战争。他回到他定义过的地区大国体系上，并质疑美国企图越出其重大利益的范围而去过多地承担义务。尽管他在当权者中保持了很好的声望，并且至少有一部分忠告看来已为历史所证实，但是他的观点却是历任总统和国务卿所不能接受的。他的影响力在于他所明确表达的原则上，而不在于他所建议的策略上。由于他置身于以纽约对外关系委员会为中心的现行外交政策精英分子的圈外，所以他可能比任何其他著名学者或新闻记者都更加保持了思想的独立自主。他创造了几乎举世无双的时事评论员的楷模。理查德·罗维尔于1975年写道："作为一名文学批评家，他不仅理当为其他新闻工作者所学习，还应当为任何对英语杂文感兴趣的人所学习，因为他的的确确像任何当代美国作家一样，是一位文学批评大师。"至于其作品的内容，罗维尔评论道："总起来评说他的著作，我发现其中大部分都远比我所期待的要更出色。"他预见到了苏联在自波罗的海至巴尔干半岛一线的军事政治存在。他预言了中国国民党政权的无能。他预料到了杜鲁门主义的全球实施所激起的问题。然而，历史学家如果仅仅把他当做是一位社会和政治栋梁之才，则无法全面衡量他的价值："他是自由与人文传统中大部分最优秀思想的化身，他为美国的新闻事业带来了一种新的荣耀。"①事实上，难以找到任何人曾经取代过他的地位。

沃尔特·李普曼的著作：

1913

A Preface to Politics. New York：Macmillan.

1914

Drift and Mastery. New York：M. Kennerly.

1915

The Stakes of Diplomacy. New York：Henry Holt.

1919

The Political Scene. New York：Henry Holt.

1920

Liberty and the News. New York：Harcourt, Brace & Howe.

1927

Men of Destiny. New York：Macmillan.

1928

American Inquisitors. New York：Macmillan.

1929

A Preface to Morals. New York：Macmillan.

---

① Richard Rovere,"Walter Lippman", *American Scholar*, XLIX (Autumn, 1975), pp. 602, 603.

1932

Interpretations, 1931-1932. Edited by Allan Nevins. New York: Macmillan.

1933

The United States in World Affairs. With William O. Scroggs. 3rd ed. New York: Harper Brothers, for the Council on Foreign Relations.

1934

The Method of Freedom. New York: Macmillan.

1935

The New Imperative. New York: Macmillan.

1936

Interpretations, 1933-1935. Edited by Allan Nevins. New York: Macmillan.

1937

The Good Society. London: Allen & Unwin.

1940

Some Notes on War and Peace. New York: Macmillan.

1943

U. S. Foreign Policy: Shield of the Republic. Boston: Little, Brown.

1944

U. S. War Aims. Boston: Little, Brown.

1947

The Cold War: A Study in U.S. Foreign Policy. New York: Harper Brothers.

1952

Isolation and Alliances. Boston: Little, Brown.

1955

The Public Philosophy. Boston: Little, Brown.

1959

The Communist World and Ours. Boston: Little, Brown.

1961

The Coming Test With Russia. Boston: Little, Brown.

1962

Western Unity and the Common Markets. Boston: Little, Brown.

1963

The Essential Lippmann. Edited by Clinton Rossiter and James Lare. New York: Random House.

1970

Early Writings. With an Introduction and Annotations by Arthur Schlesinger, Jr. New York: Liveright.

关于沃尔特·李普曼的著作：

Childs, Marquis, and James Reston, eds. *Walter Lippmann and His Times.* New York: Arno Press. 1959.

Rovere, Richard. "Walter Lippmann". *American Scholar*, XLIV (Autumn, 1975).

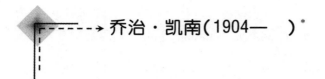

乔治·凯南(1904—)*

挑战法制至上和道德至上主义

乔治·凯南(George F. Kennan)1904年2月16日生于威斯康星州密尔沃基市。他出生后不久,母亲便去世了,这(照他自己的话来说)成了他生命中的创伤。他父亲的祖先乃是18世纪早期从爱尔兰移居美国的拓荒农场主,他们先在佛蒙特停留,然后移至上纽约州,后来才又移居威斯康星。他们的显著特征是,性格倔强、沉默寡言、独立自主,并且坚定地捍卫个人自由。他们既不富,也不穷,从来不把自己看做是雇主,也不把自己看做是雇员。因此,年轻时的凯南在思想上就无法认同马克思主义的剥削者或被剥削者用语,也不能接受马克思主义的其他假设。凯南的祖父和他那生于1851年的父亲更喜欢18世纪而不喜欢19世纪。受他们的价值观影响,凯南始终对20世纪的风俗和事务持有一定的保留态度。是他祖父的一个堂兄弟——一个也叫乔治·凯南的人——而不是他的父亲,给年轻时的凯南树立了榜样。他们生日相同,且都从事过相似的、以俄国事务为中心的职业。为了

---

* 原书写作和出版时该学者尚在世,已于2005年去世。——译者

乔治·凯南(1904—)：挑战法制至上和道德至上主义

纪念这位老凯南,乔治·凯南在华盛顿特区建立了"凯南俄国问题高级研究所",隶属于史密森学会。

年轻时的凯南在密尔沃基市念小学,在威斯康星的德拉菲尔德读圣约翰军校。军校校长亨利·霍尔特鼓励他将来从事外交职业,这在他阅读斯科特·菲茨杰拉德(F. Scott Fitzgerald)的《人间天堂》的读书笔记中可见一斑。1921年9月,他进入普林斯顿大学时,感到学校的哥特式建筑令他生畏,他意识到自己还年轻,不成熟,意识到自己那不大文雅的中西部举止,因此显得腼腆而畏缩,但又过于孤傲和敏感,不肯向他人求助。有两位教授在他的思想中留下烙印——讲外交史学的雷蒙·桑塔格(Raymond Sontag)和后来设计外交部门考录体制的约瑟夫·格林(Joseph C. Green)。他们对凯南的影响产生自学术的魅力,而非个人之间的接触。凯南离开普林斯顿时,孤零零地,没有几个朋友。那时他是一个爱幻想的人,很少去考虑大学组织有多么复杂,也未曾领会到社会文化生活中有什么机会,而且他天生不喜欢争斗,也就一直对个人和团体之间的勾心斗角不闻不问。然而,在普林斯顿,凯南认识到,他那比较清醒而豁达的才智——不遇挑战不积极、对思想世界敏感、对知识不存先入之见——是一个优点。他养成了对文学的爱好,包括对英国古典文学的爱好,也培养了对现代史与政治学的兴趣。(凯南对像爱德华·吉本[Edward Gibbon]这样的作家所写的宏大历史文献特别地喜爱,这反映在他所写的一些句子中,如"权力是我们活动的条件"。)他于1925年从普林斯顿大学毕业,为未来的学术发展做好了准备,虽然其认识尚不充分,但已经"受到某种暧昧的威尔逊式自由主义的激励;对国会参议院拒绝让美国加入国联感到遗憾;信仰自由放任经济学和自由竞争价值观;相应地对高关税也就深恶痛绝"①。他在普林斯顿所受的教育有助于他鉴别这些事务,使他不至于将它们混同于僵化的意识形态而不作批判的思考。

① George F. Kennan, *Memoirs, 1925-1950* (Boston: Little, Brown, 1967), pp. I, 16.

出乎凯南的意料,他成为外交部门录用候任的十七名人选之一。(那次考试的口试小组组长是副国务卿约瑟夫·格鲁[Joseph C. Grew]。)经过华盛顿外交学院的培训,他临时被派往日内瓦总领事馆,后来又被派到德国汉堡任副领事。(他第一次到德国是在孩提时代,在参加录用考试前又去过一次,他能说一口流利的德语。)1928年夏季,他开始接受培养俄罗斯专家的训练,在柏林和波罗的海国家都会城市塔林和里加等地度过了其后的五年半光阴。随后,凯南于1929年在柏林当翻译官;1931年在里加任三秘;1934年在莫斯科任三秘;1935年在维也纳任领事;1935年在莫斯科任二秘;1938年在布拉格任二秘,1939年继任领事;1939年在柏林任二秘,1940年继任一秘;1942年在里斯本任公使馆参赞;1944年在伦敦任美国驻欧洲咨询委员会代表团参赞;1945年在莫斯科任公使衔参赞;1946年在华盛顿任国防大学外交系副主任;1947年任国务院政策设计司司长;1952年任美国驻苏联大使;1961年到1963年任美国驻南斯拉夫大使。他的公职生涯在他1950年至1952年加入普林斯顿高级研究院期间有过中断。1953年他从外交部门退休后,就在这个研究院担任终身教授,直到1974年他以名誉教授的身份再次退下来。凯南的事业兼有外交与学术两方面,其所达到的水平是任何其他公务员所不可企及的。正如以前他的叔祖父一样,他对俄罗斯事务的谙熟在他的仕途发展中起了很大的作用。

在20世纪20年代末和30年代,只有很少一部分外交官被挑选进行俄罗斯语言、历史和文化的培训,他是其中之一。他的同事中有查尔斯·波伦(Charles "Chip" Bohlen)和卢埃林·汤普森(Llewelyn Thompson),这两个人都曾在冷战的关键时期被派代表国家出任驻苏联大使。作为高度务实的人,波伦和汤普森给国务院决策人士和历任总统留下了良好的印象。这两个人都已成为官场老手。作为三个人中最有思想的一个,凯南却仍旧敬畏官僚组织机构,表现出一种职业外交官、政策设计者和政治预言家的奇妙混合。他的朋友们发现

乔治·凯南(1904—　)：挑战法制至上和道德至上主义

他身上有不少浪漫气质。在20世纪50年代，他谈到过想谋求出任国会议员，并准备放弃外交职务而去领导一场重振衰败都市的民众运动。他不是夸大就是贬低自己的影响力，这导致人们对他的评判相互矛盾，有人批评他太傲慢，也有人认为他太谦卑。凯南在描述自己学生时代的个人缺点时，曾经写道："骄傲、过于敏感、郁郁寡欢且拒绝别人的安慰，坚持认为要赢得更大的同情就必须了解和经历最恶劣的事情。"①然而，无论凯南已经克服掉多少他自己承认的这些年轻时的缺点，他还是从来没有升任到与他那上乘的道德和智慧天赋所给予他的资格相称的高位上去——在普林斯顿高级研究院的领导职务可能是个例外。

他的职业生涯一开始就既有成功也有失误。虽然他的著述可谓是任何文字中对公务员职业道德所作的最强有力的辩护，但是他的职业却强调，实现这样的目标实际上是不太可能的。或者更准确地说，作为预言家和浪漫主义者的凯南一直在与作为职业外交官的凯南交战，他好像在忠告他的同行们："照我所说的去做吧，但别照我所做的去做。"1952年，当他在柏林机场的一次答记者问中把在苏联生活的压力比之于在希特勒德国生活的压力后，俄国人要求美国召回他这位驻苏大使。在更早一点的1950年，国务卿迪安·艾奇逊（Dean Acheson）派凯南去南美，据路易斯·哈利的回忆说是让他"去避一避他不时惹起的麻烦"。此次南美之行的副产品是写出了一份关于拉丁美洲政府与政治的备忘录，这份备忘录至今仍是对那个多事的大陆上某些支配力量和趋向所做的虽然悲观却很忠实的描述。这份报告的理论假设及其研究结果与支配美国外交政策的理论前提如此严重相悖，并且如此生动地传达了作者对该地区的失望情绪，以至于该报告的其余副本被下令销毁，而其原始文本则被封存进国务院的档案中。在该报告中，凯南曾警告道："如今有一种可怕的无助

---

① Kennan, *Memoirs*, p. 10.

与无能的阴影落到了大部分拉美国家头上。"南美洲的领导人们无力面对或者不情愿去面对现实。凯南在每一个南美国家的首都都发现,有一种夸夸其谈的自以为是和自大自负,以及一种可悲的急于制造聪明能干和年富力强错觉与杜撰非凡人类成就的强烈欲望。"拉美社会得以延续靠的是……一种伪装,它并非俄国共产主义的那种系统化的、蓄意而为的伪装,而是一种极为人格化的、无政府主义的伪装,每个人都像蚕织茧子一样,在其中围绕自己编结他的自以为是的小小世界。"墨西哥城给他留下了一种充满暴力的、爆炸性的印象:"我感到它在夜晚根本就不会安静(可能是因为我睡不着吧)。"加拉加斯是一个"古怪的城市化夹缝……在其四周胆黄色的群山中间拥挤不堪"。"里约热内卢太令人反感",而圣保罗市"更加糟糕"。每到一处,凯南都被"一种奇怪的、混合着忧虑与悲伤的感觉"所侵袭。回想起来,他注意到:"通过四处旅行并感受种种刺激,我禁不住要写下这些文字,而国务院当时就是那个样子,它要正视它所面临的任务,也就不得不拒绝这些文字并且不肯去理会它们……这种事实[表明],从逻辑上讲我作为一名华府官员已变得不适当,这促使我离职转入一种……可以让我更安全地沉醉于……进行更深入、更痛苦的分析和思考的生活中。"①

即使在1961年,当约翰·肯尼迪总统把退了休的凯南再次召回任命为驻南斯拉夫大使,他的影响仍然黯淡无光,因为华盛顿对他力主把这个异端的共产主义国家作为榜样在东欧加以充分利用表现得犹豫不决。在与南斯拉夫关系正常化并与之建立一系列经济文化联系方面,凯南打算走得更远,让他的上级没法接受。在其职业生涯中,凯南几乎总是走在他所处时代的前面。他相信,两个超级大国不一定是敌人,但肯定不能做朋友。他认为哈里·霍普金斯(Harry Hopkins)的调和观点只不过是欺人之谈。

---

① Kennan, *Memoirs*, pp. 476, 477, 478, 479, 481, 482.

乔治·凯南(1904—)：挑战法制至上和道德至上主义

在是否接纳共产主义中国加入联合国的问题上，凯南与国务卿迪安·艾奇逊、约翰·福斯特·杜勒斯(John Foster Dulles)(当时是艾奇逊的助理)、助理国务卿迪安·腊斯克(Dean Rusk)以及菲利浦·杰瑟普(Philip Jessup)大使有严重分歧。1950年夏季的问题是，接纳共产主义中国会产生积极的还是消极的后果。凯南发觉自己"多半处于孤立境地，单独一人在反对同伴们的意见"，因为他主张说，这种接纳只不过是对既存事实做个登记而已。他相信，那样做将会减轻亚洲对美国意图的迷惑与不安。那样做将至少会削弱某些亚洲人的指摘，他们怀疑美国恢复蒋介石在大陆的统治是一种帝国主义企图。在这场争论中，凯南并不是建议美国承认中国，更不是建议美国对中国的席位投赞成票，而是建议美国"坦率地阐明：在我们看来，北京政权尚未表现出对其国际义务的适当责任感；其国际行为是无礼好斗的⋯⋯正因为这些，我们才不承认它并且也没有理由去承认它"。不管怎样，既然"我们在这一问题[中国的联合国席位问题]上的动机已经广泛地受到质疑，既然有人控告我们怀有隐秘的目的，那么我们就该准备⋯⋯在联合国各机构审议该问题时⋯⋯完全避免进一步的参与，在该议题上放弃投票权，并且避免对任何其他国家如何投票施加任何形式的压力或进行任何形式的干预"。凯南的观点尤其遭到了杜勒斯的斥责，杜勒斯担心这种立场只会搅乱美国公众的视线，并削弱对总统防御计划的支持。对此，凯南详细阐述道：

> 我认为腊斯克和其他一些人对中国共产党人的确怀有道德上的义愤感。毕竟，如今这些人所走的路正是我们这些俄国问题老手在二十年前初次与苏联专制政权打交道时所走的路。我们那时候没有意识到，而且现在也没有意识到，在他们的理想和我们的理想之间存在着根本的道德冲突。但是，我们把在这种冲突中处理好自己的目的当成一件实际事务，就像我们⋯⋯在几个世纪里⋯⋯曾经必须处理的大量外交事务一样。我们学会了不从权力斗争中退缩，就像不会

在遇到怪事或反常情况时的反应一样。权力是我们活动的条件……并且即使我们要把它乔装成别的什么东西,也不会因此改善我们的业绩。①

平心而论,美国可能相信自己就是正确的。但是在国际政治中,美国不过只是那些追求实现国家安全、捍卫国家利益的众多民族国家中的一员。这种种动机和野心,包括美国的敌国的那些动机和野心,不可能在某种假定的共同法律或哲学体系的背后被抹煞掉。这场有关中国的辩论中,分歧如此之深,以至于在讨论结束后,还有报道称,杜勒斯在答记者问时说,虽然他一度对乔治·凯南评价甚高,但他现在认为凯南是一位非常危险的人物,因为凯南主张接纳共产主义中国加入联合国,并且主张美国在朝鲜的军事行动止于三八线。

如果要从这场辩论中吸取一些教训的话,那么应该注意以下三个突出的问题:如果凯南的观点占了上风,美国对亚洲的外交政策史会因此而别具面貌吗?可否一定认为,在就特定的外交政策进行的辩论中,那些所持论点蕴含微妙思想并语带双关的智者几乎总是沦为二流地位?凯南通过直接而适当的方式对外交政策施加影响,只有以下两项政策建议获得了成功——他的遏制学说,于1946年2月22日通过发自莫斯科的八千字电报首次提出;"X先生"文章,以《苏联行为的根源》为题发表在有影响的期刊《外交》(1947年7月)上,这是不是意味深长呢?《纽约时报》记者阿瑟·克罗克(Arthur Krock)通过比较两者的论点,确定那篇期刊文章就出自长电报作者之手。凯南本人注意到这两份文件存在三大缺陷:没有论及东欧附属地带及其对苏联势力可能衰落的影响;没有阐明,说遏制苏联势力并不是指通过军事手段实施军事威胁的遏制,而是指施加政治威胁的政治遏制,其含义是什么;也没有阐明这种遏制并不一定是指到处施加的遏制,正如杜鲁门主义所表达的一样,只不过是施加于对美国安

---

① Kennan, *Memoirs*, pp. 493, 494.

全至关重要的地理区域上。"X 先生"文章中引起最激烈争论的地方是,它认为"在任何一个地方,只要俄国人表示出侵犯和平世界利益的迹象"①,就有必要对他们进行坚定不移的反击。

接下来是沃尔特·李普曼对凯南的批判,他写了 12 篇系列文章,结集在《冷战》一书中。李普曼力陈,应当集中力量于欧洲至关重要的国家,并以对等的方式从欧洲撤出苏美英武装力量,而且他警告,绝对不要企图把一个被肢解下来的西德变成反苏联盟的一员。李普曼的每项建议都赫然出现在凯南后来所有的著作中以及他迟到的解释努力中。然而,事已至此,不可改变了。1946 年初,就在凯南发出长电报之后不久,海军部长詹姆斯·福里斯特尔(James Forrestal)帮忙将凯南调回华盛顿到国防大学,并对国务卿乔治·马歇尔(George C. Marshall)施加影响,使他任命凯南主持政策设计司。凯南对杜鲁门主义所承诺的美国责任过于宽泛、把遏制概念加以普遍化持有异议,这一点并不太重要。凯南写道:"我已经深深感受到,美国人生来讨厌就具体问题做具体决定,他们固执地主张探求普遍适用的方案或原则,以之套用于特定的行动并加以辩护。"若是早六个月或者晚六个月,凯南的两份陈情文件就可能不那么有效了。用凯南的话来说就是:"这一切仅仅表明,外部事实一旦进入华盛顿的决策视野中,其显而易见的本性倒不如华盛顿官场的主观意愿更重要了,他们爱承认事实的哪个特点就承认哪个特点。"②凯南在其本人关于遏制的论著中所表达的对事实的偏爱,使他对战后美国外交政策发挥了最为突出的影响。但此后,他感觉他逐步地受到了冷落。

他关于美苏关系和美国外交政策要件的思想在后来他与国务卿亨利·基辛格的思想交锋中基本上得到表达。他们交锋的主题是遏制克里姆林宫。国务卿基辛格在 1976 年 2 月 3 日的一次演说中讲

---

① George F. Kennan, "The Sources of Soviet Conduct", *Foreign Affairs*, XXV (July, 1947), p. 581.
② Kennan, *Memoirs*, pp. 295, 322.

道:"有史以来第一次,苏联有能力威胁到超越欧亚大陆板块以外的遥远地方——包括美国。"随着核技术的发展和国际体系的非殖民化,苏联"第一次开始在全球范围内界定其利益和目标,强行推进到中东、非洲和亚洲"。(令人吃惊的是,像基辛格这样出色的历史学家竟会忽略伊朗与摩萨台、想不起朝鲜与越南、忘掉纳赛尔的埃及与古巴导弹危机。)然而,基辛格寻章摘句地表述苏联的直接行动,他断言:"安哥拉事件代表着苏联人已经首次在远离本土的地方调动兵力以强行建立一个他们选择的政权。这是美国第一次对苏联在其最近的势力圈以外采取的军事行动无动于衷。而且美国国会也是第一次在危机中阻止国家采取行动。"按照基辛格的说法,这样做的结果是严重的。由于不采取行动,美国开了一个不祥的先例,并且在将来不得不做出更困难的抉择,代价将更高。他说:"声称安哥拉是一个不重要的国家,或者说美国在那里没有重要利益,是在回避主要的问题。如果美国看着苏联与古巴对安哥拉进行大规模干涉而坐视不理,那么今后世界各国领导人在针对他们的安全进行决策时会有什么想法呢?当下一次插手的机会到来时,一个未遇到对手的超级大国会得出什么结论呢?"①

　　凯南先生的回答从容不迫、礼貌谦和,并且有所共鸣,措辞谨守原则,对人格上的优缺点不著一词。他赞扬基辛格发表了一篇"富有思想性和政治家才干的演说",他承认在目前对苏联的扩张主义采取"遏制"跟1947年开始使用这个词时相比已有所不同,并且他接受基辛格所说的"比起30年前,苏联有着大得多的能力在远离其本土的地区去展示这种力量"。但是,他提醒基辛格,美国的官方军事判断倾向于夸大对手的能力。凯南慢条斯理地举出一些条件、细节和保留,这些都可用来补充基辛格所说的话。"首先,重要的是要承认,从此立场来看并不是所有的地方都具有同等重要性。"朝鲜与古巴有高

---

① Henry Kissinger and George F. Kennan, "Containment of the Kremlin", *Washington Post*, February 16, 1976, p. A15.

乔治·凯南(1904—)：挑战法制至上和道德至上主义

度的战略重要性，不仅影响着美国的利益，而且影响着其他大国的利益。远方的国家可能会有其地方性战略利益，这并不影响世界的均势。其次，观察家们必须评估一下一个大国着手在远离其边界的地区确立影响时的得与失。除非完全占领其领土并压制当地政府，否则把该国领土上的资源变成某个外部大国独占利益的企图就容易带来许多纠纷。照这些标准来看，古巴已经成了苏联财政上的沉重包袱，而苏联在埃及则几乎算不上是什么极大的成功："美国没有理由觉得自己有义务去保护任何国家，这种假设的责任将会成为它难以承受的负担。"再次，必须考虑有什么样的盟国和势力美国可以与之合作共事。在内争的场合，美国的介入要限制在援助一个特定的集团或派别上："那个派别作为一个军事或政治要素，其属性的限制……就是我们行动有效性的限制。如果存在任意某个要素，对它的忽略已经最大限度地破坏了我们以前所做的此类努力（看一看蒋介石统治时的中国以及越南吧），那么它就是这样一个要素。不是每个集团或派别都可使之成功，哪怕外界提供了最大努力的援助。"最后，存在着这样的情况，即美国要试图达到什么目的必须得到世界舆论或者起码是地区舆论的支持。如果美国把自己置于跟对手相似的地步，那就有失去这种支持的危险："人民对炫耀实力当然敏感，但对其他事情也敏感。"①

凯南的研究方法的根本原则并不体现在政策辩论中（他承认自己无论从气质还是才干方面都不擅长政策辩论），而是体现在他大量的宝贵著作中。《美国外交：1900—1950》（1951）一书乃是他离开国务院的头一年在芝加哥大学担任查尔斯·沃格林讲座教授时发表的演讲。在该书中，他提出了一个根本性的问题：20世纪前半期美国外交政策失误的原因是什么？他发现答案在于，美国对外部世界变幻莫测、令人苦恼的问题采取的是法制至上和道德至上主义的应对思

---

① Kissinger and Kennan, "Containment of the Kremlin", p. A15.

路。作为一个大体上对现存国际体系及其制度法则感到满意的国家,美国想不到别的国家会试图通过武力去颠覆现存的秩序。美国不仅用法制至上主义的术语为其安守现状作掩饰,而且还辅以道德至上的说教,更增加了麻烦。美国不接受国家利益冲突难以应付的现实,也不去寻找最小程度扰乱国际生活的解决办法,而指望以正式的法律准则去解决争端。然而,在半无政府状态下的国际社会中,法律过于抽象和僵硬,不如外交手段更适于调解相互冲突的利益。法律对于保护东欧的卫星国或抑制内战的蔓延来说没有多少价值。美国过高估计了国际制裁的可能性以及国家联合采取军事行动的希望。那么,为什么法律曾经在美国外交政策中占上风呢?首先是因为,美国人在本国范围内确立法治的成功实践使他们相信同样可以在国际社会做到这一点。其次,法学家已经成为制定外交政策的最主要群体,一方面因为他们倾向于将精确性和必然性引入某个不确定的领域,另一方面也因为他们进出政府更加自由。

对凯南来说,比法制至上主义更严重者,还是道德至上主义——把绝对的对与错的概念运用到国家事务中去。那些主张万国一法的人对违法者总是义愤填膺,并且感到自己在道德上要优越于他。举凡由这种愤愤不平者掌管军事政策的国家,它们守法而讲道德,总是会要求无条件投降,并设法压制违法者使之完全屈服。令人啼笑皆非的是,一场在高尚的道德原则名义下进行的战争却往往加剧暴力冲突,而且比起一场基于国家利益的战争来,对政治稳定更具破坏性。总体战与无条件投降就是法制至上和道德至上主义思路的代价。历史上,战争的目标有限,从而也就限制了战争的行为。一旦战争的目标成了道德和意识形态的,并企图去改变某国全体国民的态度和传统,或者改变某个政权的性质,那么单靠军事行动就无法取胜了。法律对于国家而言可能是"一位和事佬",但是国家领导人们最好还是承认,国家利益或许才是他们最能够了解和弄懂的东西。如果本国的目的体面正派,不对他国人民怀抱傲慢或敌意,或者没有任

乔治·凯南(1904—):挑战法制至上和道德至上主义

何优越于人的错觉,这比主张普遍公法或绝对道德原则要更有利于一个更加美好、更加和平的世界。

《美国对外政策的现实》(1954)一书收入了凯南在普林斯顿大学做斯塔福德·利特尔讲座时的演讲稿。他论证道:对外政策是手段而不是目的。最为重要的事是发生于美国领土之内的事。美国社会的目的和目标是什么呢?首先,是指这样的一个政府,它保障个人行使一定的权利——生存、自由和追求幸福的权利——以及,如果追溯到他那些拓荒农场主祖先的哲学的话,还包括保有和处置个人财产的权利。个人能够理性地追求他自己的私利,政府的作用主要是,当然也并非仅仅是,像一个"乐善好施的守夜人"。(后来,凯南警告说,国家也有防止社会环境败坏的责任。)政府的目的在于帮助实现有组织的社会的目标。因此可知,对外政策的两个基本目的就是保卫国家不受军事和政治入侵与保卫美国人在海外从事私人事业。这两个目的只是从美国社会的原初目的而来的。在早期美国历史上,它们所促成的对外政策概念是有限的、适度的和克制的。这些目的尚不足以构成美国到国际上行善、处处趾高气扬或者自视道德高人一等的基础。它们没有把美国缔造为世界的救星,也没有把美国变成一个其社会改革方案全球通用的国度。然而,这些原初的目的渐渐为美国梦所代替,并且看起来带有对外部世界无知又无辜的不幸样子。

在 20 世纪初与 20 世纪 30 年代之间,美国忙于在世界上到处调停和调解争端,并且设计过 97 项国际协议,尽管其中只有两项曾被它援引过。同时,希特勒上台基本上没被注意到,美国人还参加了无数个回合的裁军谈判以及宣布侵略为非法的国际计划。二战期间,美国又一次设计了一个世界组织,却没有注意到苏联正在崛起为欧洲势力均衡的一个新威胁。随着冷战的爆发,美国人突然间——第一次,或者好像是第一次——注意到战后世界可怕的现实,注意到其热心而面带微笑的伙伴不见了,取而代之的是美国面对的另一个庞大而不可理喻的怪物,这个怪物比其他任何怪物都更危险,并且还控制着这个世界上一半的资源。这就是美国对外政策的一个现实——一个充斥着赤裸裸的权力并与共产主义制度处于对抗之中的世界。另一个现实令美国较为自在些,那就是非共产主义世界,在那里人们说的是我们熟悉的语言。在那个世界里,美国梦尚有生存之地。凯南问道:在这样的世界上,美国怎么能找到一个统一原则把这样两个现实连结到一起,从而结束混乱和分裂呢?

"如果就对外政策的方法论有什么重大教训需要我们美国人吸取的话,"凯南写道,"那就是,在我们的外交思路方面我们必须做花匠,而不要做机械师。我们必须把国际生活的发展看做是有机的而非机械的过程。"①世界上所有的作用力量并不都是美国人所创造的。美国人必须学会认识这些力量所代表的是什么,并使之与我们成功地合作、为我所用。美国人必须学会忍耐,他们不该指望世界问题可以用强制的、不明智的措施加以解决。有人以为美国人只能用直接与之对抗的方式来影响俄国人。凯南则坚决认为反过来才是真正的办法。俄国人所关注的和受到影响的是美国人在其国内的所作所为,而不是其所说所言。

在《俄国、原子武器与西方》(1957)一书中,凯南论述了核时代的苏联。他提醒他的英国听众(这本书正是基于他在英国发表的芮斯讲座)和美国听众,军事实力和原子武器的威力旨在为西方社会形成新的方向感和目的意识提供一个盾牌。英美的防御也可以为这些西方国家赢得时间,以待它们强大的极权主义对手内部发生变革。伦敦《泰晤士报》的社论说:"单是一个人自己,凭着智慧与情操,就制造了一场政治变革,一场冰川下的暗流。"②他曾经呼吁实现更大范围的英美人与欧洲人的团结,并且呼吁从欧洲心脏地区实施对等撤军。

---

① George F. Kennan, *Realities of American Foreign Policy* (Princeton, N. J.: Princeton University Press, 1954), p. 93.

② Editorial, London *Sunday Times*, February 16, 1958, p. 7.

德国问题在任何欧洲问题解决方案中都处于核心地位,因而凯南主张对待德国的未来要灵活、要开明。凯南在国务院的同事们相比之下就不那么仁慈,他们声言,任何撤回西方军队的企图都会置欧洲于无力防御苏联势力向前推进的境地。他的建言激怒了西德领导人,也令他最主要的论敌、国务卿迪安·艾奇逊火冒三丈,以至于詹姆斯·赖斯顿写道:"除了月色下的林肯纪念堂以外,迪安·艾奇逊先生大发雷霆的情景无疑成了首都最引人注目的风景。"①然而如今,西德人已经目睹了"[新]东方政策",美国人也已经签署了《赫尔辛基协定》,承认了东西方的合法势力范围。凯南的欧洲思想显然比其批判者更具预言能力,他的判断也更加可靠。

凯南关于俄国的著作代表着当时的一笔巨大投资,尤适于苏联问题专家之用。凯南的《俄国退出大战》(1956)之第一卷《美苏关系:1917—1920》以及其后的第二卷《决定干涉》(1958)曾获得班克罗夫特奖和普利策奖以及国家图书奖。他继续研究 19 世纪晚期的外交史,对当代的重大问题很少发言。在 20 世纪 60 年代后期,他在《民主与学生左派》(1968)中与激进的左派学生进行了辩论,指责他们缺乏建设性的目标。后来,他出版了他的两卷本《回忆录》,第一卷出版于 1967 年,第二卷出版于 1972 年,这两本书一夜之间就成了广为引用的有关冷战辩论的资料来源。

在《危险的阴云:美国对外政策的当前现实》(1977)中,凯南向即将上台的卡特政府提交了他的对外政策建言。这本著作最主要的关注点是美苏关系。凯南毫不含糊地倡言,要下更大决心努力冲破军事对峙的束缚,寻求任何裁军的可能性,并驱散笼罩在人类头上的危险阴云。他论述了美国在世界主要地区的对外政策问题和当前紧迫的问题,如限制战略武器谈判、人权和缓和等问题。凯南试图从研究美国对外政策的种种思路中提炼出一种条理清晰、连贯一致的恢宏

---

① James Reston,"New Proposals for Old Disposals: Review of George F. Kennan's *Russia, the Atom and the West*", *New York Times Book Review* (March 2, 1958), p. 26.

设计来。如果说他有什么成功之处,那就是他有助于为未来的决策者们提供一套指导方针。即使他没能做到这一点,他也已经为这个专家时代提出了其所明显缺乏的普遍性思想与原则。

凯南始终全神贯注于方方面面的舆论对外交政策的影响。俾斯麦曾经赞成限制立法机关辩论外交政策,并禁止议会讨论任何军事预算。他推算这种办法可以削减10%到20%的军事预算。在凯南看来,荒谬的是,总统德怀特·艾森豪威尔也一样认为,审慎外交政策的敌人是军工复合体。不过,凯南坦承,在美国政治体系之内,他看不到解决这个问题的办法。没有盟友,美国就无力应付其外部关系,但是,这种关系却由于在军事政治狂热操纵下的国会和公众辩论而变得极其复杂。

尽管凯南对道德至上主义提出了严苛的批评,但他仍不失为一个道德深厚的人。他最要好的朋友把他看做是一个待人热情、为人忠诚的人,远比舆论所观察到的要更伟大。他虽然寡言少语、举止矜持,但对那些他信赖和尊敬的人总是言而有信。总之,没人会怀疑他是一位智慧与创造力极高的人。他对外交政策的把握在美国思想界和实践领域如果不是绝无仅有,也是很少有人能与之匹敌的。

乔治·凯南的著作:

1951

American Diplomacy, 1900-1950. Chicago: University ofChicago Press.

1954

Realities of American Foreign Policy. Princeton, N. J.: Princeton University Press.

Das Amerikanisch Russische Verhaltnis. Stuttgart: Deutsche-Verlags-Anstalt.

1956

Russia Leaves the War. Princeton, N. J.: Princeton University Press. Vol. I of *Soviet-American Relations, 1917-1920.*

1958

Decision to Intervene. Princeton, N. J.: Princeton University Press. Vol. II of *Soviet-American Relations, 1917-1920.*

Russia, the Atom and the West. New York: Harper & Row.

1961

Russia and the West under Lenin and Stalin. Boston: Little, Brown.

1964

On Dealing with the Communist World. New York: Harper & Row, for the Council on Foreign Relations.

1967

Memoirs, 1925-1950. Vol. I. Boston: Little, Brown.

1968

From Prague After Munich. Princeton, N. J.: Princeton University Press.

Democracy and the Student Left. Boston: Little, Brown.

1971

The Marquis de Custine and His Russia in 1839. Princeton, N. J.: Princeton University Press.

1972

Memoirs, 1950-1963. Vol. II. Boston: Little, Brown.

1977

The Cloud of Danger: Current Realities of American Foreign Policy. Boston: Little, Brown.

路易斯·哈利(1910—)*

从历史看危机

路易斯·哈利(Louis J. Halle, Jr.)1910年11月17日出生于纽约市的一个富裕家庭。他于1932年在哈佛大学获得学士学位,专业是历史学、政府学和经济学。他曾在中美洲的一家铁路公司工作,这是他对南美的早期兴趣,在他以后的公职生涯中一直保持着。他曾受雇为一家图书出版公司做编辑,又到哈佛研究生院学习了一年的人类学,并且短暂地服过兵役。1941年底,他进入国务院并一直工作到1954年,其间还有一段时间在海岸警卫队工作过。

哈利在国务院的工作可以分成两项主要的活动。在1951年夏天以前,他主要关心的是拉美事务,特别是技术合作与整个拉美的长期发展政策。1951年8月,他被派到国防大学,在那里他引起了乔治·凯南和约瑟夫·约翰逊(Joseph E. Johnson)的注意,约翰逊后来是卡耐基国际和平基金会的主席。于是他进入国务院政策设计司任职,在乔治·凯南和保罗·尼采的麾下工作,并与国务卿迪安·艾奇逊密

---

* 原书写作和出版时该学者尚在世,已于1998年去世。——译者

路易斯·哈利(1910—)：从历史看危机

切共事。他的职责范围广及美国外交政策的所有领域,主要任务包括美国外交政策的概念化发展与规划。他在工作中展示了他的多面手素质,他广博的文化修养和丰富的政治经验为其工作准备了近乎完美的条件。

1954年8月,在约翰·福斯特·杜勒斯担任国务卿之后,哈利离开了国务院,去弗吉尼亚大学伍德罗·威尔逊外交系担任研究教授。在那里,他度过了一段沉思与研究的时期,这使他有机会投身于一段杰出而多产的学术事业,结果发表了大约十部关于外交政策和国际关系的著作。在弗吉尼亚大学,他所开设的研讨班融历史想象与现实主义外交政策分析于一体,从而使他成为西方世界最有见地的政策分析家之一。依着他的脾气和作风,他宁愿选择做一位特立独行的学者,也绝对不去迎合当时刚刚兴起的行为主义研究之风。

1954年,他在雅克·弗雷蒙(Jacques Freymond)的邀请下离开美国到瑞士日内瓦的国际研究所担任美国外交政策教授,在那里他一直工作到退休。1977年,他加入瑞士国籍,之后很长时间里他决定就在日内瓦从事学术研究,并从欧洲的立场出发观察美国外交政策。他虽定期在美国和欧洲的一些研究中心做讲座,但屡次拒绝重返美国。哈利的大部分著作就是在日内瓦完成的。有一段时间,他曾转而关注起战略性外交政策的主要问题来,这种战略性外交政策吸取的是西方历史上各个历史时期以及当前时期的经验。他的学术讲座为人们提供的是探索和尝试新思想的工具。有本新书几乎全部收录了他在日内瓦的著名学术讲座。

你要是了解哈利的早期创作的话,对他那16部著作的出版就一点儿也不感到吃惊了。他起先是一位博物学家,出版了几部装帧考究、精巧玲珑的书,如《禽鸟袭人》(1938)、《废墟成河》(1941)和《华盛顿之春》(1947),至今仍是短小精悍的经典名作。他对禽鸟生活与自然的生动描绘不仅反映了他的写作能力,也反映了他对周围世界的兴趣。如果他不这么投入的话,他本可以在他那位于上韦斯特切斯特县的舒适家庭中安度时日。他最初的政治著述可能太慎重、太散漫,且哲学味太浓,因而无法使他成为公开争论的中心,在这个中心被争来争去的是凯南、摩根索和尼布尔的那些更直言不讳并且经常挑起争端的作品。不过,你要是喜欢历史诠释的话,那么关于战后时期的书中没有比他的《冷战史》(1967)更有影响的了。你要是了解了哈利的这些早期作品,并且对他广泛的文化兴趣和压抑不住的学术好奇心也有所了解的话,那么你对他后来因为关注那潜伏于我们时代之中的混乱状况而转向普世性秩序的憧憬,就不会感到奇怪了。

在写作关于自然史的著作与写出关于世界史的不朽之作《走出混沌》之间,哈利撰写了一系列富有挑战性的篇章,分别阐发了外交政策的不同侧面,包括其理论基础、文化与历史背景。其中,《文明与外交政策》(1952)这本曾被迪安·艾奇逊誉为"一本启迪人心的书",为人们思考外交政策提供了一种思路和方法。在这项早期研究中,哈利探索的是外交政策的总原则,以回答"为什么需要外交政策?"这个问题。他也讨论了权力的要素、权力的控制、武力或同意,以及领导权或统治权。在序文中,国务卿艾奇逊评论道:"我们美国人在研究和写作国际关系时向来倾向于规避理论,对历史素材——当然是本世纪的历史素材——不进行合乎逻辑的哲学分析,而偏爱描述性的说明,热衷于国际组织的问题。"哈利在《文明与外交政策》一书中的目标,就是要建立这样一个理论。正如艾奇逊所说:"哈利先生相信,新一代可能正在成长起来,他们在其丰富而务实的经验中已经发现,我们的理论无济于事,他们正在用他们的非凡才能和经验去弥补这一不足。"这一代人,哈利与艾奇逊所共同赞美的一代人,包括像乔治·凯南、保罗·尼采以及马歇尔(C. B. Marshall)这样的人在内。同哈利一样,他们是"既定政策的评论家和批评家、现有问题的重新评估者和新问题的预言家、新的综合法和迎接未来的努力新方向的倡导者"①。为此,他们需要在哲学思想与科学思想相交叉的领域中

---

① Louis J. Halle, Jr., *Civilization and Foreign Policy* (New York: Harper & Brothers, 1952), pp. xvi, xix.

路易斯·哈利(1910—)：从历史看危机

找到一种有用的理论。要使之中肯合用，理论家就必须——用艾奇逊的话来说就是——"上天入地"。这两种因素的某些含义在哈利的书中都有涉及。该书有助于读者踏实而全面地领略世界景象，这也是哈利全部著作的基本目标。

这本书的重要意义在于它对责任与思想的区分。一方面，用艾奇逊的话来说就是："美国对外关系行为的大政方针属于并且必须属于美国总统。决策的权力在他，责任也在他。"无论总统听取意见的范围如何广泛，国务卿都必须做他的主要顾问。因此，"国务卿……应当参与总统的全部思想，在行动前他应当有最后提出意见的畅通无阻的机会"。为提出此种意见，国务卿需要帮助。"就事实、可能性、政策和行动做出判断需要制度性的努力，为此，国务卿掌握着世界上最有效的一个决策工具——国务院。"单独某个人或单独某个群体都无法为如此关系重重、如此错综复杂的决断提供根据。"悬而待决的事情肯定有很多很多。"[①]每天事务缠身，就难以有长远眼光。采取行动的理由虽已不存在，行动的路线却不更改。急务遮蔽瞭望眼。因此，另一方面，得有个人或有些人对国务卿负责，令国务院集中精力在焦点问题上。这正是哈利及其同事们所分担的任务。除此之外，《文明与外交政策》还是一本有关政策设计与长远眼光的书，一本有关西方文明与其敌人之间的冲突对人类文明构成的挑战的书。

《文明与外交政策》这本书在内容上和风格上都与哈利之前和之后的著作有所不同。《论处世》(1950)是一封他写给儿子约翰的信，分几个部分表达了他的人生哲学。《生存抉择》(1958)开篇是对政治抉择问题的历史性发问，接下来探讨的是原子革命对当代抉择的影响。这场原子革命已经"增加了避免无限战争的可能性……[但是也]加重了一旦避免不了这种战争时所受的惩罚"。《梦想与现实》(1958)集中关注的是外交政策的人性。其主题是，政府也是人，其想

---

① Louis J. Halle, Jr., *Civilization and Foreign Policy* (New York: Harper & Brothers, 1952), pp. xvii, xviii.

法并不完美,并且有可能犯错误,他们为恐惧所困扰,而且心中反复不断地交织着希望与失望、梦想与现实。尽管哈利关心其他国家的历史,但是他最直接论述的还是美国,这个国家从1898年起就身陷权力政治的世界之中,花费半个世纪之久企图弥合其孤立主义政策与其在海外的帝国责任之间的分歧。美国人思想与行动的方向就如莎士比亚的悲剧那样,一步一步地通向了珍珠港。随着美国战后政策的形成,哈利相信,美国人正在开始调整自己的梦想以适应现实。他的调子听起来是乐观的,这种乐观的调子到了20世纪60年代和70年代就不再有了:"五十年的挣扎过去了,我们终于看到我们的国家精明处世,其老道自国父时代以来是前所未有的。"①

哈利接下来的三部著作深化了他对政治与国际关系哲学根本问题的研究。在《人与国家》(1960)中,他考察了人类共同思想的哲学基础。在《人的社会》(1965)中,哈利转而探讨政治学的理论与实践问题,即人类是如何努力调和有序的、概念性的思想世界与无序的、实在性的现实世界的。当这两个世界的生活显然存在着巨大差别时,其结果是悲惨的。尽管如此,通过进化走向世界范围的社会组织,通过在思想与行动二重世界中的交互作用,人类还是有可能向前推进,走向一个新的世界社会的。

在《冷战史》(1967)中,哈利以修昔底德——一位伯罗奔尼撒战争的参加者和旁观者——的精神,着力去刻画最近时期的历史,好像它是过去了的百年旧事一样。从其对当今看待危机的态度的可能影响上看,这本书也许算是哈利所有著作中最具持久影响力的一部了。在书中,他回顾并评论了这场冲突的源起、根本动力和趋势、重大事件以及主要的参与者,其观点明显不同于那些把冷战视为美国的"哈米吉多顿"②的人,也俨然有别于那些断言没有危险的人。他追溯苏

---

① Louis J. Halle, Jr., *Choice for Survival* (New York: Harper & Brothers, 1958), p. 142; Louis J. Halle, Jr., *Dream and Reality* (New York: Harper & Brothers, 1958), p. 301.

② "哈米吉多顿"(Armageddon),《圣经》中指世界末日的善恶大决战。——译者

路易斯·哈利(1910—):从历史看危机

联政策的根源一直到历史上俄罗斯的态度与目标,并指出,美国的行为是一种与俄国的历史经验正好相反的历史经验的发展结果。(历来就没有敌人侵袭过美国的国境;美国人曾经抵制过集权与压迫,而不曾出于恐惧和习俗被迫同意立国。)哈利巧妙地勾勒了俄国东西两面的权力真空,俄国在其整个历史上都曾经企图扩张到这些真空地带。他分析了俄国在东欧的战后意图,分析了波兰的悲剧,分析了罗马尼亚、匈牙利、保加利亚和捷克斯洛伐克的陷落,同时也分析了美国通过杜鲁门主义、马歇尔计划和北约所做出的反应。他把冷战史写到了尼基塔·赫鲁晓夫时代,写到了和平相处、古巴事件以及越南战争的开始,并且把冷战形容为一出人间戏剧,戏中强国与弱国的领导人都争着要充当他们周围历史力量的主宰。这段历史——正如哈利所展示的那样——并不是一段扬善除恶的历史,而是一段可笑的、悲惨的和显然难以避免的冲突历史。冲突双方陷于绝对的困局或者说进退两难的困境之中,观察者只能对双方均抱同情态度。

路易斯·哈利的《走出混沌》(1977)是一部史诗般的作品,他写作此书有着与阿诺德·汤因比、奥斯瓦尔德·施本格勒和雅各布·伯克哈特(Jacob Burckhardt)相同的写作动机和写作热诚。在他们的多种研究方法背后,有着同样的忧虑与沉思:分科的与专门化的知识可能正在掩盖我们对生命意义的追索。历史学家主要致力于报告与描述过去发生的事件;历史哲学家则探讨历史事件何以如此就发生了,并试图揣摩出历史的模式来。从修昔底德到哈利,这些历史哲学家的目标无非就是要树立某些恰当有用的历史原则,确立一个有机的主题以便绕它建立各项研究。汤因比的主题是,他相信世界上的各种文明"如经我们正确分析,可能都会展现出相同的剧情来"。这种剧情在他看来可以用三"幕"表演来加以概括,即所谓:生长与发展;危机、衰落与复兴;最后是解体。受人尊敬的英国历史学家费希尔虽然本人不相信政治预言,却这样论汤因比:他"全然不受事实的局限。他富于想象,提出了大量具有历史意义的观念和大量具有启发意义的比较方法。……我们认为他的作品并不缺乏实用的价值……[因为他]始终保持着毫无偏私的态度"。另一位科学史家雅各布·伯克哈特与汤因比一样也把事实与精神置于其历史著作的中心:"历史学的任务总起来说就是展示历史的双重面目——既有差别又有同一性,都源自于事实。首先说精神,无论从哪个角度考虑它都具有一定的历史外貌,在这种历史外貌下面,精神变化无常……构成一个巨大统一体的一部分,使我们无力去捕捉它。其次,每个历史事件又有其精神的方面,正是精神才使之长存不朽。"历史上的人既是创造物又是造物主,受制于他只能部分加以控制的力量,但却能够按照自己的目的去塑造这些力量,而其他任何生物都做不到这一点。这一事实也促使施本格勒提出其主要见解:"人类已经成为其生存手段的创造者——这是他的伟大,也是他的劫数。至于这种创造性的内在力量,我们称之为文化。"①

《走出混沌》一书无论是缘起、意图还是结构,都与汤因比、伯克哈特和施本格勒的历史著作大不相同。1922年汤因比33岁时就开始拟写其不朽之作《历史研究》的纲要。而当哈利开始写作这部鸿篇巨制时已经将近两倍于那个年纪了,并且已经写出了有关外交政策、政治学、哲学和自然史学的各类著作达16部之多。汤因比及其前辈们受到历史学家的专业限制,并且局限于较为传统的历史主题;而哈利则以惊人的胆识着手去纵览全部基本知识。为此,他研习过物理学和生物学的论文,并且不辞辛苦地与一流教科书的作者们建立联系。通过自修,哈利追求成为一个在人文和科学领域均有建树的多才多艺者;以笔者的标准看,他已经光荣地实现了他的目标。这本650页著作的头两部分出色地展示了他在人文科学方面的渊博学识

---

① Arnold J. Toynbee, *The Tragedy of Greece* (London: Oxford University Press, 1931), p. 6; Royal Institute of International Affairs, *Survey of International Affairs*, *1924* (Oxford: Oxford University Press, 1926), pp. vi; Jacob Burckhart, *Force and Freedom* (New York: Pantheon Books, 1943), p. 83; Oswald Spengler, *Man and Technics* (NewYork: Alfred A. Knopf, 1932), pp. 30-31.

路易斯·哈利(1910—)：从历史看危机

和过人才智,其论广及物质世界的复杂性和地球上生命的起源与发展。能像一个跨学科研究团体的成员那样对多个学科达到如此精通,已经是够显著的成就了。然而,哈利不仅把大量专门知识集于一身,还能够以明晰透彻的笔触运用这些知识进行写作,这使笔者想起詹姆斯·赖斯顿(James Reston)在评论哈利最要好的一位朋友——乔治·凯南的一本早期著作时曾说:"他有某种想法,而且他能够写出来。……他在大学里待得并不太长……因此他的思想没有窒息在经院式术语的云遮雾罩之中。"①

贯穿全书,哈利所探索的人类经验范围很少有人文学家敢于涉足。该书第三编论思维又分为"思维的起源""人类的诞生""大脑的演化""人类文化的肇端""盗火的普罗米修斯""想象力""语言"等章。第四、五、六编和最后题为"结论"的末编都是典型的历史哲学作品,但又都具有至少一个明显与众不同的特点。该书头三编的主题大多取自于物理学和生物学,对它们的概括与运用贯穿在对文化史与政治史的讨论中。哈利在作品中采用科学知识并不是为了哗众取宠,而是为了吸取科学对人类理解力所做的贡献来支持和丰富他的作品。但是,真正引起哈利注意的是作为创造性理论的科学,是数学与合成学,而不是极其狭隘的研究型的科学。他说:"一个研究型的科学家会拆开一块手表以对其部件进行计量和分类;而一个理论型的科学家在看到散乱的各种部件时,则会发挥其想象力把它们放置在一起使其成为一个整体。"②

哈利的主要论点是,人类在过去六千多年的文明史中已经通过运用思维与精神、通过确立规范性的秩序而从混沌走向了有序。每一个文明都是与思维的某种规范性秩序相关的某种灵感的产物,无论这种规范性秩序的形式是宗教还是意识形态。正如任何有机体一

---

① James Reston, "New Proposals for Old Disposals: Review of George F. Kennan's *Russia, the Atom and the West*", *New York Times Book Review* (March 2, 1958), p. 1.
② Louis J. Halle, Jr., *Out of Chaos* (Boston: Houghton Mifflin, 1977), p. 583.

样，文明有其生命史，其生命也是从幼年到青年再到老年以至于灭亡。哈利的意思是，当前的文明利用科学技术的影响已经伸展到了地球的各个角落，它正在进入迟暮之年。西方文明诞生时正逢欧洲中世纪黑暗年代结束时的大约公元1000年之际。西方文明的视野建立在其追求无限的渴望（如哥特式大教堂）、复杂的力量平衡（对比一下其教堂的拱门与希腊式圆柱和门楣就知道）以及极端性和张力之上。在整个文明史中，一旦其规范性的视野为纯粹军事性的力量所削弱和取代，文明也就崩溃了。暴政与独裁抑或警察统治就成了应付日益加剧的社会无序的最后手段，这种社会无序表现在军事帝国的过度扩张与逐渐瓦解过程中。

处于历史的这种关头，哈利就未卜的前途提出了两点预测：它将不是任何人所预期的样子，它可能会引起所有文化寄托的失落以及人类心理安全的破坏。到目前为止，西方人已有能力按照建立在传统之上的一套规范秩序来指导生活、调整行为和做出决策了，这套规范秩序的权威来源于习惯和道德公论，它还为人们分辨善与恶或对与错提供了现成的价值体系。当约束着传统与习俗的生活条件突然改变时，人们就会失去寄托，而又没有找到新的价值观，于是就会受到奇风异俗、政治煽动和不健康的大众运动的折磨。由于变迁的速度太快，传统与习俗难以维持，哈利就认为，接下来的两三个世纪将是一个前所未有的混乱和失序的时期，其破坏将更加严重，因为核武器这种最致命的杀伤性力量能够在几天时间内消灭地球上大量的生命，可能使地球变得根本无法居住。

哈利与汤因比一样，追问结果会是什么，人类能否找到出路。汤因比与哈利都相信，西方文明在衰落，但拒绝接受施本格勒的悲观决定论，暂不对西方的前景做出定论，对此哈利更为突出。汤因比寄希望于在不久的将来，有可能在东西方之间达成现实的政治和解，最终实现世界政府。哈利则认为，前者有一定的可能性，但是实现世界政府在目前看来尚不可能。汤因比相信，文明的演化是周期性的，但

"文明围绕着生—死—再生的周期所做的循环演化有可能帮助和促进了宗教运动的不断向上发展"。宗教,尤其是基督教,在汤因比看来是最后的希望所在。哈利在其不朽巨著的最后所用的结语使人难免联想到汤因比,他总结说:"我们对任何事物都没有绝对的把握,唯有一个例外。这个例外就是笛卡尔所说的,……我思故我在。……我的思想围绕神,神即在。我的思想所围绕的神与走出混沌后的有序相关联。……当我们扩大我们在该领域的知识时,我们……就看到了一个有待完全实现的崇高秩序,也就看到了神。"①

路易斯·哈利的著作:

1936

Transcaribbean: A Travel Book of Guatemala, El Salvador, British Honduras. New York & Toronto: Longmans Green.

1938

Birds Against Men. New York: Viking Press.

1941

River of Ruins. New York: Henry Holt.

1947

Spring in Washington. New York: Harper & Brothers.

1950

On Facing the World. New York: William Sloane Associates.

1952

Civilizations and Foreign Policy. New York: Harper & Brothers.

1958

Choice for Survival. New York: Harper & Brothers.

Dream and Reality. New York: Harper & Brothers.

---

① Arnold J. Toynbee, *Civilization on Trial* (New York: Oxford University Press, 1948), p. 236; Halle, *Out of Chaos*, p. 646.

1962

Men and Nations. Princeton, N. J.: Princeton University Press.

1963

Sedge. New York: Praeger.

1965

The Society of Man. London: Chatto & Windus.

1967

The Cold War as History. New York: Harper & Row.

1972

The Ideological Imagination. Chicago: Quadrangle Books.

1973

The Sea and the Ice: A Naturalist in Antarctica. Boston: Houghton Mifflin, for the National Audubon Society.

1977

Out of Chaos. Boston: Houghton Mifflin.

1978

Foreign Policy and the Democratic Process: The Geneva Papers. Edited by Louis J. Halle and Kenneth W. Thompson. Washington, D. C.: University Press of America.

雷蒙·阿隆(1905—)*

冲突与社会学的想象力

雷蒙·阿隆(Raymond Aron)1905年3月14日生于法国巴黎,父母是古斯塔夫·埃米尔·阿隆和苏珊娜·阿隆。他的父亲是一名法学教授。阿隆年轻时就读于巴黎高等师范学校。1928年获得哲学学士学位(以全班第一名的成绩毕业,紧随其后的是让-保罗·萨特[Jean-Paul Sartre]),1938年获得文学博士学位。1930年至1931年他在德国科隆大学担任讲师;1931年至1933年在柏林法国研究所任职;1933年至1934年在法国阿弗尔公立高级中学任哲学教授;1934年至1949年在巴黎高等师范学校社会信息中心任干事;1939年在法国图卢兹大学任社会学教授;1940年至1944年任英国伦敦《自由法国报》编辑;并且在二战期间担任过"自由法国运动"的领导人。在战争期间,他是夏尔·戴高乐将军的战友。而战后,据说阿隆是戴高乐将军坚持阅读其作品的唯一一位政治学家。阿隆在美国也拥有广大的读者群。阿隆以其怀疑论和自由现实主义而著称,人们经常把他与沃尔特·李

---

* 原书写作和出版时该学者尚在世,已于1998年去世。——译者

普曼相提并论。赫伯特·尼古拉斯(Herbert G. Nicholas)称他为"学术会议上不可缺少的人物"和"冷静地将热情与兴趣提炼成秩序与见解的人"。

在法国，阿隆享有双重声誉：作为杰出的政治社会学家，他曾经自1970年起就在法兰西学院担任社会学教授，并且自1955至1968年在巴黎大学（索邦）文学院任教授；作为专栏作家和饱学之士，他1946年曾是《现代时报》的共同创办人和《战斗》报社的成员，而且他自1947年起担任了《费加罗报》的正式专栏作家。他一直避免长期追随某一种政治和宗教信仰，但是，他本质上保守的政治观点却令他加入了和马克思主义思想家的激烈争论（在越南战争期间曾有人焚烧他的画像）。

时势造就了他的哲学观。自从他早期的康德式乐观主义受到他所直接体验到的德国极权主义兴起的修正后，他就再也不相信进步历史了。在他提交博士论文答辩时，参加答辩会的教授们问他对前途不乐观是否有什么个人原因。他回答说：感到大难临头，岂能强颜欢笑？20世纪30年代后期及其后，阿隆认同于社会思潮的现实主义学派。他的目光一度集中在当代问题上，而较少注意过去或者未来。斯坦利·霍夫曼曾经认为，阿隆的学术导师是孟德斯鸠和马克斯·韦伯而不是卡尔·马克思或伊曼努尔·康德，但是，阿隆却说，他阅读和批判马克思长达三十年之久，其后他的兴趣才转向孟德斯鸠和托克维尔。

阿隆的思想属于当代欧洲而非英美的主流政治和社会思潮。这一思想传统一度把他推到了传统观点与科学观点大辩论的中心。19世纪晚期的欧洲社会学家反对奥古斯特·孔德(Auguste Comte)的科学主张，批评将狭隘的科学方法应用到人文科学中。同其他欧洲学者一样，阿隆倾向于认为社会学和历史哲学是几乎可以相互交换的思想领域。在他的博士论文中，他为历史相对主义做过强有力的辩护。他认为，对历史的感受和理解一般经历三个独立的阶段：第一是虚构、神话和传说的阶段；第二是科学史阶段；第三是批判分析阶段，在批判分析阶段并不拒绝使用科学的方法,但其目的是指出历史科学的局限。阿隆的博士论文《历史哲学导论》(1961)就用了这样的副标题:《历史客观性的局限》。

阿隆在其博士论文之后发表的第一部重要著作是《德国社会学》(1964),该书探讨了马克斯·韦伯的社会科学方法以及韦伯为得出普遍适用的事实与因果命题而做的尝试。科学在韦伯看来并不是指永恒真理,而是指对真理的追求。真正的科学有可能获得普遍适用的知识,但是在人文科学领域对此是有争议的。在自然科学中,对客观事物可以分成各个部分加以单独度量,但历史事件却只能通过组合与综合加以理解。无论是韦伯还是阿隆,都不同意孔德及其追随者所提出的任何研究都必须合乎科学的主张。尽管如此,韦伯还是对事实与价值做了一个根本的区分,这在阿隆看来意义深远。韦伯相信,社会现实是支离破碎的、不规律的,但是社会科学家能够运用某种客观的方法去分析这样的现实,从而可以得出普遍适用的结论来。阿隆批判了这种伪称的普遍性,因为他怀疑,观察者最初的主观性不可能完全被排除掉。韦伯认为历史条件就是独立自存的事实。阿隆则质疑这种划分是否可以完全接受。

阿隆的《总体战的世纪》(1954)一书考察了从萨拉热窝事件到广岛原子弹灾难以来的战争变化。在18世纪的有限战争中,士兵不需要知道他们为什么而战。但是到20世纪时,士兵与平民已经变得不分彼此了,为战争动员起来的大众被灌输了一种同仇敌忾的精神。一俟战争结束,群众的激情与世俗的信仰就会摧毁传统上曾经带来社会安定而非暴乱的制度。随着第二次世界大战的爆发,欧洲进入了总体战的世纪;它失去了对其历史的控制,在技术与激情的相互矛盾的怂恿下被拖着向前走。民族战争之后接着的是帝国战争,阿隆担心各国有可能被暴力的连锁反应卷进第三次世界大战。

阿隆询问怎样才能控制这个总体战的世纪所释放的力量。汤因比曾经预言,当社会因暴力而耗竭、当一个大一统的帝国出现并令诸交战国服从其法律时,和平就会到来。只有马克思以改变历史为目的而写下对历史的理解。欧洲在第三世界的影响已经为马克思主义的帝国主义理论的魅力与声望所削弱,根据马克思主义的帝国主义论,西方国家被迫寻求建立殖民帝国的目的在于借以防止其经济社会崩溃。但是,连续对马克思主义进行了三十年批判的阿隆却认为,这种经济诉求对殖民主义无甚影响,尤其是对法国。他说:"资本主义趋于将不发达地区并入自己的体系,这是不可否认的。……[但是]无论是第一次世界大战还是第二次世界大战都并非直接起源于殖民地冲突。"首先是政治利益和外交利益,其次才是经济利益。他说:"现代经济造成各民族之间团结与共。瓜分的思想、淘金的思想已经过时了。在工业与贸易的世纪里,战争对任何人——无论胜者还是败者,都将是一个致命的打击。"①即使是希特勒也总是将政治利益置于经济利益之上。

20 世纪已经向我们展示了各国总体投入其中的战争。战争总是恰恰就像发动战争的社会一样。处于战争状态的国家,其最高的法律可以总结为两个词:组织化和合理化。在战时,行政集权化是不可避免的。掌管国家的人分成两个集团:将军们和实业家们。团体自治、自由判断和意见表达就成了难能可贵的事了。战争总动员接近于极权统治秩序。国家出于"鼓舞士气"的需要而垄断宣传工具和意识形态。第一次世界大战为布尔什维克创造了机会,使他们得以在俄国掌权,这非常类似于 1929 年德国的经济危机在德国导致国社党上台。由于二战之后的战争与和平之间的界线并不分明,冷战也就导致民主国家长期处于动员状态:"让冷战持续若干年吧,所有国家都会转变成堡垒重重的军营的,除非它们宁愿选择不抵抗的必然后

---

① Raymond Aron, *The Century of Total War* (Garden City, N. Y.: Doubleday, 1954), p. 58.

果,也不选择努力奋斗所带来的不确定结果。"①

在这样的情况下,阿隆呼吁"保持信心、不存幻想"。比较美俄两国在个人权利、政治反对派存在的可能性或者生产对大众福利的影响等方面,它们的体制是针锋相对的。从决定西方文明命运的角度看,它们之间的对抗是不可忽视的,哪怕对于中立国也是如此。人们必须回答的问题是:这场斗争在非洲和亚洲是否可以同等看待?发达国家与不发达国家之间的差距将持续存在,不只是几十年,而将是几个世纪。对于不发达国家来说,苦难或饥馑是没有充分利用现有资源的恶果。阿隆认为,在发展中国家,物质上的进步是可能实现的,但他较为怀疑的是,社会或精神上的进步不大会自动地伴随着科学的发展而来。法国工人尽管工作时间短而工薪高,却渐渐地怀疑(知识分子培育了这种怀疑)他们无安全保障可言。"社会妒忌……危害集体的团结,而集体是以物质成就作为最高目标的。"阿隆振奋地发现"正在出现一种猜想,认为[除了经济生产之外]还有其他很重要的制度——法治……凡有创造性或技能就可从事的事业、社会各个不同部分之间的相互信任、在自由研究原则下的科学发展"。科学技术在道德上是中性的。虽然暴力因科学的威力为现代国家利用而加剧,但同样地,医治创伤的技术也因医学进步而进步。野蛮并不是工业革命造成的:"三十年战争之后,德意志人口锐减了一半多。而1939年以来,西欧的人口却增加了百分之十。"罗马帝国贩卖奴隶,古代中华帝国的刑罚则无所不用其极。科学并未教导人们虐待其同类;科学只是给人类提供了虐待同类的更具毁灭性的手段:"人性并不注定迷失在征服自然和自我健忘的过程中。"②

世界上文化太多样化了,由欧洲人传到各个大洲的民族主义也太强烈,以至于不可能建立全球性的帝国。对西方人来说:"选择上

---

① Raymond Aron, *The Century of Total War* (Garden City, N. Y.: Doubleday, 1954), p. 92.

② Ibid., pp. 361, 362, 365.

帝的权利,自由追求真理的权利,以及不受警察、官僚或心理专家摆布的权利,是或应当是他们的绝对价值,正如苏联的胜利对于斯大林主义者是绝对价值一样。"从长远来看,忠于这些传统价值比起狂热盲从的狂人来,可能具有更大的把持力。极权主义实际上回归了"世俗专制、官僚等级制度……并且,认为极权主义政权目前只是战争年代的一段插曲也未得证明。希望在于自由社会取得胜利"①。

这些目标是阿隆为四面楚歌的世界提供的主要希望,而它们根本上又源自他的社会学想象力。他接受韦伯的主张,要在相互矛盾的价值中做出大胆的选择,这些价值虽相互有冲突,但并不是天然就不相容。各国必须在这样一个霍布斯式的世界上生存,对它们来说,韦伯所界定的"责任伦理"就比"赎罪伦理"更有直接针对性。政治决策必须注意到良知的要求和阿隆所谓的"合理选择"。审慎与妥协可以调和这两种伦理方法。科学这个在韦伯看来与政治选择很少有关或根本无关的东西,在阿隆看来可以帮助人们分析选择的条件。自然状态是国际关系的突出特征,任何合乎理性的理论都必须考虑到这一点,正如《和平与战争》(1970)中所探讨的一样。国际场合区别于其他任何场合的地方,是使用军事力量的合法性。在国际关系中,国家需要把正义掌握在自己手上。自然状态就是战争状态,因为国际政治关系是在战争的阴影中发生的。不过,阿隆赞同孟德斯鸠把战争描写为社会的而不是自然的现象。这样一来,政治家的目的就只能是减轻和缓和战争,而不是根除战争。在和平时期,各国应当尽可能地相互亲善;而在战争时期,则应当最小程度地伤害对方。因此,国际关系就具有了社会的和反社会的双重特征。这种关系中不只是有冲突,但是冲突却将永不消失。

不同于合乎理性的理论,规范的理论所依据的选择包括历史、知识或教条的局限性以及理性的要求。在阿隆看来,选择的条件要受

---

① Raymond Aron, *The Century of Total War* (Garden City, N. Y.: Doubleday, 1954), pp. 365, 366.

到国际关系规范理论中理论与实践这两种力量的限制。从作为科学的理论到理论付诸行动,其间的道路并不是那么平坦。实际上,对外政策中的行动筹策或规训并非得自于科学,而是得自于合乎道义的理论。理论付诸实践要受到的限制是,目标不明、手段不符和环境特殊无法比较。外交就是目标不明的。坚持原则的政治家要冒着被那些较不守信用者所击败的风险。

对外政策中的审慎综合了规范理论中的社会与反社会的要求。它虽不能解决道德双重特征的自相矛盾,但是它在努力实现折衷。国家间道德选择的首要条件是,承认领导人对国家安全负有责任。虽然理想主义者反对使用武力,但政治家不得不接受其对于自我保全的作用。审慎要求根据国际形势的具体情况采取行动,而不是被动地服从于抽象的目标。审慎宁可把暴力限制在用来惩罚侵略者,那也就往往等于是在没有意义地寻找有罪的一方。规范理论实际上旨在建立具体的、可以实现的道德目标,而不是寻找漫无边际的道德目标。确认了道德规训就可以创立一种道德框架。审慎意味着在无可逃避的不确定状态里行动,意味着承认使用武力的合法性,以及在法律中寻找可以相互妥协的地方,而不意味着不断地忙着首先给暴力定罪。

阿隆的观点允许他在一种道德框架里进行思考和写作吗?或者,他的立场令他在面对持久的冲突时就放弃道德吗?更笼统地讲,审慎是建立道德观点的手段,还是对道德原则的否定?从理论上讲,阿隆的方法是一种工具理性方法,它涉及对事实的阐释,涉及把政治学应用到身边的现实中去,还涉及在真情实境中寻找道德意义。而从规范上看,阿隆反对把赎罪伦理作为直接的行动指南,相反,他选择责任伦理。更加明确地说,在冷战外交中,责任伦理要求西方必须在苏联的挑战下生存,必须抵制任何主张由西方征服东欧的战略,还必须在核武器和常规武器方面与苏联保持势力均衡。在冷战的军事战略上,责任伦理要求拥有足够的军事装备和实力,以在战争中保卫西方,并要有足够的威慑能力,以尽可能地防止战争。

在评价西方对苏联斗争中的终极价值时,阿隆按照两个层次展开其论述。虽然冷战双方都声称各自代表一定的民主价值,社会学的评价却认为,苏联只是在口头意义上利用了民主价值。社会学家能够发现,在苏联没有多少自由可言。从哲学分析的立场出发,阿隆反对苏联共产主义者提出的一个论点,即历史决定论为他们的政治抱负提供了道德有效性,他认为这是一个谬论。历史上,大凡声称以绝对真理为基础改造社会的政权,无一不是以镇压和极权统治而终结。苏联也不例外。

最后,阿隆对普遍和平的前景表示悲观。国际社会不大可能出现根本性的转变。对于各国领导人来说,比较人道、比较合乎道德的路线是,力求克制、寻求理智的选择并且遵循审慎之道。

雷蒙·阿隆的著作:

1946
L' Homme contre Les Tyrans. 2nd ed. Paris: Gallimard.

1948
Le Grand Schisme. 13th ed. Paris: Gallimard.

1954
The Century of Total War. Garden City, N. Y.: Doubleday.

1955
Polémiques. 5th ed. Paris: Gallimard.

1958
War and Industrial Society. Translated by Mary Bottomore. London: Oxford University Press.

1959
Imperialism and Colonialism. Leeds, England: University of Leeds.

1961

Introduction to the Philosophy of History. Translated by George J. Irwin. Boston: Beacon Press.

The Dawn of Universal History. Translated by Dorothy Pickles. New York: Frederick A. Praeger.

Dimensions de la Conscience Historique. Paris: Librairie Plon.

1962

The Opium of the Intellectuals. Translated by Terence Kilmartin. New York: W. W. Norton.

1963

World Technology and Human Destiny. Ann Arbor: University of Michigan Press.

1964

German Sociology. Translated by Mary and Thomas Bottomore. New York: Free Press of Glencoe.

La Philosophie Critique de L' Histoire: Essai sur une Théorie Allemande de L' Histoire. 3rd ed. Paris: Librairie Philosophique J. Vrin.

1965

Democracy and Totalitarianism. Translated by Valence Ionescu. New York: Frederick A. Praeger.

The Great Debate: Theories of Nuclear Strategy. Translated by Ernst Pawel. Garden City, N.Y.: Doubleday.

Auguste Comte et Alexis de Tocqueville. Oxford: Clarendon Press.

1967

The Industrial Society: Three Essays on Ideology and Development. New York: Frederick A. Praeger.

1968

"The Anarchical Order of Power", *Daedalus*, XCV (Spring, 1966),

479-502.

On War. Translated by Terence Kilmartin. New York: W. W. Norton.

Progress and Disillusion: *The Dialectics of Modern Society*. New York: New American Library.

1969

Marxism and the Existentialists. Translated by Helen Weater, Robert Addis, and John Weighman. New York: Harper & Row.

The Elusive Revolution: *Anatomy of a Student Revolt*. Translated by Gordon Clough. New York: Praeger.

1970

Main Currents in Sociological Thought. Vol. II. Translated by Richard Howard and Helen Weaver, Garden City, N. Y.: Doubleday.

An Essay on Freedom. Translated by Helen Weaver. New York: World Publishing Co.

Peace and War: *A Theory of International Relations*. Translated by Richard Howard and Annette Baker Fox. New York: Praeger.

1974

The Imperial Republic: *The United States and the World*, *1945-1973*. Translated by Frank Jellinek. Cambridge, Mass.: Winthrop Publishers.

1975

History and the Dialectic of Violence: *An Analysis of Sartre's Critique de La Raison Dialectique*. Translated by Barry Cooper. Oxford: Blackwells.

1976

Penser La Guerre, *Clausewitz*. 2 vols. Paris: Gallimard.

1978

Politics and History: *Selected Essays by Raymond Aron*. Edited and translated by Miriam Bernheim Conant. New York: Free Press.

第四部分
世界秩序理论家

一部有关国际思想的论著如果不论及世界秩序理论家,那将是残缺不全的。世界舞台引起了人们对民族主义和国际主义的力量进行广泛的研究与分析。当代国际研究文献反映出各国竞争与国际合作这两个方面的世界性质。本书前面三个部分讨论过的思想家尽管没有将国际共同利益排除在外,但大都突出强调国家主权的力量。还有另外一些思想家则较为重视正在出现的世界性利益,并且他们已在努力建构世界秩序理论。正如已经讨论过的学者一样,要列出一个卓越的世界秩序理论家的名单肯定也是有选择的、不完全的。那些创造了新的世界秩序研究方法的国际法学家、政治科学家和历史学家,对 20 世纪 70 年代继续发展新观点和新方法的其他学者产生了影响。索尔·门德洛维茨(Saul Mendlowitz)领导的世界秩序研究所和笔者曾经指导过的世界政治研究所,代表了当今学术界对世界秩序研究的兴趣。

无论谁开列世界秩序理论家的名单,都一定会把像昆西·赖特、戴维·米特兰尼、查理·德维舍和阿诺德·汤因比这样的思想家包括在内。他们的著作无论在学术内容还是理论精确性上都要超过像"法制和平运动"或"世界联邦运动"等的领导人所写的行动指南式的作品。无论这些运动有多么高尚、多么鼓舞人心,它们在 20 世纪 70

年代都已经不再有什么用,而像赖特和米特兰尼这些人物的作品则将会长存不朽,并让今天的学者无法忽视。

昆西·赖特帮助建立了芝加哥学派,并在美国大学里创立了第一个国际关系跨学科委员会。他的学生中有哈罗德·拉斯韦尔(Harold Lasswell)、威廉·福克斯(William T. R. Fox)、弗里德里克·舒曼(Frederick Shuman)、南森·莱特斯(Nathan Leites)、理查德·福尔克(Richard Folk)、马库斯·拉斯金(Marcus Raskin)以及许多在别的大学建立起国际研究中心的学者。赖特既是一位出类拔萃的学者——他探索了现有的每一门学科以利用其对解释战争与和平问题有意义的地方,又是一位孜孜不倦的国际体系改革者。每一个重要的学术机构和专业组织都希望由他来领导。他的《战争研究》仍然是英语文献中对战争与和平问题进行的最为广泛的、百科全书式的评论。

戴维·米特兰尼没有多少学术头衔,但是他的功能主义理论为后来关于跨国主义和相互依赖的大多数著作打下了基础。他的《有效的和平体系》呼吁人们关注国家之间趋于建设国际共同体的活动。其他学者重视的是国际政治,而米特兰尼则强调通过国际航运、邮政和电信开展国际合作的重要意义。他希望,当国际功能合作外溢到国际政治合作领域时,这些努力可能最终会导致国家主权的蚀落。

在所有的国际法专家、法学家和国际法学者中,比利时法学家查理·德维舍可能是最具持久影响力的。欧洲的法学者和美国的学者,像珀西·科比特(Percy Corbett,他将德维舍的经典作品《国际公法的理论与现实》译成英文)、菲利浦·杰瑟普和迈尔斯·麦克杜格尔(Myres McDougal)曾经论证过德维舍著作的创造性影响。德维舍探讨了国际法中理论与实践的关系,探讨了国内和国际道德与国际法之间的联系,以及国际法的实施问题。查理·德维舍既是一位道德哲学家,又是一位国际法学家。

阿诺德·汤因比作为一位历史学家,致力于解释世界文明的兴衰以及世界秩序的可能性。他更像是一位历史哲学家,而非一位历史学家。他追溯了21个已知文明的历史,并建构了一种历史理论来解释它们的诞生和消亡。他预言了西方文明的未来及其对今日世界秩序的意义。他的多卷本《历史研究》仍然是当代对世界史所做的最为雄心勃勃的分析——也正好可以作为这本研究思想大师的论著的恰当总结。

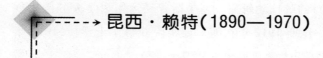

昆西·赖特(1890—1970)

非同一般的战争研究

昆西·赖特(Quincy Wright)1890年12月28日出生于马萨诸塞州梅德福市,是菲利普·赖特与伊丽莎白·赖特的第三个儿子。他的家庭和祖上出了为数甚多的科学家和学者。他的曾祖父伊莱泽·赖特是一位一流的保险精算师,被称为科学人寿保险之父。他的父亲菲利普·格林·赖特最初是一名数学家,后来不断拓展其研究兴趣到天文学、经济学和文学。他父亲在伊利诺伊州盖尔斯堡市朗伯德学院任教授,在卡尔·桑德伯格(Carl Sandburg)的记忆中,他是一位善于启发人的教师,也是负责出版桑德伯格处女作的人物。菲利普·赖特曾在布鲁金斯学会做有关关税、国际经济和对外贸易的经济学研究,并且出版了论失业问题的1932年报告,题为《为高效生产所抛弃的人》。这个家庭对科学的兴趣还体现在昆西两个兄弟的职业上。大哥塞韦尔运用数学模型去研究人类遗传学,二哥西奥多对航空工程学和航空制造业有重大贡献。昆西继承这种献身科学的精神表现在他的《战争研究》(1942)上,尤其是他采用了刘易斯·理查森

(Lewis Richardson)的统计学研究。刘易斯曾经运用数学去分析战争和其他国际现象。昆西 1912 年在朗伯德学院获得学士学位,1913 年和 1915 年在伊利诺伊大学获得硕士和博士学位。

在对科学感兴趣的同时,赖特早年也表现了他对规范问题的关心,并曾初步致力于国际体系的改革。1907 年,他撰写了一篇题为《安第斯国家的救世主》的获奖文章,分析了智利与阿根廷之间尖锐的边界争端的调停问题(其标题指的是为纪念这次调停事件而立的碑)。在其整个职业生涯中,赖特一直都赞成有必要对国际法、国际组织和国际政治进行改革和合理改造。作为一位研究客观现实最有名气的学者和新世界秩序的预言家,他把严肃的社会科学与朝气蓬勃的社会改革结合了起来。他在其著作中拥护新国际法,并出任纽伦堡审判中的法官罗伯特·杰克逊的贴身顾问。作为和平组织研究委员会的创建者之一,他帮助设计了战后的联合国组织。作为美国联合国协会的一位领导人,他积极活跃于各国之间和基层中。他是相继担任过美国国际法学会、美国政治科学联合会、国际政治科学联合会美国大学教授联合会之会长的唯——位美籍学者。根据笔者本人对昆西·赖特的回忆,他将广泛的理论兴趣与对政策的关怀和问题导向式的研究结合得如此之好令笔者震惊。

评论国际关系文献的人常常批评说,理论家们都不关心现实问题,而对外政策研究者又很少关心科学的或哲学的归纳概说。当今大量作品的主要特点就是理论与实践相脱离。在国际关系领域中,有年龄组、研究方法和主要学者的区分。通常情况下,政策研究是留给大胆或鲁莽到敢于去研究某个复杂问题的空谈家和观察者的。本篇由笔者本人对昆西·赖特的回忆文章的主题就是,他在相当大程度上表达了一种对理论与实际问题的截然不同的看法。他在讲座中经常对政策问题展开讨论。笔者曾经听过他做的头三场讲座分别讲的是:美苏关系、纽伦堡审判和联合国的作用及其局限性。

20 世纪前半期国际关系的性质决定了像赖特这样的优秀人物不

昆西·赖特(1890—1970)：非同一般的战争研究

仅要学问一流，而且也要在实践中表现出色。国际关系社团要求他们既担任国际调停小组的成员和国际组织及国际法庭的顾问，又要研究现实问题。在那些制定对外政策的人和那些撰写对外政策论文的人之间，不像今天变得有这么大的差距。这种情况在美国参议院拒绝批准加入国联之后尤其明显。像赖特这样的人物带头尝试将对外政策与像国联一样的组织联系起来。他们是国际社会改革的精神代言人。他们呼吁立法者和决策者重新考虑美国与国联的关系。由于他们对于改变国际社会有着单纯、朴素的主张，所以他们获得了一个让决策者聆听其言的机会。他们的改革主张具有福音布道般的热诚，这就提高了他们的影响力。决策者不能不理睬学者，因为他们在学生和有关公众中已经拥有一批支持者。一些新成立的国际研究中心，比如布鲁金斯学会等，通过出版讨论政策问题的刊物而更进一步扩大了它们的影响。

迟至1945年，赖特才穿梭往返于芝加哥和华盛顿之间，试图对外交政策施加影响。他与政府的关系若有污点的话也是微不足道的。实际上，赖特公务缠身，这种光环使得他的理论更加可信。当时，美国对外政策目标与方案的一致性比起20世纪70年代的情况来要大得多。笔者没法忆及赖特在体系之内的工作，因为实际上当时的学术界本身就是一个统一的整体。即使赖特与汉斯·摩根索之间在芝加哥大学有过辩论，也是在一个特定的机构和体系内进行的。没有严重的分裂，这有助于鼓励学者们去正视政治问题。

赖特的学术成果宏富——出版物多达1155种，其中包括图书21种、在他人著作中撰写章节或导论141篇、期刊文章392篇、百科全书条目123条、图书评论423篇、公开广播讲稿55篇。既然他对规范问题和科学问题有着双重关怀，他这1155种成果的一半发表在法律或国际关系研究期刊上而另一半发表在社会科学、哲学和历史学杂志上，也就不让人感到意外了。他的著作虽然学术味浓且旁征博引，但是清晰可读，具有实用性。

赖特的代表作是《战争研究》，1942年首版，1965年再版并加了一个有关1942年以后发生的战争的评注。（他的妻子路易丝·赖特1965年还刊印过该书的一个平装单卷节略本。）《战争研究》一书计40章，总共1080页，另附有420页44个学术性的关于多种学科研究战争、和平与国际关系的方法的附录，其中还包括对每个学科的基本假设和定理所做的批判分析。《战争研究》不仅对理解战争是一个重大贡献，而且包含了赖特对社会科学和国际研究的一些最重要的见解。然而，昆西·赖特作为世界秩序理论家的重要性并不只停留在他作为社会科学家和规范思想家所发挥的作用上。他研究国际政治和国际组织以及研究和平与战争的方法也可以在他教学所用的案例中得到说明。事实上，赖特教授的教学与其不朽的学术著作相比至少是同样重要的。在教学中，赖特关于战争与和平、国际组织及对外政策的一些主要概念，被阐述得具体而明白。

早在20世纪30年代，昆西·赖特在其学术演讲和研究中就已经专注于研究战争问题。他视战争为一种持续不断的社会政治机制。尽管他不同意卡尔·冯·克劳塞维茨（Karl von Clausewitz）的格言，即战争是政治以另一种形式的继续，但他却承认国内政策与国际战略是内在地相关联的。有人已经注意到，赖特在芝加哥大学卷入了一场意义重大的学术运动之中。他所在的政治学系力图动员社会科学的全部资源去研究解决政治和社会问题。因此，很自然地，赖特虽然是一位国际法学家，但从一开始就试图团结相近学科的同仁，有时还包括关系较远的学科的同仁，以在他的战争研究中有所帮助。《战争研究》在规模上是百科全书式的，因为他就自然秩序中的战争问题请教过生物学家和植物学家，就战争的病理学问题接受过心理学家和精神病学家的指导，还请教过人类学家和考古学家以从古代文化和古人类中获得教益。《战争研究》中引用了沃德·阿利（Warder C. Allee）、布鲁诺·贝特尔海姆（Bruno Betlelheim）、刘易斯·理查森和卡尔·罗杰斯（Carl Rogers）。芝加哥大学在他那个时代集中的智力

昆西·赖特(1890—1970)：非同一般的战争研究

资源之丰富可以与美国的任何一所大学媲美。尽管专业性的学院是赖特受聘的主要场所,但他却转向法学与医学院系,以研究与冲突、侵略和暴力有关的个人。后来的学者们称赞赖特为他们的工作提供了初步的启示和建议,为他们的工作指示了方向。

赖特的《战争研究》可能具有的一个价值是,它拿出了历史证据证明,无论国联还是联合国,还是其他任何国际协定,都未曾成功地宣布国家间的战争为非法,或者彻底消灭国家间的战争。他的作品也典型地反映了20世纪60年代新一代社会科学家和自然科学家就解决冲突问题所做的耐心研究。今天,谁也不能理直气壮地说,人类已经穷尽了对战争的研究或者对和平形态的探索,因为冲突至今犹在,既存在于共产主义世界一方,也存在于非共产主义世界一方,并且还存在于新独立国家和较古老的文明国家中间。

奇怪的是,赖特的研究跟我们这个时代比较对调,而跟第一次世界大战后时代的主要精神不大协调。当时,美国刚刚拒绝批准加入国联,尽管国联是伍德罗·威尔逊通过发表演说和著作而推动建立起来的。参议院与"一小撮固执任性的人"已经丢掉了国际主义。作为回应,政治活动家与学者准备进行一场大规模的运动,以建立一个将会废弃战争的国际组织。国务卿科德尔·赫尔打算把联合国说成是一劳永逸地消灭所有国家对抗与权力政治的工具。他们以为弄明白了战争的原因——以为战争就是由某一类型的国际关系所造成的,而新的国际组织将会根除它。正因如此,许多国际法学家和年轻的社会科学家都渴望从事和平研究就不足为奇了。有些理想主义者对《战争研究》表示不耐烦,因为它集中研究的是侵略的社会和心理方面,讨论的是与生俱来的冲动,探究的是各国的动机以及它们的历史性冲突。他们想要集中精力研究的是创设一种国际制度以消除战争,而不是去研究历史上的战争循环。赖特对国联和联合国也持坚决赞成的态度,但是他一直尝试通过加深对战争原因的理解来确定和平的条件。

作为历史学家,赖特有幸是在20世纪30和40年代而不是在60年代从事写作。在那个时代,以维也纳和会或意大利城邦国家的外交作为写作范例,并不失体面。那个时代的人们尊重历史,而后来这种尊重就渐渐消失了。汉斯·摩根索本人受过欧洲史的正统教育,但是笔者常常倍感惊奇的是,赖特和摩根索几乎同样地对12世纪或16世纪的外交史洞幽知微。满怀改革国际社会热情的赖特明白,人与国家从前曾经经历过这种改革道路。他想要做的是,发现和报告以往历史上人们是如何思考和行动的。他经常注意到历史有惊人的相似之处。虽然他对有些相似的历史很是警惕,但还是经常感到它们很有启发意义。他以历史学家的学科方法与技巧,真实地记录了战争的演变特点——历史与战争、战争的起源、原始战争、历史上著名的战争以及现代高烈度战争的起伏。当然不用说,他利用了他人的历史研究成果。单独一个学者是不可能为写作《战争研究》这样的著作而全都做原创性研究的。

在所有这些方面,赖特与阿诺德·汤因比都有共鸣之处。赖特最早向他的一些学生建议,历史哲学与当代国际关系有关联。他对汤因比感到苦恼的是,汤因比过于概括化而没有证据支持。赖特一方面特别专心致志于做个谨慎小心的、虔诚的历史学家,但同时他的开阔胸襟和他的折衷主义又让他敦促别人去钻研历史哲学。至少在一个有限的范围内,他是一个勇敢的历史理论家。他关于战争和控制战争的思想就体现了某种有限的历史哲学。他所做的概括性结论冒犯了进行较为专门研究的学者,但是却得到了历史文献和学术成果的支持。他不能硬让自己走上汤因比作为历史哲学家所走的思想路线,但是这种思路向他提出了挑战并令他为之兴奋。

制度史学在昆西·赖特的时代盛行起来。人们开始为维也纳和会、欧洲体系以及前期的国联著书立说。在世纪之交两次海牙和平会议中诞生的某些改革派组织所做的工作为当时的研究提供了证据。赖特热切希望弄明白的是,现存的制度是如何起作用的、新的结构和规则在实践中产生了什么效果以及为什么某些组织在国际政治中比另一些更经常地被利用。他对作为一种制度机构的美国国务院很感兴趣，并且通过其研究和咨询来检验它。他支持布鲁金斯学会的工作，该学会在列奥·帕斯沃尔斯基（Leo Pasvolsky）的带领下开始对大量的国际组织进行基础性研究。

但是出于另外一个理由，赖特至少部分地做出了他作为一个制度主义者的贡献。他奇怪地发现，自己既处在芝加哥大学的那些改革派制度主义者像罗伯特·哈钦斯（Rotert Hutchins）、莫蒂默·阿德勒（Mortimer Adler）以及博尔赫斯们的中间，又处于其边缘。哈钦斯相信，新制度能够改造人类行为。哈钦斯在与莱因霍尔德·尼布尔的辩论中称，虽然足以支撑一个世界政府的世界共同体尚不存在，但是在与共同体互动的过程中，世界政府能够应运而生。在哈钦斯看来，世界政府是必要的，因而也是可能的。赖特本人的观点中也有一些这样的想法，但是他的历史学与制度论基础却令他对哈钦斯的说法持怀疑态度。同时，赖特又与哈钦斯的观察颇有同感，因此他再次卷入了一场与那些从不同观察角度追求相同目标的一流思想家进行的引人注目的思想交流之中。在哈钦斯组织的研究小组中，他有时是发言人，有时是评论人。他本人在诺曼·维特·哈里斯基金会的资助下也举办过为期一周的学术研讨会，把一批批人召集起来，讨论世界共同体、国际制度以及联合国问题。他与芝加哥大学著名的社会学家威廉·菲尔丁·奥格本（William Fielding Ogburn）、路易斯·沃思（Louis Wirth）通力合作，共同发起了关于社会、共同体与制度之间关系的讨论。他反反复复追问的问题是：到底需要多少个共同体，它们又是为社会上什么样的制度而设的？谁也不能说他是一个思想狭隘的制度主义者，脱离组织的社会、经济和政治内容去观察它们。然而，他确实是一位制度主义者，制度是他围绕制度史、政治研究和组织理论进行著述和研究的首要焦点。（他鼓励过赫伯特·西蒙［Herbert Simon］、南森·莱特斯和哈罗德·拉斯韦尔早年所做的工作。)今天当反制度主义思想减弱下来后,学者们也许会再一次记起赖特的制度主义,记起他的历史和法律方法,从而为观察当前问题寻找新的洞察力。而且,依然更有重要意义的是,作为一位关心政策问题的理论家,他的风范对于今天所有那些多多少少都将理论与实践分离的学者而言始终具有教益。

赖特研究冲突与战争的方法至今仍可宝贵,因为他集结社会科学、自然科学和专门学问的联合知识资源去加以探讨的问题依然存在。他认识到,战争的根源在于人与社会的本性——争夺自然资源、个人与国际关系中持续的不安全以及国际舞台上法律与秩序机制的不健全。这不仅预言了20世纪40年代的形势,也差不多可以说又是对20世纪70年代和80年代形势的预言。

昆西·赖特研究世界秩序和国际组织靠的是渊博的经验性学识。通过考察他在《国联的委任统治制度》(1930)一书以及他1946年在联合国托管理事会上的演讲中对一种特殊的国际机构的见解,我们可以学到很多关于他的研究方法的知识。赖特在演讲中提到,联合国托管理事会是联合国的五个最重要的机关之一,它所要解决的问题有着深厚的历史根源。甚至在15和16世纪的时候,依附性领土问题就列入了国际议程:一个接一个的探险队伍从欧洲出发远航到亚洲、非洲和美洲去勘探和开拓殖民地。1946年时,世界版图的四分之一和世界人口的五分之一在政治上仍处于依附状态。其规模和数目虽在缩小,但是赖特足够清醒地认识到,将会出现新的依附形式。他告诫说,各国在法律上是平等的,但事实上却有核心国与卫星国之分。赖特指出,对待依附地人民的方式,即便是由国际组织出面,也是多种多样的。在有些殖民地,是派一位总督去统治那些没有任何独立地位的当地人。另一种模式是建立保护国,保护国虽有一定的权利但不享有全权。

在这些模式中,有一些原则是公认的。第一,依附地政府理应为被统治人民的利益而治。统治者应当承受"白人的负担"进行无私的统治。当地人民应当得到教育。当然,具体实行起来往往就不一样了,依附地人民中的大多数经常不是被奴役就是被强制劳动。第二,依附地人民最终应当获得独立,或者至少应当与宗主国政府地位平等。塞西尔·赫斯特爵士(Sir Cecil Hurst)说过,所有的英国殖民地都处在通往自治领地位的阶梯上。所有依附地人民都同样地有资格朝这个方向走。这种趋势早在美国宣告独立时就已经清楚地表现出来。自治领地位发展最快的时期是在19世纪,当时有印度、巴基斯坦、缅甸、马来亚和荷属东印度群岛实现了自治。在第二次世界大战之前、之中和之后不久,有大量国家宣布独立。1946年联合国的57个成员国中,有33个从18世纪中期起就沦为依附地,有六个直到二战爆发时仍处于依附状态。第三,宗主国不应当独占其属地的贸易(门户开放政策)。由于不列颠实行这一原则,其殖民地才构成一个经济利益相互依赖的网络,限制了中心区的垄断趋势。第四,对依附国应当在广泛的国际责任下进行统治。维持这种关系不应当依赖于宗主国的选择,而要依赖于国际协定和国际制度。因此,宗主国拥有的是委任统治权,在1946年,这种委任统治权变为托管权。

　　早在1885年柏林公会的一项宣言中,这些原则大多就已经得到承认。后来它们被合并写入了《国联盟约》第二十二条。据赖特所言,《国联盟约》是一项妥协。一些国家想兼并邻近的附属地,但伍德罗·威尔逊的"十四点"和平计划反对这样做;一些国家希望这些地区独立;另一些则希望将它们归还给其前宗主国。结果采用的折中方案是,实行由南非资深政治家简·克里斯蒂安·斯马茨(Jam Christian Smuts)所建议的委任统治制度。由国联在委任统治地设立委任统治委员会,按照既有的原则,为维护明确划定给被统治地的利益实行统治。绝大多数这样的领土直到二战后仍然实行委任统治。该制度在20世纪20年代最为成功。随着国联越来越软弱,也就渐渐地无力再坚持委任统治的广泛原则了。侵略性的政府不断滥用委任统治权,尤其是日本,竟在其委任统治的岛国里筹备战争。联合国的诞生引起了同样的问题,其解决方案也相似。

联合国的托管制度与委任统治制度十分相似,尽管也存在某些不同的地方。《国联盟约》第二十二条中的用语"委托"(trust)与"保护"(tutelage)意味着对委任统治地的管理应当为着被统治者的福利,并且最终朝着该民族的成熟和独立方向发展。《联合国宪章》强调的又是托管(trusteeship)。所有附属地人民应当为其本国的福利而接受统治,这不仅包括那些正式的托管地(宪章第十二章),而且包括所有"非自治领土"(宪章第十一章)。统治这些领土的国家必须定期提交报告:例如美国对波多黎各的托管。该非自治领条款中提到了"趋向自治的"发展。赖特认为,托管理事会的宪制结构及其政治成分确保其对附属地人民的独立能够产生强有力的影响。这一点已经得到证实。

即使在论述联合国的所谓专门机构或者非安全部门时,赖特也要从国际政治和国际法的角度去加以评估。他根据宪章中的组织条款和外部政治现实,对联合国的潜力进行了考察。此外,他比同时代的许多人都更清楚地意识到历史的操纵力量。联合国与国联的结构并非互不相关。新的组织遇到的问题在旧组织的成败得失之中已埋下根源。当时人们纷纷强调国际组织的创新性,但赖特却基本上不予附和。这就意味着,即使在历史力量发生了变化后,他的教学(反映了他对当前问题的思路)和他的写作(其风格是对长期问题独具慧眼)仍然都具有现实意义。

就在二战结束后不久的 1946 年,赖特开设了几门有关处理美国对外关系的课程。早在 1922 年,他就已出版过《管理美国对外关系》。二战后其课程的核心主题是冷战的起源。当笔者现在翻检自己在这些课上的课堂笔记时,仍为他内容全面、深谋远虑和立场客观的分析所震动。他对苏联外交政策的探讨一开始就注意到了其根本的冲突因素。一个因素是斯大林主义对马克思列宁主义学说的影响。另一个因素是苏联政策的起伏变动。在 20 世纪 20 年代,苏联是

昆西·赖特(1890—1970): 非同一般的战争研究

反对国联的;30年代,它却成为国联最全心全意的成员之一。此后,由于在制裁问题上的分歧,俄国人被投票逐出了国联。赖特指出,舆论在俄国的作用不同于西方。在俄国,舆论并非一种独立和自主的力量,而基本上是由新闻界遵照党的政策制造出来的。一旦党的路线改变了,新闻界的官方路线也随之改变,舆论也就随着变化。

赖特探讨了1946年至1947年与苏联关系的几种思路。当此之时,主张坚决对抗注定要扩张的苏联的人是国务卿詹姆斯·贝尔纳斯(James Byrnes),而亨利·华莱士(Henry Wallace)则带头支持采取一项与被误解了的朋友和解的政策。赖特观察到,贝尔纳斯的政策取得了胜利;马歇尔计划与北约接着出台,冷战因而加剧。他接着论道,对苏策略的种种观点基于对苏联目标的不同理解,正如1947年7月发表在《外交》上的"X先生"文章。赖特颇有同感地引用了乔治·凯南的观点(因为赖特作为国务院顾问是最先知道凯南就是"X先生"的人之一),即对俄强硬是必要的。苏联出于其意识形态和当前形势被迫对其人民强调,他们始终面临着受西方国家打击的威胁。除非让人相信并担心会有外来侵略,否则极端独裁与新闻封锁是难以维持下去的,因此克里姆林宫不得不让这种担心继续下去。凯南认为,只要这种情况继续存在,苏联就很难相信和解是一项现实可行的政策。因此,就有必要实行遏制政策以对付苏联的推进。赖特也引用了圣母大学的沃尔德马·古里安的解释,即认为苏联遵循的是一项灵活而有理性的政策,其目标所指是征服世界。古里安解释道,苏联人多疑、生性悲观,他们有时像乡下人一样害怕时髦的城里人,但又具有农民的精明的天性。

从这些理论中,赖特得出了两个宽泛的观点:苏联的政策根本上是侵略性的,并且其意在征服世界;苏联的任何扩张只不过是其安全要求的一部分。笔者十分清楚地记得,他曾尝试将这两个观点加以调和。研究苏联政策的学者必须既考虑其侵略的原动力,又要考虑其对安全的追求。任何国家都会将某些扩张主义的和某些安全的因素融入其政策之中。苏联人希望既能生存又要扩张。这两种动机的源泉是俄罗斯民族主义与全世界实现共产主义的野心。俄罗斯因素部分地来源于传统的沙文主义政策，它要求俄国共产党人必须要有一个领土基础和一个权力复合体，以便其在世界上的地位得以维持。事实上，为了生存，苏联人必须要起传统的权力政治游戏。由于缺乏一个有效的世界组织，他们认为有必要加强民族国家的权力，并占据新的战略位置。这一点在两极力量对峙的世界上尤其如此。每一极力量，无论东方还是西方，都试图变得比对方更强大一点。无论权力的大小有多难衡量，对它的追求却永远没有止境。一战后俄国人对"防疫封锁线"的恐惧，到二战后又出现在他们对由美国在亚洲和西欧的卫星国组成的环形包围圈的恐惧中。

苏联所继承的革命意识形态跟传统的俄罗斯意图相比一样有影响力。俄国人不仅相信，接受共产主义经济制度将会增进人类福利，在这种经济中，生产利润的分配更加平等，可以改善大多数普通人的生活（这是一个在 E. H. 卡尔的《苏联对西方世界的冲击》一书中得到辩护的论点）；他们还相信，资本主义在其内部埋下了毁灭的种子。最终，共产主义将有能力获胜，虽然需要采取暴力手段去战胜那些垂死的资本主义秩序的负隅顽抗者。

赖特提到，历史似乎对苏联的观点给予了某些支持。像斯大林这样的领导者一定不会忘记，是为数极少的几个不起眼的人物开创了他们的运动。马克思在大英博物馆的工作几乎不为人注目，甚至连图书馆员都一下子想不起他干了什么事。在三十年内，这一微不足道的运动却已在一个大国里赢得了统治的权力，赢得了两次军事胜利，增加了卫星国，实现了明显的扩张，并成为两大世界性强国之一。它在法国、意大利和东欧还跟那里的主要政党结有同盟。

像苏联这样既维持着一个领土复合体又宣传着一项意识形态的情况，历史上不乏先例。它曾经出现在 7 世纪时的阿拉伯帝国、中世纪时法兰西的十字军运动以及宗教改革时代的哈布斯堡帝国，特别是哈布斯堡王朝在三十年战争中对天主教教义的捍卫。赖特认为,甚至在美国也可以找到这种情况,比如亚伯拉罕·林肯时期合众国所经受的生存考验。那时候,既有安全上的考虑,也有明显的天定命运之忧,这些忧虑也体现在1822年詹姆斯·门罗对进行独立斗争中的希腊人表示同情的电文中。总的说来,意识形态的冲动在革命变迁过程中是逐步减弱的,就像在法国大革命中的情况以及美国放弃为推广民主而战斗一样。苏联的意识形态是否也会如此衰减,还有待于观察。

还好,苏联日益增长的实力并没有令赖特把它看做最强大的大国。美国拥有原子弹、持续增长的经济,并且以九比二的多数控制着联合国安理会的投票。在美国,人们支持实行自由经济,很少有人愿意坐等经济不景气发生。因此,不管对手有多么强大,赖特认为俄国也不会强大到威胁美国的独立。

俄国也有某些弱点,在二战之后尤其明显。它高度集权,从而导致了不可避免的僵化。苏联外交人员相当呆板,就像是由克里姆林宫控制着的自动机器。中央政府穷于应付无数重担,下面的请示往往石沉大海。美国的生活水平是苏联生活水平的十倍。俄国人民贫困交加,拼命地努力在废墟上重建他们的国家——有三分之二的国土为战争所破坏。他们国内的不满可以从警察国家的存在以及反复不断的清洗活动中看出来。正如赖特所见,这种不满并不是偶然的,而是不可避免的。

根据这种情形,赖特预料苏联的政策将会自行枯竭。对东欧国家而言,某种类型的依附关系是难免的。1944年,温斯顿·丘吉尔与安东尼·艾登爵士(Sir Anthony Eden)曾经向斯大林提出过一个苏联的势力范围,唯将希腊排除在外。罗斯福开始时反对这样做,并试图在雅尔塔会议上加以阻止。赖特的一个学生弗里德里克·舒曼认为,俄国领导人相信《雅尔塔协定》已经将在东欧的当然统治地位指派给了他们。因此,俄国感到,西方反对它在东欧卫星国中实施的强硬政策就有失公平。俄国人企图在东欧并最终在希腊和土耳其树立威信。他们在亚洲北部实行同样的路线,企图在中国北方、伊朗、蒙古和朝鲜维持或者确立他们的利益。苏联宣传所及的其他地区还有印度、印度尼西亚以及其他殖民地地区。如此一来,苏联就像是一个民族自决的先锋。在联合国,他们紧握着自己的否决权。他们虽然也谈论要打破和平利用原子弹谈判的僵局,但他们只是谈谈而已,并不付诸行动。

总而言之,赖特明白,有多方面的因素和力量起作用,在决定着苏联的政策。他清楚地看到了革命极端主义所固有的危险和问题,但他相信时间将会缓和这种极端主义。他着重强调,在一个日益变小的世界上,法治之下的稳定十分重要,并且他还强调,为此目的,国家必须对意识形态差异予以宽容,从而发展一个像约翰·肯尼迪总统所谓的"可靠的丰富多彩的世界"。

昆西·赖特的宽容思路在他把战争作为一种社会现象进行的研究中表现明显,也典型地反映在他对过渡期国际组织的研究中,这个过渡期就是从一个有依附民族存在的世界过渡到一个主要由独立主权国家组成的世界的时期。赖特面对20世纪中叶的现实生活,领会着18、19世纪历史的连续性影响,并将历史的力量再现于当代、投射于未来。虽然从职业上讲他是一位政治科学家和国际法学家,但他有着历史学家对历史连续性的敏感——他反对空想,认为空想对当代决策者几乎提供不了任何指导。赖特研究对外关系的方法有一个折中的优点,那就是综合了法律学家、实力派政治家以及政治理论家的视野。

在他对苏联崛起为一个国际性超级大国进行的分析中,他注意到历史力量、社会力量和心理力量的交互作用关系。俄国的政策建立在俄国人过去的不安全之上。其政策也服从于斯大林所解释的独特的意识形态扩张信条。在晚年的著作中,昆西·赖特从尼基塔·赫鲁晓夫与西方关系正常化的努力中已经预感到苏联政策的转变。正

昆西·赖特(1890—1970)：非同一般的战争研究

是他的折中主义和他在其间从事研究的开放体系，使赖特既注意到了一国政策的连续性方面，又注意到了其新的异常特征。

同样，赖特也试图找到国际制度在变化着的社会政治秩序中所具有的连续性。例如，从国联的委任统治制度到联合国的托管制度的转变。殖民世界的终结带来了托管制度的加速发展，加快和缩短了独立的准备过程。联合国托管理事会成了医治殖民创伤、迈向独立的指挥和控制中心。赖特于1946年提出的理论颇有预言味道，他认为，如果所有国家或多数国家准备让托管理事会充分行使其权力的话，那么托管理事会就拥有宪法性的权力；由于新兴国家在联合国的影响急速上升，保证了托管理事会事实上可以被利用来充分实现民族自决。至于托管理事会是否同样有助于确保这些新独立国家能够作为自治的单位而生存下去，则是另一问题，对此赖特一直在寻找答案。赖特的知识旅程如此漫长而又硕果累累，这实在是一件幸事。

最后，他对理解战争与和平所做出的贡献是，他引起了人们对这一问题的各个方面的关注。《战争研究》对当今所有学者而言都是一个巨大的知识宝库。虽然赖特的某些研究和某些方法因科学进步而变得过时，他所依据的研究结果如今也为新的成果所取代；但是，这些都不能动摇他的成就的重要性和伟大之处。今天在研究冲突与战争的各个方面时，他都是被人们引用最多的社会科学家，这一事实可能是他最为不朽的贡献。在所有他探讨过的领域里，他都孜孜不倦地投身研究和学习，虚怀若谷地接受新的知识发现，这是他显著的工作特点。正因为如此，我们在今后的几十年间还有可能会重读他的著作，以寻求指导和启发。

关于法制至上主义者研究对外关系行为的不恰当方法，我们已经讲到很多了。前面论及，法制主义强调的是应该是什么，强调的是抽象的国际行为准则，从而掩盖了制定对外政策所要面对的严酷现实。它一度误导"在野者"让他们以为，"当政者"决定什么对国家最有好处时，仅仅不过是玩世不恭和刚愎自用而已。它一度得出这样幼稚的结论,即以理想主义者取代怀疑论者就会令一切好转。总而言之,法制主义忽视了国家利益的首要性以及决策和抉择的不确定性。

这是我们学术界的一些人——如果不是所有人——对昆西·赖特的批评。回顾他的作品,我们毫不犹豫地就会指出在运用他的某些原则时所遇到的困难。其中一个问题是,如何确保各国会依从赖特等人所设定的法制准则。事实上,他所提出的法制规则经常都不是那些担负着国家大政方针者力所能及的。这一点体现在赖特将就国际组织成员资格的普遍性、就个人在国际法中的位置、就纽伦堡审判把国家行为归咎于个人责任以及就在对外政策中超越使用武力的可能性所撰写的作品中。为了对赖特表示公平起见,我们还应注意,他在这样或那样一些场合中渐渐认识到,他提出的原则在应用上更加理想主义而不是现实主义。事实上,有迹象表明,随着时间的推移,他对国家的行为变得愈来愈悲观失望。笔者感到,当他私人生活中所认识和尊重的人物遵守公共生活中在他看来有违原则的政策时,这一点尤其突出。笔者在他晚年跟他谈话时感觉到,他谈起越南政策或中国政策或者联合国作用的式微时,不是怀有正义的愤慨之情,而是怀有一种悲痛之情。这可能是他年事已高的缘故,但笔者觉得这也是这位一度热情满腔的理想主义者在对国际生活中各种事件的缺陷和失误感到沮丧时的反应。

然而,如果有人把赖特与那些被指责为法制至上主义者或道德至上主义者的人相提并论的话,那么对他的法制主义也只是言中了一部分。至少有三点理由可以说明,与那些法制主义运动的先锋人物相比,赖特是一位更为讲求实际的法制主义者。首先,他不管是通过他的学生还是自己直接出面,都在不断地与汉斯·摩根索及其追随者进行着对话。这一对话如此令人鼓舞,也许是国际关系研究历史上从未有过的。他们的辩论典型地反映了两位思想大师在进行严肃的思想交流,而不是各行其是、漠不相顾。他们有着很多共同兴

昆西·赖特(1890—1970)：非同一般的战争研究

趣，以至于他们的分歧都为双方带来了意义重大的明辨。他们彼此对对方带来的影响很容易看到。他们之间既相互尊重又相互友好，即使在他们彼此极其有力地相互诘责之时也是如此。笔者个人的回忆可以为证。笔者初次进入芝加哥大学研究生团体是在温德米尔湖大饭店的一个周日午餐会上，当时笔者看见一群有20或15名的学生在一个较大的餐桌前热烈地争辩着什么，那似乎只会发生在有争议的学说支配了社会生活的罕见时刻。笔者误以为他们争论的是有关他们个人生活中的什么事情，或者是当年的世界职业棒球大赛。出乎意料的是，他们中有一半是赖特的学生，而另一半是摩根索的学生。他们的争论使笔者想起了宗教改革时代或法国大革命时期才会发生的争论。这一经历揭示了法制主义者和现实主义者之间存在着严肃的学术碰撞这一生动事实。明显地，法制主义者在这种相互激荡之中变得越来越实用了。

其次，赖特在吸取浩如烟海的人类知识方面永不满足。他不停地在钻研着科学家、人文学家、心理学家和公众人物的作品。由于赖特对于把各个领域的知识运用到国际关系中表现了无止境的好奇心，所以他的理论和方法就具有一种无所不包的、折中主义的品质，这使他分明有别于那些"固执的"理论家。在赖特那里你不可能找到单一因素分析。他有时把那些乍一看很少甚至没有任何联系的想法和资料关联起来，致使学者们提出这样做是否连贯一致的问题，或者疑心赖特是否全面地把握了他从最近的研讨和阅读中所获取的最新例证。笔者觉得他从政治哲学和神学中引申出来的解说就是如此（笔者曾小声抱怨说，洛克、康德或尼布尔不会认可赖特作品中所引申的观点是他们的）。然而，重要的是，赖特对浩瀚的知识宝库不知疲倦的探索，使他对于可供选择的新的研究方法能够不断地虚心接受，并能够在具体的环境条件下生活和思考。

赖特对自己的理论所抱的尝试性态度对于他的法制主义来说又是一个矫枉手段。他消除论敌疑心的办法是，列举出四种可能存在的研究方法,其中有一种方法是他自己常用的。批评家可能会说,他这么做只是树了个"挡箭牌",为的还是支持他自己所选择的理论。对此笔者的观点是,这一检验各种研究方法的过程对于赖特保持自身研究方法的正确是有益的。这使他避免了盲从,也使他不至于相信他的见解就是某一问题的唯一可能答案。这也有助于他不使自己偏爱的法制观点误入歧途。

他是一位不辞辛苦、孜孜不倦的学人,这一事实加深了上述所有的认识。他作品的脚注有时候占到一页文字的四分之三,而正文文字被挤到只占顶端位置有四到五行。他不断地在寻找相反的例证或情况。他为了不使自己局限于某一个合法的先例上,全神贯注于其他所有先例,包括当天早晨《纽约时报》上所登载的在内。他的办公室里到处都堆放着折了角的书籍和报纸,所有这些几乎都是他在当月阅读中所留意过的。他天生就绝不会只就某个简单的命题与人对话,他更喜欢谈论的是那种可能使你或他人得出某个结论或原理的迹象或者先例。他学识惊人,而且还与日俱进。他的思想跨度远远超越了法制思想,因此从任何狭隘的定义上都不能说他仅仅是一位法制主义者。

第三,他是政治科学芝加哥学派的成员,这本身就令他接近于实际的政治现实。在政治学讨论中,被引用最频繁者要数查尔斯·梅里安(Charles E. Merriam)了。赖特与梅里安、哈罗德·拉斯韦尔、沃尔特·约翰逊(Walter Johnson)以及他们的追随者经常进行对话。自然而然地,赖特就会碰上有关国内法与国际法的比较问题,这部分是因为这个话题是他与梅里安等教员在共进午餐时论及的。要说他与这批把政治学局限在法制框架内的学者的接触有时会误导他的话,那么这种接触同时也给赖特提供了开阔视野的机会。他从梅里安及其同事们那里得到的是另一类从实际政治生活中大量汲取的经验。正如梅里安所描述的,芝加哥市议会的内部运作复杂多端、勾心斗角,总是充满着利益分歧和冲突。在那样的环境下谈论纯粹的法学

昆西·赖特(1890—1970)：非同一般的战争研究

理论简直是不可能的事，而赖特肯定已经意识到，在一个固定的国内宪法框架下尚且如此，那么对于国际间的"无法"世界来说就更不可能了。芝加哥政治舞台的现实一直让他在为这个世界创建法制的热诚之中保持几分清醒。

赖特的另一部伟大作品《国际关系研究》(1955)是与《战争研究》类似的作品，尽管其范围较为有限。在该著中，赖特探讨了国际关系研究的多学科基础，以及研究战争与和平的不同方法。他在该著中的研究方法反映了他1931年在芝加哥大学设立一个"国际关系跨学科委员会"的经历，该委员会授予学位给应用型和跨学科地科学研究国际问题的人，这在同类机构中是第一家。

因此，赖特应当被看做是研究和改革国际关系的理论家和设计师。由于他既重视规范又重视科学，所以他的影响一直持续到20世纪70年代。然而，任何对赖特影响力的客观评价都应当承认他的贡献也有局限性。他所讨论过的许多论题已经从国际研究议程中消失了，比如：非战、集体安全以及新国际法。他决心要做预言家和改革家，这使他错误判断了国际政治中的永恒性问题。他以极高的学术声望从事为时不长的改良主义事业，这比起像马丁·怀特、汉斯·摩根索和路易斯·哈利这样的作家来有过之而无不及。在晚年，他时常被看做一个过于多嘴的过时发言人而不被理会，其所陈之词意旨宏大，但更合于过去，而与当前或未来无甚关联。他对自己所捍卫的政策和理论并不总是有辨别力，他的一些大胆设想并未带来国际进步，相反却接连走进了死胡同。他高昂的乐观主义精神以及他缺乏一种连贯一致的政治哲学，被看做弱点而不是优势。由于他的研究触及所有的问题，他对个别问题的分析就往往缺乏深度。在一些人看来，他好像就是国际思想的堂吉诃德，而非一位自成体系的思想家。

然而，直到他著作等身的80年岁月的最后阶段，他仍旧是一位鼓舞人心、充满活力的人物，有着充沛的精力，满怀信心和希望。对于他的学生来说，他是学者型政治家的光辉楷模，一直在他认为通向更美好世界秩序的道路上前进。对于那些昆西·赖特曾经论及其生活的人们——无论在美国、印度、土耳其还是在东部非洲——来说，他都仍旧是他们获得灵感和希望的一个源泉。

昆西·赖特的著作：

1922

The Control of American Foreign Retations, New York：Macmillan.

1930

Mandates Under the League of Nations. Chicago：University of Chicago Press.

Research in International Law Since the War, Washington, D. C.：Carnegie Endowment for International Peace.

1942

A Study of War. 2 vols. Chicago：University of Chivago Press. Abridged edition by Louise Wright, 1964.

1955

The Study of International Relations, New York：Appleton-Century-Crofts.

1960

The Strengthening of International Law. The Hague：Academy of International Law.

International Law and the United States. Bombay and New Yotk：Asia Publishing House.

1961

The Role of International Law in the Elimination of War. Manchester, Eng.：Manchester Universuty Press; New York：Oceana Publications.

戴维·米特兰尼(1888—1975)

以功能主义超越政治学

戴维·米特兰尼(David Mitrany)1888年1月1日生于罗马尼亚的布加勒斯特,父母是莫斯库·米特兰尼和珍妮特·米特兰尼。他是在伦敦政治经济学院接受的政治与国际关系学教育。他最早直接接触世界事务是从1919年至1922年在《曼彻斯特卫报》做编辑时期。他曾任哈佛大学、耶鲁大学以及史密斯学院的客座教授或讲师。

1922年至1929年,他在卡耐基国际和平基金会的资助下担任《世界大战的经济社会史》一书的助理欧洲编辑。1933年,他受聘担任普林斯顿高等研究院政治经济学部的教授,1943年,他又出任联合利华公司董事会的国际事务顾问。

米特兰尼因其有关功能主义的著述而成名,但他也撰写了《国际制裁问题》(1925)、《马克思反对农民》(1951)、《国际政府的发展》(1934)以及几部有关东南欧问题的书。他有关功能主义的杰出作品包括经典名著《有效的和平体系:国际组织的功能发展论》(1944)和

《政治的功能理论》(1975)以及大量论文和评论文章。米特兰尼在国际关系学领域的地位不同凡响。他从未在英美的大学里担任永久性的专业教授职位,但是他的地位通过受聘于普林斯顿高等研究院以及哈佛和耶鲁而得到认可。甚至直到晚年,他也未曾有过多少学术上的追随者,但是后来却有重要的学者颇不知耻地利用他的著述作为研究的出发点。正因为这样,非常知名的政治科学家才更愿意自称为"新功能主义者"或"一体化主义者",而不使用米特兰尼的术语"功能主义者"。

米特兰尼的思想根源并不在于单独某一个哲学立场或专业学科。他的灵感来自于自由主义、激进主义、工联主义、费边社会主义、19世纪理性主义、混合经济理论以及罗斯福新政实验如设立田纳西河流域管理局。他是一位战时情报研究员、一位新闻记者兼驻外通讯员、一位战后设计师、一位组织研讨活动的首脑人物、一位任职于大型国际企业财团的政治顾问,还是一位相当传统的政治理论家。他从未领导过任何研究中心,没有一代又一代正式的学生,也没有创立过一家学术期刊或大众期刊。然而,他的影响却是深远的。

米特兰尼的影响不是显而易见的。是什么原因让莱因霍尔德·尼布尔形容他的《有效的和平体系》一书为"我曾见过的关于该主题的最佳著作",抑或让汉斯·摩根索断言"未来的文明世界将与国际组织的功能研究方法紧密相联"呢?为什么1974年7月的《时代文艺副刊》会宣称"如果功能主义不行,就没有方法可行"呢?这种已经激起众多观点和方法迥异的学者和观察者的兴趣,并让他们付出心血的功能主义,其前景如何呢?要回答这一问题,可能得对其贡献、局限性和问题进行一番探究。

功能主义对国际思想的贡献至少有三个方面:(1)它为观察初级性社会经济地区的国际合作提供了一个有用的框架;(2)它为世界秩序问题和弥合国际无政府与世界共同体之间的鸿沟提供了一个合理

的思路;(3)它为国际思想补充了一种新的思考维度,传统的国际思想局限于政治的、外交的和法律的问题上。作为一种理性而前后贯通的理论,功能主义的局限性与其说出现在这些确确实实的贡献中,不如说出自于其乌托邦式的、反政治的和非制度性的特征——这些局限性是从正面强调的,如果过分强调其贡献反而会伤害其贡献。功能主义的问题源于它在历史预言上的失败、它对观念的不重视以及缺乏学术和科学意义上的精确性——这些缺失决不是功能主义所特有的,但却损害了它的历史和理论完整性。

赞扬功能主义而不问它的局限性和由此而来的问题,与批评功能主义而不察其在国际研究中所发挥的实在而重要的作用,同样是不应当的。这里将详细分析一下这样一项研究——它考察了功能主义与发展问题高等教育的相关性。该项研究的成果出自于十二家机构对非洲、亚洲和拉丁美洲发展问题高等教育的评论。这些机构包括世界银行、美洲发展银行、联合国教科文组织(UNESCO)、联合国开发计划署(UNDP)、联合国儿童基金会(UNICEF)、美国国际开发署(USAID)、法国外交部、英国海外发展署(ODA)、加拿大国际发展署(CIDA)、加拿大国际发展研究中心(IDRC)以及福特基金会和洛克菲勒基金会。该项研究中的实地调查工作由三个地区小组实施,这三个小组由非洲、亚洲和拉丁美洲的教育工作者组成。这三个小组的组长分别是:阿克李卢·哈布特(Aklilu Habte),时任埃塞俄比亚青年与文化部长,现任世界银行教育处处长,也是前任埃塞俄比亚国立大学校长;黄培谦(Puey Ungphakorn),时任泰国曼谷法政大学校长;阿方索·奥坎波(Alfonso Ocampo),前任哥伦比亚卫生部长和哥伦比亚卡利市巴伊大学校长。这些调查组总共承担了二十三项重要实验的个案研究,其中高等教育对于紧迫的发展需求如提高粮食产量、公共卫生服务、教育文化发展和人口控制等都做出了意义重大的反应。①

值得注意的第一个问题是：对于理解一项国际教育和社会发展问题的调查来说，功能主义有什么价值，又有什么功劳？第二个问题是：功能主义是否为研究国际教育提供了一个有用的思考框架？它是否为教育和世界秩序提出了一种新的视角？它为我们补充了一种新的理论维度吗？由于这十二家机构的方针着重于各种不同的国内教育实验，所以就必须把功能主义置于明确界定的范围内加以检验，而不能放在全球基础上加以考量。不过，指出一些对功能主义的中肯性的初步印象以供进一步讨论和研究还是可能的。作为一种学术研究框架，功能主义比任何其他可选择的框架都更适合作为思考的问题范围。在一定意义上，功能主义是在没有理论方法与之竞争的情况下发挥其作用的。政治现实主义过于关心权力和治国术，以至于不能直接适用于任何全面性的问题基础上。理想主义由于提倡立即实行全球性的解决办法而跟发展中国家当前在高等教育方面的追求几乎没有关系。最重要的是，尽管教育有其政治的、法律的和外交的层面，但它却是一项社会事业，并且正日渐成为一项经济事业。在所提的理论当中，唯有功能主义考虑到了这一趋势。因此，功能主义的主要理论假设也就比任何竞争性的理论方法更准确地适用于高等教育问题。

我们也必须承认，通过各国教育工作者脚踏实地地研究共同问题来探求教育上的世界秩序，比通过野心勃勃地对全球教育加以理论化来实现这一目标，要来得更加容易。在各地区小组服务的教育工作者们反复地询问其他地区就改善卫生保健系统或提高粮食产量等基本问题所提出的新思路。非洲人更想知道一般的卫生科学方面

---

① 这些个案研究及其结论已发表于肯尼思·汤普森和巴巴拉·福格尔所著的《高等教育与社会变革》（Kenneth W. Thompson and Barbara Fogel, *Higher Education and Social Change*, 2 vols.; New York: Praeger, 1976, 1977）中。这些主题，肯尼思·汤普森所著的《对外援助：私营部门的观点》（*Foreign Assistance: A View from the Private Sector*, Notre Dame, Ind.: University of Notre Dame Press, 1972）一书也有所讨论。

戴维·米特兰尼(1888—1975)：以功能主义超越政治学

或者关于哥伦比亚卡利市实行的"坎德拉利亚"（这是一个为贫民提供卫生照顾的实验项目）有什么新进展。而拉美人则想了解，在新加坡义安理工学院进行的工程技术、会计学和技术培训方面的准专业性训练有什么新花样，该学院是世界各地几个志愿教育机构之一，它们为响应人力资源计划的需要而自愿降格，不授学位而授合格证书。对于亚洲人来说，他们想知道的是，在非洲的教育机构如尼日利亚北部的贝洛大学和加纳的科技大学里如何使用社区技工和技师。不管关心民族国家的政治理论家们知不知道，一个科学家和教育家组成的国际共同体正在出现，这些科学家和教育家有着共同的关怀，都在设法解决着虽不雷同但却相似的问题。他们多数是从西方的经验和制度中受到鼓舞，并且也是借由西方的经验和制度来对他们的实验加以合法论证的。但是，这些实践正在成为过去的事情。在未来，这些思想家将会更多地相互借鉴彼此的方案，特别是借鉴这些与第三世界的迫切问题相关的方案。

最后，功能主义最积极的贡献可能是，为国际思想提供了一种引人注目的新思维。在大部分论述战争与外交的著作中，教育的地位是次要的。对于研究战争与和平的学者来说，当前的问题是，教育如何有效地创造了强烈的民族主义意识或者树立起了真正的世界观。联合国教科文组织的国别史计划显示了这种关注。相比之下，功能主义则把教育看做是一个针对特定事项和既定领域的部门性问题，看做是一种与某项高等教育研究的主导观点更加相近的研究方法。如果硬说在该项高等教育计划中从事研究和被研究的农学家、医学家和教育家主要感兴趣的是民族主义或全球主义本身，那未免有些牵强。既然在相对贫穷和处境艰难的国家或社会中，当务之急是满足基本的需要（虽然有像新加坡这样的例外），他们就不大可能过多地去写作或思考那些较为宽泛的问题，它们是像米特兰尼这样的政治科学家所主要关心的问题。关键的问题是，对教育的功能主义兴趣在行动和计划中是否能够促进国际主义的精神。

功能主义的局限性源于其乌托邦式的、反政治的和非制度性的特征。其乌托邦主义在于,它相信成功的功能合作一定会产生政治上和法律上的影响,渐渐地会削弱由国家主权施予外交人士和政治家的顽固信念。在非常有限的意义上,这种乌托邦主义可以从前述的研究项目中找到根据。地区研究小组的成员邀请了部长们和国家发展问题专家们至少参加他们的一部分研讨会。他们的研究成果表明,狭隘的民族主义在较小的发展中国家中是教育发展壮大的一个障碍。各地区研究小组无一例外地呼吁增加国际交流,并宣布了外来技术援助对教育的好处。

然而,与此同时,特别是在引进全面的教育解决方案问题上,所有这三个小组都表示了悲观和忧虑。通常情况下,外来的专家不是来倾听,而是来宣讲的。大一点的技术援助机构都倾向于将盛行一时的教育方法作为回答特殊而具体问题的唯一答案"捆绑搭售"过去。虽然第三世界曾经做好准备要接受"美国制造"或"英国制造"的解决他们问题的答案,但现在那种时代已经一去不复返了。

此外,为对付地方社区问题而开展的活动,就其成功的程度而言,有着加强民族自豪感和民族认同感的倾向。喀麦隆有一所在非洲医疗保健科学方面最成功的中心,它视该中心为一种极其成功的民族努力的成果,而不是一种削弱其政府实力的事业。的确,各国政府的忠诚与责任心通常可能就是一副良好的教育处方所需要的最主要的"配料"。既然功能主义假定从教育国际主义溢出到政治国际主义是必然的,那么联合国教科文组织由于不能经常顾及各国的民族尊严而没有成功地召集各国的教育部长客观地讨论成功的教育实验,这正好刺破了功能主义的乌托邦"气球"。

功能主义的第二个局限性加剧了这一倾向。它假定,无论国内政治还是国际政治都将随着非政治性合作的进展而日益变得不重要。前述高等教育研究的结果似乎仍旧不支持这一论点。发展中国家的政府把教育看做是明显政治性的。① 他们坚持认为,那些主张将政府和大学分离的教育理论是西方的思想,不适用于满足较贫穷国家极为迫切的需要。在坦桑尼亚,部长和政府官员占据了达累斯萨拉姆的大学指导委员会37%的席位。在马里,所谓的大学是一些由重要内阁部门像农业部、教育部和内政部等设立并依附于这些部门的协会所组成的。新加坡的义安理工学院只是严格依政府计划制订者提出的数目来培训技术人员。至少在发展中国家,还不能简单地说功能主义的事业,比如教育,导致了国家主权的削弱。事实恰恰与此相反。

功能主义还受其另外一个局限性的损害。它很少提到制度以及跨国界制度之间的可比性和相互作用。"功能决定形式"是功能主义的训令。极端地说,为了解决任何一个特殊国内问题的任何一项特殊功能,都将需要一种特殊的制度形式。这种思路不仅与组织理论为了达到对制度的某种可归纳性理解的目标相抵触,而且在教育领域也贬低了比较教育所关注的内容。当前的研究发现,第三世界各国的教育体系受其教育传统影响巨大,哪怕他们反对和厌恶其传统。只讨论非洲的高等教育而不顾及英国人、法国人和美国人所留下的制度遗产,简直是不可能的。也许应该将功能主义的训令修正为"功能理应决定形式"。但是,事实上,历史先例已证明,功能与形式之间的这种关系在多数情况下是不可能的。功能主义者可能需要认识到,历史总是会让几乎任何简单化的社会理论折戟沉沙、毁于一旦。所有这些并不是要否定功能主义视角的价值或有用性,而只是要警告历史学家注意它的一些局限性,正如雅各布·伯克哈特提请注意那些"耀武扬威的简化者"的自欺欺人行为一样。

功能主义的失误是其历史预言有缺陷、轻视观念和缺乏科学和

---

① 其他国家也把教育看做是明显政治性的。当然,在共产主义国家也是如此。此外,即使在一些欧洲国家,在政府与大学之间也存在着紧密的联系。大学教授们拥有公务员身份,大学的预算由教育部确定。

学术精确性所造成的结果。应当指出,这些失误决非它独有的。几乎每一种重要的社会观点和理论都会出现并反复出现这些失误。历史记载中到处都是人类预言历史发展的不成功事例。如果有身临其境的观察家曾预见到法国大革命或俄国革命的爆发,也难得有几个。米特兰尼所观察到的是像罗斯福新政这样的社会实验,在此基础上他所预见的是功能型或地区型的类似实验,认为它们将会粉碎国际事务中对国家的忠诚。第二次世界大战后就有人以这种观点去看待联合国的专门机构。无论这些机关所获得的教训、所发挥的功能有什么样的价值,它们的最终结果仍不过是突出了各国的斗争和对抗而已。同样,功能主义在高等教育中总的说来也没有导致民族认同感的减少。公正而言,这种批评并不同样适用于国际农业机构的世界网络,该网络快要证实功能主义的预言了。不过,东、西非的高等教育则又另当别论,那里的机构与大城市国家的接触比它们相互之间的接触要多。在非洲的一些地方,已经出现教育功能的转移退化趋势,即在法语非洲以民族的教育体系取代统一的法语教育体系。东非大学的解散以及在南部非洲和中部非洲实行联合高等教育体系的失败,进一步证明了功能主义预言的失败。

功能主义展示了功能经验比修辞和观念更易于促进国际合作,从而在某种程度上消除了人们对它的误会。然而如马克斯·勒纳(Max Lerner)所写,"人类具有思想,观念欺骗人类"。功能主义者轻视观念,认为它们促分多于促合,这与米特兰尼相信功能主义信条的力量有着一定的内在矛盾性。也可能同样正确的是,某种重要的观念,如医学教育方面有关乡村医疗服务的概念,跟创建方便就诊的乡村卫生站有着同样重大的意义。一种宣布过的教育信条常常和一项创造性的教育实验一样被某种神秘感所包围,忽视它们中间的一个而赞扬另一个,可能跟过分强调抽象的教育观念而不提供实际例证一样,都是错误的。

最后,功能主义受到批评是因为有些人说它不具有足够的科学

戴维·米特兰尼(1888—1975):以功能主义超越政治学

和学术精确性。说它是一种最为大而化之的社会理论,没有得到很好的检验和改进。在某种程度上说,是《高等教育与社会变革》一书成功地提出了这一批评。断定教育是一种功能性工作较为简单,但是对于如此宽泛的一种思路,要表明它可以为医疗教育、农业教育或师范教育方面的合作工作提供任何有意义的指导,指导它们做什么或期望什么,又过于复杂了点。例如,我们只须问一下,功能主义就喀麦隆或哥伦比亚的乡村卫生站与区域或地方医院的差别怎么说,就可以明白问题之所在。在高等教育的某些部门存在一定的含糊性和不注意眼前急迫的问题,这可能是对上述这些学术精确性问题的生动说明。功能主义就像一个康德式范畴,缺乏具体的内容,因此也就难以在实际社会政治环境中加以运用。对此,功能主义者定然会回答说,这正是功能主义的有力和重要之处。可是,这种失误仍旧是功能主义的支持者和反对者在视其为乌托邦或者万灵药之前都必须加以更全面认识和阐明的。

对一项国际关系理论的检验,在于它是否可用于不止一段的社会经历。大体而言,发展中国家的高等教育适合于所有的部门,即戴维·米特兰尼所定义的社会和经济部门。但是,教育和政治系统之间的联系密切,教育触及一国生活的某些最敏感领域——青年一代的忠诚和人力智能的开发建设。如果政府准备把至关重要的教育活动委托给他人代办,尤其是在较贫穷的国家,那一定出人意外。当笔者问坦桑尼亚领导人朱利叶斯·尼雷尔(Julius Nyerere)坦桑尼亚中小学教育制度是否需要外援时,他告诉笔者:"如果我不能为我国的年轻人提供教育的话,我国人民就会推翻我的政府和我本人。"

然而,功能主义在解释国际高等教育合作方面至少与其他任何理论一样适当。的确,高等教育工作者,特别是那些拥有专业资格的高等教育工作者,组成了一个国际性的学者共同体,他们觉得共同工作起来相对容易了,可以免受不可抗拒的政治约束了。笔者曾经毫无困难地在欠发达国家找出了二十来个教育工作者,他们有资格参加这项为了促进发展的高等教育研究。他们的专业声望在该领域是有目共睹的,而且很明确的是,不管他们各自的国家之间有什么样的政治分歧,他们都能够不成问题地共同协作。虽然他们每个人都曾经在吸引部长们和政府其他官员方面有一些成功之处——这也在一定程度上说明了合作愿望从非政治主题向政治主题的溢出——但他们之所以有影响是因为他们主要是教育工作者,而不是政府决策人士中超国家价值观念的推动者。他们所做的工作已经给他们的同事中一些全球意识较差的人提供了实实在在的教训,而且无疑像喀麦隆的 G. L. 莫尼科索(G. L. Monekosso)、埃塞俄比亚的阿克李卢·哈布特和印度尼西亚的苏查特莫科大使这样的人物,在他们政府的核心会议上已经为国际合作贡献了灵感的源泉。尽管功能主义强调的是新型社会经济力量与进程的变革作用,但是作为新的功能方法化身的特殊个人,其作用也同样重要。

无疑,问题越具体,界定得越明确,功能主义方法的相关性也随之会越强。农业发展,特别是粮食增产的需要,就是一个鲜明的例子。国际农业研究机构在墨西哥、哥伦比亚、菲律宾、印度、尼日利亚和肯尼亚开展着工作,各个机构都投入资源和人力去探索各种具体农作物的新型高产品种。比如,菲律宾集中研究的是水稻,墨西哥集中研究玉米和小麦,而印度则集中研究适于半干旱土地生长的粮食作物。来自许多国家的科学家们并肩工作,很少考虑到国籍的不同。成功的实验使多个国家同意开展多样化的研究和培训项目。基础广泛的国际性研究计划非但不会妨碍进步,反而会刺激科学发展和科研成果的传播。国际性的管理委员会根据地区的而非国家的需要和优先顺序来为这些机构制定政策。正如在非洲、亚洲和拉丁美洲成功开展的公共卫生事业项目有助于为国际农业合作铺平道路一样,这些国际机构培养起了一种精神,这种精神正在向其他领域延伸。第三世界领导人曾经不断地碰到技术援助的推动者只许诺而无行动的情况,以至于应当取得成果的合作项目却被引向了歧路。

成功哺育成功,并培养人们自愿在广大的发展领域中去进行新的实验。

然而,社会经济的进步总是沿着漫长的时间轨迹前进的,即便不是从来没有也很少有立竿见影的解决之道。国际农业机构的成功经历根源于1943年由洛克菲勒基金会倡议提出的墨西哥农业项目长达四分之一世纪的进展。由私人或公共的国际卫生机构对热带疾病的征服则更早在世纪之交时就开始了。功能主义者并不会把政治发展描绘得极其缓慢而把社会进步描绘得立竿见影。功能方法产生不了即时可见的回报;副作用或者非预期的收益可能和直接获得的成功一样宝贵、一样影响深远。当然不可否认的是,在某些社会领域里,曾经受到政治忠诚阻挠的合作在功能环境下却迅速发展。教育和科学方面的领导人养成合作工作的习惯,在一处地方采用的地区性或世界性的方法与方案在其他地方引起的关注,以及国际团体或委员会制定超国家政策的经验,所有这些所产生的长期影响结合起来,共同促进了人们对功能方法的重视。

以上全部所述均在于表明,高等教育方面的经验对功能主义思想提出了某些告诫。高等教育通常要比单独某一个问题更加宽泛些。功能主义及其假定适用于农业教育,特别是为提高粮食生产而进行的教育和研究。但是高等教育所涉及的公共政策范围远为广泛,触及了国家利益、阶级和社会等敏感问题。高等教育与政府关系密切,在第三世界尤其如此。因此,牵涉到国际合作的成功的高等教育实验固然常会削弱民族主义,同时也常会强化民族主义。各国政府对其稀缺资源分配的决策无论有多难也要把教育决策权保留在自己的手中,他们声称可以信赖任何推动教育进步的活动,但却一定要在大学的管理上起主要作用。指望欠发达国家的政府会轻易地同意将高等教育的控制权转交给国际机构,未免要求过高。

最后,高等教育在任何国家都受到文化的影响。它不是一种商品,可以打包装箱并从一国运送到另一国。在一个国家,高等教育机构由各自不同的政府部门创设和管辖。在另一个国家,教育机构虽然分设却都只是为了培养满足某项人才需求的毕业生。在另外一些国家,独立的文科教育机构的重要作用正慢慢地被认识到。如果把这几种形式的高等教育制度作为同一个范畴的典型来看待,那肯定会导致误解和失望。这些差别有一个共同之处就是,它们的焦点都在高等教育与政府的关系上。在多数工业化国家,这两者被看做是各自独立的;而在第三世界国家,它们则是推动国家发展和减轻贫困的民族共同事业的一部分。这一事实限制了功能主义的作用,但一点也没有减损高等教育国际合作的好处。

无论功能主义有什么局限性,它都代表着研究新兴世界秩序的一种独特方法:"它既是对国际社会中问题或混乱状况的诊断,也为塑造更美好的世界提出了方法。"功能主义与任何意识形态或教条都没有关联,它只与世界秩序中涉及公共福利和国际服务的生动现实相关。功能视角已经成了国际关系文献的一个既有特征。相比一个严谨的理论来说,它只是一种研究方法。当今大多数跨国主义理论家,像约瑟夫·奈、罗伯特·基欧汉、卡尔·多伊奇、I. L. 克劳德(I. L. Claude)、厄恩斯特·哈斯(Ernst B. Haas)、J. 帕特里克·塞韦尔(J. Patrick Sewell)以及利昂·林德伯格(Leon N. Lindberg),他们的作品都可以追溯到功能主义观念上。功能主义是有关合作、协作、分享与和平的,它"着重强调构成这个世界社会基础的各种不同行为体之间要充分建立合法的联系。……它拒绝把国际社会比喻为撞球游戏;它更加重视相互依赖……范围的日益扩大;它更喜欢使用'世界政治'或'世界社会'这种用语,而不喜欢使用'国际政治';它以间接方式逐步地降低政府的作用,并通过各种各样功能性的、跨国的联系去促进一体化"①。

米特兰尼的《有效的和平体系》是功能主义的奠基之作,正如伦

---

① A. J. R. Groom and Paul Taylor (eds.), *Functionalism: Theory and Practice in International Relations* (New York: Crane, Russak, 1975), pp. 1, 2.

纳德·伍尔夫(Leonard Woolf)、诺曼·安杰尔(Norman Angell)、罗伯特·塞西尔(Robert Cecil)和科尔(G. D. H. Cole)的早期著作一样。所有这些著作都强调经济发展、国家福利计划的局限性以及民主个人主义的危机。它们都假定,正如物质上的自给自足曾经为国内社会带来和平与安宁一样,如果所发展的联合单位的规模与人类的社会经济需要相称的话,也能够带来国际和平。正如家庭让位于国家一样,国家也必将让位于更大的国际实体,以满足迫切的经济社会需要。技术人员和专家要比经大众选举产生的国民会议能更好地满足这种需要,尽管米特兰尼也呼吁建立像国际劳工组织大会、欧洲煤钢共同体咨询委员会和联合国教科文组织专家顾问团这样的专家会议。19世纪时的邮政电报交换和国际水路贸易曾经是按照功能主义路线组织的,其所设立的专门机构于二战后在联合国中享有重要的自治权,正如欧洲和发展中国家的地区性组织在联合国中享有的权利一样。

在建立一个有效和平体系的基础方面,功能主义是否成功,无论在理论的、历史的还是经验的层次上,都尚有待于进一步研究。米特兰尼的影响已经凸显了国际性和地区性功能组织的重要贡献。这种组织机构在工业化世界的成功已经适当地被描述为"一体化功能主义",但在第三世界里,它们的活动常常被称为"开发型功能主义"。无论在哪里实行功能性合作,都既有优点又有局限性。部门性合作并没有像米特兰尼所预言的那样,一旦实施大范围的行动就会导致国家主权的被侵蚀。随着国家政治与压力在联合国教科文组织这样的功能性组织中占据主导地位,功能主义已经发生了逆向溢出效应。功能主义并没有克服对国家的忠诚;合作的领域越重要,民族主义的影响就越大。世界秩序的演进发展是缓慢的,而持久稳固的国家观念和利益则仍然是国际景观的一部分。

戴维·米特兰尼的著作：

1914—1915

Rumania: Her History and Politics. London: Oxford University Press.

1915

The Balkans: A History of Bulgaria, Serbia, Greece, Rumania, Turkey. With Nevil Forbes, Arnold Toynbee, and D. G. Hogarth. Oxford: Clarendon Press.

1917

Greater Rumania: A Study in National Ideals. London: Hodder & Stoughton.

1925

The Problem of International Sanctions. London: Oxford University Press.

1930

The Land and the Peasant in Rumania: The War and Agrarian Reform, 1917-1921. New Haven, Conn.: Yale University Press.

1933

The Progress of International Government. New Haven, Conn.: Yale University Press.

1936

The Effect of the War in Southeastern Europe. New Haven, Conn.: Yale University Press.

1944

The Road to Security. London: National Peace Council.

A Working Peace System: An Argument for the Functional Development of International Organization. London: Royal Institute of International Affairs.

1951

Marx Against the Peasant: A Study in Social Dogmatism. Chapel

Hill: University of North Carolina Press.

1954

Food and Freedom. London: Batchworth Press.

1975

Functionalism: Theory and Practice in International Relations. Edited by A. J. R. Groom and Paul Taylor. New York: Crane, Russak.

The Functional Theory of Politics. London: M. Robertson, for the London School of Economics and Political Science.

查理·德维舍(1884—1973)

世界秩序与法律现实主义

查理·德维舍(Charles de Visscher)的世界秩序与法律现实主义研究方法反映了他参与和观察当代国际法及其周期性破坏之实际进展和学理分析的个人经验。作为一位比利时公民,德维舍曾经亲身感受过国际法的可能作用与局限性。比利时顽强坚持其由1839年《比利时保证协定》所确立的中立地位,却并未使其在两次世界大战中免遭蹂躏。但是,比利时的长期独立在一定程度上也证明了国际法的有效性,因为确保比利时保持中立符合法国和英国的利益。

查理·德维舍出生于1884年8月2日。他学的是法律,尤其重点学习了国际公法和国际私法。毕业后他在卢万大学和根特大学任国际法教授。他的处女作《比利时个案:一项司法调查》(1916)提出了有关比利时在第一次世界大战期间的中立地位问题。德维舍作为一位一流的国际法权威,其重要贡献在于他多达80部之巨的学术出版物。他于1923年、1925年、1929年和1935年每年都在海牙国际法学会做讲座。他在《国际法与比较法评论》和《美国国际法杂志》上发表过论文。他的著述因其视野宽广而得到了法学家、历史学家、政治科学家以及道德伦理学家的重视。比如他写过,法律只有建立在道德的社会秩序之上才能够成长和发展。

德维舍得到了广泛的承认。一战后,他受邀参加重建国际秩序的工作,他主要关心的是国际联盟的法律方面的问题。他担任了国联盟约修正案筹备委员会和仲裁程序研究委员会的委员和报告起草人。从1923年起,他开始担任国联常设仲裁法院的仲裁员。[①] 鉴于战争所造成的不稳定,德维舍最优先考虑的就是稳定问题。《欧洲的稳定》(1924)正反映出他对这一问题的思考。德维舍既表明了严格的法律现实主义态度,又表现出了对未来的信心。他相信,美好的世界是可能的,并认为他有义务参加到把这个世界尽可能联合成一个国际共同体的共同努力之中。

在以后的岁月中,德维舍的正直与学识令许多著名的教育机构和专业社团授予他荣誉头衔。他获得过多所大学的荣誉博士学位,其中包括南锡大学和蒙彼利埃大学。他担任过会员的机构有:比利时皇家学会、国际学术联合会、法兰西科学院马德里伦理科学学会以及罗马尼亚伦理学与政治学学会。

他曾以辩护律师和法官的身份参与过国际常设法院的活动。他在国际法院所辩护过的案子包括:多瑙河欧洲委员会案、奥得河国际委员会案、波兰战舰进入但泽港口案、波兰公民在但泽的待遇案以及东格陵兰的法律地位案。在科孚海峡案中,他是审判委员会的审判员。1937年他当选为国际常设法院(PCIJ)的法官。在两战期间,他被指派到专家委员会从事国际法的汇编工作,在首届国际法汇编大会上担任比利时代表,并且他还是该次大会第三委员会的报告起草人。因此可以说,他对国际法的学识不仅得自于教科书和国际法专

---

① *International Court of Justice Yearbook*, *1946-1947* (The Hague: International Court of Justice, 1947), p. 48.

家,而且得自于国际法实践。

第二次世界大战期间,德维舍法官担任比利时政治抵抗运动的负责人,与流亡伦敦的比利时政府保持着联系。1944年至1945年,他的同胞任命他为比利时解放政府的成员,并且在战后初期由他代表比利时出席了无数次国际会议。1945年,他被比利时选派为联合国法学家委员会的代表,为新的国际法院起草章程。他参加了创立联合国的旧金山会议,并于1946年初以比利时代表的身份出席了第一届联合国大会。

1946年2月,联合国大会选举他为任期六年的国际法院法官。他于1952年从国际法院退休,他对国际法的持久贡献,以及他使国际法院意识到对其前身国际常设法院的继承性,均为世所公认。在退休之后,他作为教师、顾问和作家继续保持着对国际法的积极兴趣。他有大量文章发表在众多期刊上,并且他还不断写作,直到1973年去世为止。他最有名的著作《国际公法的理论与现实》1957年在法国首次发表,之后再版四次并被译成了英文。至今该著仍是他对国际关系理论所做出的最重要的贡献。

在这部伟大著作的前言中,德维舍声明,其目的在于"通过找回国际法赖以建立的价值,并通过联系生活现实为国际法松绑,使之摆脱某些以科学或统一方法的名义使国际法与其社会功能隔绝的体系化禁锢,从而增进国际法的权威性"。德维舍批评了个别的国际法错误概念,特别是"唯意志论者、个人主义者、实证主义者"学派,该学派视国家为最后的合法仲裁人。实证主义者缺乏任何判断国家行为的自主标准,他们把自己局限在一种特定的历史性概念——国家上,而这个概念已经不再能够准确地反映现实了。该著的头几章回顾了国际法治思想的历程,从谈论最早期的基督教国家开始:"国际法起源于基督教共同体思想。"即使在欧洲国家兴起期间以及在格劳秀斯的全部思想中,仍然存在着这样的观念,即"从道德上不愿接受以伟大

查理·德维舍(1884—1973)：世界秩序与法律现实主义

的国家作为公共生活的唯一目的"①。国际法的效力有赖于其道德基础。在基督教时代早期，强调的是人性而非民族主义。总之，他认为国际法必须建立在一些关于人类本性和人类需要的关键概念之上。

随着国家权力的巨大增长，并为托马斯·霍布斯和巴鲁赫·斯宾诺莎的理论所加强，国家具有了自身的道义性，并进而取代了中世纪的人类共同体思想："自然法传统在理论上虽保持着它的生命力，但却越来越远离政治实践，因此每件事情最后都归结到权力范畴上去了。这种无限主权的教条扼杀了正义战争的理论。"自然法传统之后，代之而起的是实证主义，它宣称法律之所以为法律，仅仅因为它是主权者所颁布的。

> 唯意志论实证主义只是在19世纪时期才完全变得苛刻而狭隘，当时民族运动已经成十倍地扩大了主权国家的权力和排他性。……但是，它只有通过牺牲客观秩序的观念而奉行完全规范的国际法概念，才能实现这种围绕国家概念的有力的体系化。它从法中排除了对于更高层次的理性、正义和公用事业的思考，而这些正是其必不可少的根据。②

伴随着这种绝对的国家主权观念而来的是势力均衡思想。虽然有时候均势的实践在促进各国克制温和上间或有着"不可否认的作用"，但是它并不会建立一个真正的世界秩序："因为均势就像所有那些完全依赖于武力的概念一样，它们不一定是错误的，但总是不适当的，因为武力是好是坏取决于其如何使用。"经典的均势体系建立于维也纳和会，尽管受到克制美德的鼓舞，但却触在民族主义的暗礁上，并因工业文明的兴起而崩溃。随着第一次世界大战的爆发，结盟对抗已成定局，小国缺乏保护，极权主义横行，这一体系也就失去了

---

① Charles de Visscher, *Theory and Reality in Public International Law*, trans. Percy Corbett (rev. ed.; Princeton, N.J.: Princeton University Press, 1968), pp. vii, 4, 14.
② Ibid., pp. 17, 21.

最后的一点点合法性。实证主义还由于世界大战而暴露了它的弱点。

作为对扭曲变形和枯燥乏味的自然法的一种反应,实证主义理论具有不可争议的优点,它为政治相对稳定的 19 世纪时期的国际关系提供了一幅清晰而基本真实的画面。其不可饶恕的弱点是,它们在道德上不关心权力的人本目的,它们还被动地接受了有关主权的个人主义观念。仅仅为了把规范套进某个科学而全然形式化的体系中,就将它们从其最深厚的基础中切割开,实证主义的理论也就经常使这些规范变得干巴巴的、毫无生机。这说明了这些理论何以受到怀疑。①

为了代替这种道德上失败的、不真实的国际法观点,德维舍提出了一种国际法的目的论观点。这种观点并不企图去规避权力现实;事实上,它坚持以现实为基础。在德维舍看来,这种目的论观点与现实之间的联系就是"详细考察观念的存在理由、重建规范性设施与基础性现实之间的联系"问题。国际法不是一种一成不变的、静止的观念,它不受制于某一阶段的历史,而是一种充满活力的、变动着的进化观念,能够朝着指挥权力服务于人类目的的方向发展。

指望仅仅通过国家之间关系的安排来建立一个共同体秩序,纯粹是幻想;这只有当人类发展起了真正的国际精神时才具备牢固的基础。我们所关心的其实不是权力原则,而是政权对权力观念本身所采取的立场。起决定作用的是,国家内部的安排使之在指定的范围内行动,指定其范围的是一个功能性的概念,这一概念规定权力是为人类目的服务的,而不是专门使用权力本身的无限扩张意义。

---

① Charles de Visscher, *Theory and Reality in Public International Law*, trans. Percy Corbett (rev. ed.; Princeton, N. J.: Princeton University Press, 1968), pp. 24, 54.

查理·德维舍(1884—1973)：世界秩序与法律现实主义

虽然看起来德维舍是在抨击民族主权，但他实际上指出了，通过系统地摧毁国家主权并不能带来国际精神的发展。

> 我们必须明白并且有勇气说出的是，从国家道义向国际道义的转变，绝对不会通过简单地从空间上推广当前人类的道德态度就能实现。权力的历史性分配已经培植了团体道义，它是特定的道义，在此基础上发生的关系既不依赖于超出国家范围的公益感，也不依赖于全人类共命运的意识。人类如果可能在某一天获得一种支持世界共同体的道义的话，那也是通过其他途径、采用别的方法实现的。

德维舍所主张的是观念的力量，对此大部分"现实主义者"都低估了。现实主义者坚持的概念是，观念没什么力量，实际上他们可能因此而阻止了世界历史的良性发展。

> 国际共同体是人类思想中的一种潜在秩序：它与已经有效建立的秩序并不一致。由于它缺乏对运用武力的法律控制，所以缺乏法定的共同体。……权力的人本目的单独就能为行为提供道德基础。反过来，人类通过将作为组织和手段的"国家"概念与作为目的的人联系起来，就可以在一个非人的但也非超人的公益水平上，发现国际法强制性的唯一的道德和法律理由。国际共同体观念属于那些伟大的直觉，属于那些启蒙式观念，它们虽然行动迟缓且命途多舛，但却都是引起政治社会变革的积极力量。最不妥协的现实主义者也无法否认它们的真实存在或者它们的说服力，因为单凭观察本身就可以证实，人类在其积极的本性上是拒绝承认自己无可逃于法律的，在其道德本性上也不情愿把实际有效地强加的东西当做是不变的正义。①

---

① Charles de Visscher, *Theory and Reality in Public International Law*, trans. Percy Corbett (rev. ed.; Princeton, N. J.: Princeton University Press, 1968), pp. 94, 97, 101, 404.

因此，德维舍最终既是一位务实的实干家，又是一位历史理想主义者。他写道，有必要区分一下那些国际法管辖下的问题和那些民族主义支配下的问题。他提醒人们注意在这个始于法国大革命的民族主义世纪里国际法所受到的约束。他承认，不受约束的无限主权概念以及他所谓的"记忆的民族共同体"有其说服力。主权国家及其榜样总是从政治的而非法律的观点来看待问题。当代国际体系在领土框架内运转。国际法学家要想有成就，必须对政治做出让步——做出令法律人士为难的让步。国际条约难以逃避国家主权的强制，特别是在条约执行有争议时。当今诉诸武力的情况表明了国际法的局限性。即使在联合国范围内，新会员国的接纳也是不仅依据法律标准，而且依据政治利益变动不居的组合。1956年，德维舍写道："目前司法活动的迟缓不能归因于其精神上的败坏或者其方法上的不完善，而必须归因于完全具有政治性的外部因素，是它们令国际关系中的一切国际法失效的。"这些外部因素包括，其文明与国际法基础无关的国家突然进入国际社会，以及政治紧张局势的激化和持续。法律需要国际秩序保持最低限度的稳定。和平秩序是国际共同体的第一要求。没有最低限度的秩序，正义就软弱无力。德维舍法官引用一位法学家同行波利蒂斯（N. Politis）的话说："人们通常认为正义会带来和平，因为人们相信正义能够消除战争。然而，事实却正好相反。正义要得势必须先有和平。在充满着激愤、对抗和敌视态度的气氛中，法官是无能为力的，因为他的武器——法律在武力面前失去了任何价值。"①

在所有承认法律与和平世界秩序有密切关联的国际法学家中，查理·德维舍差不多是特立独行的，这也使他与巴特菲尔德、李普曼和摩根索有了联系，他们的著述都认为外交必须要有缔造和平的过程。对德维舍来说，世界秩序与其规范基础、与权力和政治是不可分

---

① Charles de Visscher, "Reflections on the Present Prospects of International Adjudication", *American Journal of International Law* L (July, 1956), p. 474.

查理·德维舍(1884—1973)：世界秩序与法律现实主义

割的。因此，德维舍的理论对于紧迫的国际问题一直都是贴切的，其贴切程度常常是其他世界秩序理论家的著作所无法企及的。然而，德维舍在许多重要方面与政治现实主义者又截然不同。德维舍和现实主义者可能会一致认为，把国际法与其社会、政治和道德环境分离是一个错误："区分伦理的范畴和法律的范畴，这本身是合理的，而且在许多方面来看也是必要的，但是不可以进而完全把法律与主要的道德观念分离开来。"伪称幽居于封闭的民族共同体内的人们有可能采取全球性的道德观，这是错误的。用德维舍的话来说就是："仅仅乞灵于国际共同体的理念，正如习惯上所做的那样，等于直接走进一个恶性循环之中，因为那无疑于假设，在那些关闭在他们的民族'隔舱'中的人具有了某种他们基本上还不具有的东西，即共同体精神，即有意识地拥护超国家价值。"从另一个角度来看，德维舍与现实主义者还有一个共同观点，对此他的表述是："今后规范秩序的核心问题，与其说是制定国际法的正式程序在法律上的有效性，不如说是推广国际法时面对的障碍。"① 尽管德维舍对今日国际法的局限性很敏感，但是在为国际法院以及众多服务于人类的国际机构尽职请命方面，他比任何现实主义者都要卖力。现实主义者一度以怀疑的态度看待人们靡费大量时间和精力去起草国际法公约和推动法律原则的传播，因为冲突的解决在更多情况下依靠的是非法律手段。他们不相信法学家在美国外交政策的制定上有了不得的影响，他们还批评法学家有充当现状维护者的倾向。他们觉得，考察促进一国履行法律承诺的政治和社会形势比称赞正式的法律安排——经常看到它们受到破坏而不是得到遵守——要好得多。德维舍接受了很多这种批评，但是他对服务于全人类的世界秩序投入太深，以至于他最后还是选择为另一种学术立场作辩护。可以恰如其分地称他为一位世界秩序理论家，一位不抱幻想的理想主义者。

---

① De Visscher, *Theory and Reality in Public International Law*, p. 98.

查理·德维舍的著作:

1916

Belgium's Case: *A Judicial Enquiry*. Translated by E. F. Jourdain. London: Hodder & Stoughton.

1923

La responsabilité des états; *cours professé à L'Académie de droit international de la Haye*. Juillet.

1924

The Stabilization of Europe. Chicago: University of Chicago Press.

1957

Theory and Reality in Public International Law. Translated by Percy Corbett. Princeton, N. J.: Princeton University Press. Revised edition, 1968.

1963

Problèmes d'interprétation judiciaire en droit international public. Paris: A. Pedone.

1966

Aspects rècents du droit procedural de la Cour Internationale de Justice. Paris: A. Pedone.

1967

Les Effectivités du droit international public. Paris: A. Pedone.

1972

De L'equité dans le reglement arbitral au judiciare des litiges de droit international public. Paris: A. Pedone.

→ 阿诺德·汤因比(1889—1975)

世界文明与世界政治

阿诺德·汤因比(Arnold J. Toynbee)1889年4月14日生于伦敦,其父哈里·汤因比是一位社会工作者,其母萨拉·马歇尔·汤因比是英国最早获得大学学位的女性之一。他的名字取自他的一位三十而夭的伯父,这位伯父的笔记为他的《工业革命》(1884)一书打下了基础。作为侄子的阿诺德在该书1956年版的前言中写道:"我之所以与他同名,是因为我正好是在他1883年去世后直系亲属中出生的以他的名字取名的第一个男孩子。"① 汤因比没有机会见过他的这位伯父,但他步其后尘,也任教于牛津大学巴利奥尔学院,在那里他的伯父曾经担任过研究生导师。汤因比从他伯父身上继承了朴素的想象力和明显高尚的品质。当阿诺德·汤因比去世时,人们称他为一位和蔼可亲、朴素率真的人,举止随意而无专业派头,几乎和任何人都能津津

---

① Arnold J. Toynbee, *The Industrial Revolution* (1884; reprinted, Boston: Beacon Press, 1956), p. x.

有味地交谈。为了纪念老汤因比而建的汤因比纪念堂是伦敦的一座社会活动中心,在那里,大学生们可以亲身感受到贫民的生活。

小汤因比是在一种鼓励儿童阅读希腊罗马经典和关心人间冷暖的环境中长大的。为受教育他被送到了温彻斯特,然后才被送到牛津大学巴利奥尔学院。不同于 E. H. 卡尔或者戴维·米特兰尼——他们是坚定反对英国对外政策的精英人物的代表,并且代表那些无权无势者讲话,汤因比接受的是完全英国式的经典教育,过的是完全英国式的传统生活方式。他在希腊继续过学业,在雅典的英国考古学院接受过培训,曾漫步于古希腊和克里特岛的废墟旁,并开始沉思包括自身文明在内的诸文明的衰败命运。1912 年返回英国后,他被任为巴利奥尔学院的古代史导师。从 1915 年至 1919 年,他被征召为政府提供战时服务,并于 1918 年 4 月被派到英国外交部政治情报局工作。他在 1919 年巴黎和会上是英国代表团中东片的成员,并且在 1946 年二战结束后的巴黎和平会议上还是英国代表团成员。他那流利的五种语言和有关中东的知识使他成为一名不可多得的公务员。从 1919 年至 1924 年,他在伦敦大学担任拜占庭与现代希腊语、文学、历史学的科拉伊斯讲座教授。从 1939 年至 1943 年,他担任英国皇家国际事务研究所外事研究与新闻服务部主任,1943 年至 1946 年任英国外交部研究室主任。二战后他继续与查塔姆大厦(英国皇家国际事务研究所)保持联系,同时担任斯蒂文森国际史研究教授和研究部主任双重职务,直到 1955 年退休。他获得过众多荣誉学位(有牛津大学的、伯明翰大学的、哥伦比亚大学的和普林斯顿大学的),并于 1968 年被聘任为法兰西科学院道德与政治科学学会的联系院士。他的不朽巨著《历史研究》(1934—1961)首先在美国博得好评,而被《英国历史评论》所忽视,该刊直到 1956 年才迟迟发表第一次书评。该著显然令享有盛誉的《剑桥当代史》的编辑们大为光火,因为它攻击狭隘史学。(据说,《剑桥当代史》的共同撰稿人认为,他一人独闯历史综合领域是一种胆大妄为。)美国的评论家,包括著名的查尔斯·比

阿诺德·汤因比(1889—1975)：世界文明与世界政治

尔德(Charles A. Beard),1935年就在《美国历史评论》上很快对其前三卷发表了评论。还有一位美国评论家称之为自卡尔·马克思的《资本论》以来写于英国的最能引起争议的历史理论著作。

无论谁有意讨论和评价历史著作,都会遇到一个双重的问题。首先,他必须确定该著作的根本研究对象。一种有用的办法是,在历史著述和历史哲学之间做出区分。一般说来,历史学家努力去报告和描述过去的事件;而历史哲学家通常承担的却是另外一项任务,他们思考的问题是为什么事件会如此发生,他们试图领悟其意义并提出历史原则来。在这两种研究方法中间并不总是可能划出明显的界线来,但是,一位历史学家的标准却不可能完全相当于一位哲学家的标准。虽说修昔底德与奥古斯丁两个人都阐述过历史原则,但只有前者撰写过叙述性历史。评价历史学家要看他描写过去时代的准确程度,而评价哲学家则要看他的世界观对于理解和诠释当今时代的价值。有些则是历史哲学家,他们大胆地预卜未来。间接地说,所有历史哲学家都有这种意图。汤因比虽然屡次否认他有任何历史预言目的①,但是对其作品的无数引证和类推——事实上就连他主要作品的整个特征——均表明,他对未来怀有深深的关切。他把一种根本的哲学应用于历史事实,且其所写的时间跨度长,纵贯古今。正因如此,我们只能说他不仅是一位历史学家,而且是一位历史哲学家。不过,历史哲学有三种可能的含义。它可能指历史方法论,或者指历史形而上学,或者指历史逻辑。也就是说,任何历史哲学都可能被解释为一种处理历史复杂情况的方法(method),或者是一种对历史意义(meaning)的解释,或者是一种对历史法则(laws)的陈述。本文的讨论将只限于汤因比的历史方法,也将间接地揭示他对历史意义和历史法则的看法。

---

① "我们虽能推测未来事物的大体模样,但却只能在前面极短的距离内预见即将发生的特定事件的清晰影像。" Arnold J. Toynbee, *Civilization on Trial* (New York: Oxford University Press, 1948), p. 204.

对汤因比来说,历史以及研究历史的技术方法是科学与虚构的奇异混合。大多数社会研究的计划和设计不是以极其精确而科学的程序系统地论述某个主题,就是恰恰相反,借助诗歌和传说去阐释某些深奥的神话或神圣的真理。将这些技术方法结合起来并使用其中的一种去补充另一种的缺陷,这种想法不同凡响,几乎还没有人向汤因比的这种根本的二元论发出过挑战。相反,经验主义者和社会科学家还曾一致驳斥过他的神秘主义,而人文主义者则曾驳斥他的科学主义。① 因此,检验其历史方法的两根支柱中各自所处的相对位置,才是重要的。

汤因比对科学方法的强调,乍一看似乎可以把他放到亨利·巴克尔(Henry T. Buckle)、韦尔弗雷多·帕累托(Vifredo Pareto)和埃尔斯沃思·亨廷顿(Ellsworth Huntington)的传统中。在创立一门有关社会和人类行为的科学方面,再没有多少学者比巴克尔更乐观自信的了。他深信,任何人类现象都能够"通过无数次的观察,排除干扰"将其分隔开来并加以研究。统计学比所有过去的或现在的研究方法都"更多地有助于研究人类的性质"。人类行为的任何方面都在此认识范围之内。

> 当我们采取某个行动时,我们是因为有某种动机或某些动机才这么做的。……那些动机就是某些先前发生过的事情的结果。……因此,如果我们熟悉所有先前发生过的事情,而且我们又懂得所有活动的规律的话,那么我们就能够确凿无误地预测它们的所有直接结果了。……比如,如果我十分熟悉某个人的性格特征,我就能够随时说出他在某种特定的环境下会如何作为。如果我的这一预测失败了,我肯定不会将错误归因于他的随心所欲和反复无常,也不会归因于

---

① 这些攻击中最有说服力且水平最高的是克罗斯曼(R. H. S. Crossman)的文章:"Mystic World of Arnold Toynbee", *New Republic*, July 14, 1947, pp. 24-26.

任何超自然的预先安排,因为对这些情况我们都没有丝毫的证据;但是,我却肯定会心甘情愿地去推想,这或者是因为我所得知的有关他置身其中的某些环境的信息是错误的,或者是因为我对于他的正常思维活动研究得还不够。

帕累托对待普遍科学规律和原则虽然不像巴克尔这么狂妄,但他同样深信,真理只有通过科学试验和探讨才能加以揭示。唯一合法的研究领域是"严格意义上的经验和观察领域。我们使用的是这些术语在自然科学如天文学、化学、生理学等学科中所具有的意义"①。

这些只不过是不同程度地建立在自然科学原则基础上的方法论中的两个例子。自然科学家所探索的是那些被简单界定的、孤立而不相关联的因素,然后才考虑这些个别单位之间的关系。汤因比也大体上是以同样的方式来安排其孤立而不相关联的文明的发展步伐的,因为他说过:

> 在方法论上我正努力做的是,将"法律"(law)、"规律"(regularity)和"再现"(recurrence)等科学概念应用到人类事务的历史中去,并且通过这种实验,去证明这种看待事物的方法在这一领域能有多大的用场。……我确实认为,科学工具在某些范围内能够有效地应用于人类事务,比如在人类事务显著地受到物质环境影响的情况下,以及当人类受到精神上潜意识的控制而失去理智的时候。②

汤因比较早受到启发的一个源泉是弗里曼(E. A. Freeman)的比较史学。在《历史研究》中,汤因比承认,"他受惠于年轻时所读的弗里曼的《历史文论》太大,以至于无以回报"。正是弗里曼提出了可以

---

① Henry T. Buckle, *Introductions to the History of Civilization in England* (New York: Albert and Charles Boni, 1925), pp. Ⅰ, 10-11, 18, 90-91; Vilfredo Pareto, *The Mind and Society* (New York: Harcourt Brace, 1935), pp. Ⅰ, 33.

② Arnold J. Toynbee to Kenneth W. Thompson, September 22, 1949.

把社会作为孤立而不相关联的单位加以研究的论点。在汤因比的研究体系中,始终贯穿着"研究相似或相近事物的比较方法"。他是这样比较当前企业中所用的方法与历史著述中所用的方法的:

> 当我们的西方历史学家就历史事实比较研究的可能性进行辩论的时候,我们的西方企业界人士却无时无刻不在指靠着对其周围的事实进行比较研究。这种为了实际目的进行比较研究的最好例证是,保险公司进行商业交易所依据的统计数字的搜集和分析;而且在这类出色的研究中,为了预测而进行统计数字搜集和理算,几乎是所有营利性企业的基础。……反正,在这种事业上我们应毫不犹豫地去效法我们的近世先贤。①

在汤因比看来,历史进程就是人类与其地理环境关系的产物,也是其与同类关系的产物。地理对历史的影响本是科学或伪科学研究的主题。在此,汤因比承认他利用了埃尔斯沃思·亨廷顿的传统,称亨廷顿为"我们最杰出和最有创见的学者之一"。例如,汤因比宣称:"四季循环更替决定着我们的粮食供给,从而决定我们的生活本身。"②然而,自巴克尔至亨廷顿至汤因比,在把地理看做是决定一切的力量方面,他们强调的程度是依次递减的。这三位学者的共同观点是,都相信人类的命运或多或少地取决于其周围物质环境中相对固定的因素。历史学家必须回答的一个问题是,如何充分地研究这些因素。首先,汤因比呼吁运用科学方法来建立起某一社会的发展与其地理基础之间的相互关系。他尝试证明,有着相似的生长或衰败类型的社会是否也有着共同的地理因素。

但是他的这一尝试很快就引发了这样一个问题:特殊的地理因

---

① Arnold J. Toynbee, *A Study of History* (6 vols.; London: Oxford University Press, 1934-61), pp. I, 34, 180-181, 339.

② Ibid., p. 293; Toynbee, *Civilization on Trial*, p. 31.

素,或者一般意义上的可测量和可预测因素,是否能够圆满解释人类的行为或一个社会的起源、生长和灭亡。对此,已故的莫里斯·科恩(Morris Cohen)曾经提出过严厉警告:

> 说任何事物取决于该事物的环境,实际上就是说,为了解释事物,我们只须留意该事物与他事物的关系就行了——这无疑等于是一种同义反复。而根本的事实是,每个人的环境和每种人类行为的环境条件都包含有人的因素和非人的因素,两者交结在一起难解难分。只有当我们认识到人类历史事件包括精神和物质这样两种性质相对的组成部分时,我们才能避免那些认为世界由观念构成的人和那些指望以土、气、火、水来解释所有人类现象的人所犯的极其严重的错误。

在这种情况下,汤因比始终认为,观念和神话跟那些较为实在的因素一样,都是历史学家必备才能的一部分。他相当自觉和有意地把神话当做一种科学探讨的工具加以利用,并且用以指示理性的正确方向。因此他的地理决定论向来不过是半心半意而已。科学方法在某些作者那里被上升为一种哲学和准宗教,而对他来说则是一种有用但却不完善的手段,对此他质疑道:"把科学的思维方法——它是被设计用来思考无生命的大自然的,运用于历史思维——它是研究有生命的人的,我们这么做是不是已经犯了错误呢?……就让我们闭上一会儿眼睛,不去注视科学的公式,而竖起我们的耳朵,去聆听一下神话的声音吧。"①

在整个《历史研究》中,汤因比早年的英国基督教社会主义思想基础一直对他有着明显最重要的影响。年轻时他吸收了弗里德里克·莫里斯爵士(Sir Frederick Maurice)、查尔斯·金斯利(Charles Kingsley)、卡农·巴尼特(Canon Barnett)、其伯父阿诺德·汤因比以

---

① Morris Cohen, *The Meaning of Human History* (La Salle, Ill.: Open Court Publishing Co., 1947), p. 171; Toynbee, *A Study of History*, pp. Ⅰ, 271.

及其岳父吉尔伯特·默里(Gilbert Murray)的思想,而且他们的思想塑造了他的社会意识。但是汤因比的个人主义和神秘主义主要来源于亨利·伯格森(Henry Bergson),伯格森的著作以"启示般的力量"①给汤因比以冲击。创世进化与突生进化的观念渗透在汤因比历史哲学的整个结构中。强调非永久性,强调变化着的价值之中的目的,以及强调把理智与直觉当做真理的孪生起源,这些引入了一种最终支配汤因比编史工作的新要素。由此出发,他的著作就变成了一篇伟大的史诗,起码像一门有规划的社会科学一样。"生命活力"(élan vital)是上帝在人间的精神体现。作为敌人的魔鬼则对抗人类。这样两种神话力量争相主宰和支配人类的命运,而且,在微观世界里,它们又成为人类理智之中的敌对势力。在这场战斗和表演中,最后的胜利必定是属于上帝的,但是其对手的挑战所调动起来的活力却是全能的上帝所决不曾独自激起过的。这是一出广大无边的戏剧,我们可以详细考察它,但不是在实验室里,而是在人类的头脑和他们的社会关系之中。

传说与神话作为第二个因素的存在,本身并没有证明汤因比的科学历险已经失败。最伟大的历史学家们的理想一向是重建过去,其方法可能是科学的,而在见解与表述上则是富于想象的。此外,众所周知的是,任何观察者在开始进行观察时都不会是头脑一片空白,而是带着一大堆的假设与预期。伟大的英国历史学家费希尔有言:"汤因比先生……并不完全拘泥于研究事实。他提出了大量的历史观念,做了大量富有启发性的比较。……汤因比先生在理智上保持着不偏不倚。"英国学者特里维廉(G. M. Trevelyan)写道:"真实性是历史研究的准则,但其动机却是具有诗意的。其诗意在于其真实性。在那里,我们发现了看待历史的科学和文学观的综合。"科学史学家雅各布·伯克哈特将同样的事实因素和精神因素置于其历史观点的

---

① Tangye Leon, "A Study of Toynbee", *Horizon*, XV (January, 1947), p. 24.

阿诺德·汤因比(1889—1975)：世界文明与世界政治

核心："历史学总的任务是，展示其既相区别又相同一的两面，其具体情形是，首先，无论从哪个领域去理解，精神活动都有其历史的一面，其表现是变革、是偶然事件、是转瞬即逝的时机——它组成广大整体的一部分并超出我们的预见能力，而其次，每一事件都有其精神的一面，据此才具有不朽性。"①虽然如此，将精神和道德因素置于它们在历史上的适当位置是一回事，而听任对这方面的关注模糊和蒙蔽对物质和有形因素的理解则是另外一回事。有些人曾经谴责精神史学，一般是由于他们拒绝面对社会政治层面的问题，在此层面，人类活在他们共同的物质生活之外。

汤因比熟谙古典文学，起码跟神学家一样通晓《圣经》，并且特别深入地吸取了圣约翰(St. John)、约翰·冯·歌德(Johann von Goethe)和威廉·布莱克(William Blake)的见解，并对他们的见解运用自如。此外，奥斯瓦尔德·施本格勒为所有社会的生活史研究开辟了道路。虽然汤因比的探究已经开始，但他所读的施本格勒的著作，从积极的方面使他再次确信其研究设计的有效性，而从消极的方面使他再次确信进行经验研究的重要性。施本格勒从两个方面影响了汤因比的方法论。首先，两个人都试图建立适于所有社会的历史法则。他们的不同之处在于这些法则的性质。对施本格勒而言，这种法则是不可改变的，而汤因比则不这么肯定。但是，两人都承认，在人类行为当中存在着一种独创性因素，它使绝对科学变得不切实际。施本格勒说："在人类与其他所有动物之间存在着一种巨大差异。……技术在人类生活中是自觉的、随意的、可变的、个人的、独创的。技术可以学习并改进。人类是其生存手段的创造者——这是他的伟大，也是他的劫数。至于这种独创性的内在力量我们称之为文化。"②

---

① *Survey of Internationat Affairs*, *1924* (Oxford: Oxford University Press, 1926), pp. v-vi; G. M. Trevelyan, "History and Literature", *History*, n.s., IX (1924), p. 91; Jacob Burckhardt, *Force and Freedom* (New York: Pantheon Books, 1943), p. 83.

② Oswald Spengler, *Man and Technics* (New York: Alfred A. Knopf, 1932), pp. 28-31.

最后，必须提及两位不那么广为人知的学者，他们可能对汤因比的研究体系也有所贡献。他论挑战与应战的文章在温伍德·里德（Winwood Reade）的《人类的苦难》(1872)中早已有模糊的暗示。汤因比所称的"困难地方的刺激"被里德描述为："为了糊口与恶劣的自然环境作斗争，这首先激发了埃及祭司们的精神活动，而持续不断的沙漠部落侵袭也培养了军人们的尚武精神。"同样，汤因比关于内在无产者和外在无产者的概念也暗含在伟大的俄罗斯历史学家迈克尔·罗斯托夫采夫（Michael I. Rostovtzeff）的《古代世界史》(1927)一书的末章中。在一次私人访谈中，汤因比承认，他要感激罗斯托夫采夫，但又补充说，他是从诗人罗伯特·勃朗宁（Robert Browning）那里获得有关挑战与应战的思想的。他还表明，反映在弗雷德里希·泰嘉德（Frederich Teggart）著作中的杜尔哥（Anne Robert Jacques Turgot）的思想很早就令他浮想联翩。① 因而，汤因比所受到的影响既有社会科学家的也有人文主义者的。他处理历史问题的方法确凿无疑地证明了这两大主流思想的影响。

确定汤因比历史研究途径的先驱者要比系统分析他的历史研究方法稍微容易一些。一则因为，在他一生的三个不同时期他的研究途径有所不同。这些在研究重点和参照系方面的变化，展现了他提出理论、通过试验和试错发现其瑕疵，并换成他认为更好的东西的能力。这些变化也昭示，他把历史当做是文明的并最终当做是宗教的传奇故事的观念，只是一种渐渐被他所领悟的思想。

汤因比最早发表的作品显然是他所受教育的产物。他在温彻斯特和巴利奥尔学院受教育的时候，大约正是20世纪的头十年。那个时代的象征是维多利亚女王执政六十周年纪念。当时他是一个小男孩，参加了庆祝游行。英国人当时都有到达巅峰、历史行将终结之

---

① Winwood Reade, *The Martyrdom of Man* (London: Watts, 1925), p. 6; Michael Rostovtzeff, *A History of the Ancient World* (Oxford: Clarendon Press, 1927), pp. II, 351-355; private interview with Arnold J.Toynbee, December 2, 1950.

感。这种哲学不大能令汤因比信服,因为他最早的著作就反映了他在伍德罗·威尔逊总统的民族自决精神鼓舞下对其他民族和人民的关怀。自1914年至1916年,汤因比发表了他的早期论文和专著:《巴尔干半岛》《民族与战争》《新欧洲》。在这些作品中,他的方法论反映在他所思考的主题上。"可以理解的历史单位"不是文明,而是民族。他对一般民族的乐观态度与维多利亚女王时代对不列颠特别表露的乐观态度相同。在那个时代,"民族国家是最为辉煌的……现有社会成就"。民族文化是神圣的,反对它就是藐视上帝。一些他后来用于描述宗教作用的相同术语当时被他用来描绘民族国家的功能。例如,他认为,在专制政府的"蝶蛹"之中,"共同的自我意识或民族性"由以诞生,民主民族主义也正在茁壮成长。他写道:"从奥斯曼帝国之中将会出现……一个土耳其民族,正如从一个蝶蛹中长出来一样。"①同样,他后来也判定,文明乃是从伟大宗教的"蝶蛹"中脱颖而出的。

这些例子表明,他相当天真地相信通过人道的民族主义就可以取得资产阶级进步,当然在很多方面都要受到限制。他早就表示他深信某种国际性权威。东欧有问题就得有一个巴尔干同盟。文化不是任何一种语言所固有的,而是民族的传统。不过,这些预示着其后来的"普遍主义"的陈述更多地表达了一种理想主义的国际关系哲学,而不是对民族作为首要历史单位的否定。实际上,他把第一次世界大战看做是一种意外事件,它打乱了欧洲朝向没有战争的国际主义的进步,但却是暂时的——这是当时阶段汤因比认为理想主义与民族主义难解难分的具体证明。欧洲的民族国家是文明社会的标准,迄今已经显露了"无限的有机生长的天赋"②。这一观点可能会改

---

① Arnold J. Toynbee, *Nationality and the War* (London: J. M. Dent, 1915), pp. 273, 481; Arnold J. Toynbee and Kenneth P. Kirkwood, *Turkey* (London: Emest Benn, 1926), pp. 4-5.
② Arnold J. Toynbee et al., *The Balkans: A History of Bulgaria, Serbia, Greece, Rumania and Turkey* (London: Oxford University Press, 1915), p. 183.

变的前兆是《民族与战争》(1915)一书的最后一句话:如果各民族在它们的生存斗争中继续拘泥和局限于狭隘的国家范围,它们的命运将会跟古希腊城邦国家的命运无二。这就是他作为一个25岁的青年所写的历史。

第一次世界大战粉碎了他早年的观点。任何有关人类进步的资产阶级幻想也无法抵挡如此残酷的人类暴行和野蛮。有五年时间汤因比埋头为政府做宣传和情报工作。他的任务是审查和修改有关德国暴行的报告。那些可怕的记录不适当地从这位贤明的历史学家的笔下流泄而出。战争过后,他说:"暴行就像是人类兽性的发作,通常情况下这种兽性是在'抑制着',但是在某些情况下就几乎自动地被激发,而且如果这样的情况足够严重或被延长的话,其发作会非常有力,以至于文明程度最高的人也无法自制。"①此外,他表达了对把民族国家作为衡量事物尺度的严重疑虑。除了他所处的文明,没有别的已知文明是把国家建立在语言共同体之上的。这一准则已经引发了中近东的流血冲突和大屠杀。其极端情况表现为极权主义的"恐怖力量",表现为疯狂地强求一律。

在这次战争期间,汤因比的意识中还产生了另外一个印象。在1918年春天,当德国侵略军在埃里希·鲁登道夫(Erich Ludendorff)的指挥下发动一次总攻时,汤因比产生了深深的焦虑。1911年至1912年,就在他取得学位后不久,他到希腊和克里特岛做了一次为期九个月的徒步旅行。一个印象深深地铭刻在他的记忆中,令他难以忘怀。在克里特岛上米诺斯文明的遗址旁,他无意中发现了一个威尼斯地主遗弃的乡间住宅。当他看着这些两个半世纪以前的遗迹时,他想象着在它们旁边的成堆的英国遗迹。1918年,他又记起了这个克里特岛上的"死亡象征",它象征着一个灭绝了的威尼斯殖民地,它比任何英国殖民地都要长四个半世纪之久。那次的德国进攻对西

---

① Arnold J. Toynbee, *The Western Question in Greece and Turkey* (London: Constable, 1922), p. 266.

阿诺德·汤因比(1889—1975)：世界文明与世界政治

方可能会是"击倒的一拳"，这种不祥预感促使汤因比重读修昔底德和卢克莱修(Lucretius)，包括后者关于如何面对死亡的永恒而忧郁的忠告。描写伯罗奔尼撒战争和汉尼拔战争的沉郁故事，汤因比自己所读到和叙述着的残忍而野蛮的战祸，以及他对短命的文明的迫近感，这些在他那次巴尔干之行后一直令他耿耿于怀。这样三种要素注定要结合起来，为汤因比提供一种既坚实又灵活的历史新内涵。

汤因比历史研究方法发展的第二个阶段或时期开始于1922年，时年33岁的他草拟了《历史研究》的总体大纲。那是一部规模两倍于爱德华·吉本的伟大经典的著作①，它需要花费汤因比大部分的学术精力去完成。在战争年代里，各种力量引导他去领略整个历史景观。1919年，也就是他战后任教于英国大学的第一年，当他在牛津大学向人文学科的学位候选人们致辞时，他对此做了清楚的交代。那次演讲的论文就是他的历史新论的简洁范本。作为主要研究单位的民族国家已经成为过去，因为"文明戏剧在其伟大的展开部——正如希腊文明展开部或我们自己的西方文明展开部——其情节当然是任何人文教育的正确目标"。他稍后又声明，西方社会是"一个比在其范围内建立和解体的独立国家……更紧密、更持久的统一体"。② 通过以文明代替国家，汤因比开始了他的第二次创新。如何分析和解剖这些重大的单位呢？汤因比给出的答案与施本格勒的相同，只是汤因比此时尚不知道后者的著作。文明的生命史必须放在一门历史"形态学"中进行汇编、比较和归纳。文明都要经历一定的生长和衰败状态。为了描述这些阶段，可以把它们当做"生物学上的有机体"。在这一有限的意义上，社会的生命周期可以被描述为有机生物。

同样，汤因比赋予文明的生命模型以另外一种形式的隐喻，即戏

---

① 吉本的《罗马帝国衰亡史》一书全六册，而汤因比的《历史研究》全十二册，后者是前者的两倍。——译者

② Toynbee, *The Tragedy of Greece* (Oxford: Clarendon Press, 1921), p. 6; Toynbee, *The Western Question in Greece and Turkey*, p. 4.

剧或者悲剧。他说:"所有伟大的文明……如果我们正确地加以分析,它们可能都展示着相同的剧情。"这一剧情及其三"幕"表演——生长与发展;危机、崩溃与复兴;最后解体——正是普遍史学家必须准备加以研究的。古希腊-罗马文明是汤因比研究的典型,对其衰落的原因他自有高论。在他看来,其道德衰竭与崩溃开始于公元前431年伯罗奔尼撒战争爆发时。

第三种也是最后一种方法必须提及。在选择以文明为研究主题并将文明的历史分解成一出戏剧的三部或三"幕"之后,汤因比就这些单位或社会之间的关系提出了第三个方法论问题。如果我们只考察每一文明各自的独特之处,或者像施本格勒一样只考察其"文化之魂"的话,我们会忽视一些历史问题的。因此在汤因比看来,最引人入胜的历史问题包括新文明诞生于其中的种种邂逅或接触。

当前西方文明与世界其他地方的邂逅并没有什么新奇或独特之处,它只不过是反复再现的历史现象中的一个突出例子,可以加以比较研究。从这种对历史文明之间相遇的研究,可以演绎出有关文化接触的"法则"来。汤因比得出的"法则"之一集中在面对受袭击社会的抵抗时两种社会之间关系的性质上。当两种文明碰撞到一起时,较为好斗者的文化会被分解成各个部分,正如一束光线在遇到棱镜时被分解成光谱一样。较不起眼的部分因其不会对受威胁社会的传统生活方式构成过于直接和猛烈的侵犯,也就有着最佳的渗透机会。可资证明的是西方文明相继对中国和日本进行的两次袭击。在16世纪和17世纪,远东拒绝了引入西方全部生活方式——包括其宗教信仰——的企图,但却在19世纪屈从于较不起眼的技术力量。远东可以接受西方的技术,而保留着自己生活方式中更加基本的特征。

这种文化分解导致了文明相遇的另一个反复再现的特征。作为一个完整文化中的有机组成部分的制度或社会现象,一旦从整体中分离出来,成为一种文化辐射,有可能威胁或破坏受到攻击的社会。因此,民族国家如果像西欧这样建立在共同语言群落的基础上就不那么具有爆炸性。在东欧、西南亚、印度和马来亚,语言的分布与政治的分布并不总是一致,民族国家一度是一种引起分裂的力量。从苏台德区到东孟加拉,国家的建立始终伴随着野蛮的暴力,因为这些地区的本地历史和传统社会生活模式跟民族自决的迫切需要是相抵触的。在现代民族主义的初始环境中,其语言群落是关系紧凑、彼此同质的单位,这在非欧洲社会中却不常见,因而民族主义的思想也就成了一种令人不安甚至具有爆炸性的力量。①

汤因比研究历史的具体方法自 1914—1915 年以来就已经发生了根本性转变。但是最具有决定性的变化则发生在 1939 年,从此也进入了他的历史研究方法的第三个时期。年届五十的汤因比将其研究方法的支点从文明转移到高级宗教上。在此之前,宗教一直是达到某种目的的手段,肩负着文明再生和永存的使命。而在《历史研究》第四至六卷中,我们可以读到这样一段意想不到的记述:

> 当我们考察全世界的教会时,我们会发现自己免不了要提出这样的问题:教会在诸文明的历史上——它们在历史上初次露面的地方——是否可以得到真正完整的理解呢?或者,是否我们未曾把它们看做是另一种社会的典型——这种社会与诸种"文明"的区别至少像文明社会与原始社会的区别一样?这也许将是历史研究……能够启发我们的最重大问题之一。

汤因比关于历史模式的构想中一个关键的因素,是所有文明晚期出现的解体的全部机理,包括内在无产者和外在无产者以及宗教。汤因比从民族到文明再到高级宗教的转移虽然令人奇怪,但也可以理解,而且这种历史研究焦点的转移深刻地改变了他的历史解释,也改变了他所使用的研究工具和方法。他这样总结这一转变及其后果:

---

① 汤因比在《历史研究》的最后四卷中论述了这些问题。

我们目前的现代史观集中关注的,是我们西方现代世俗文明的兴起,它被视为世界上最新的伟大事件。如果我们追溯这一兴起,从腓特烈二世霍恩施陶芬的才智中产生的最早预兆起,经过文艺复兴,再追溯到民主与科学乃至现代科学技术的大发展时,我们确实认为,整个这一进程是世界上新的伟大事件,它需要我们加以注意,也得到了我们的赞美。相反,如果我们把它看做是异教徒的一种徒然的重复——一种几乎没有意义的重复,在我们之前的古希腊罗马人就做过并且做得极好——那么我们对于这个人类历史上最伟大的新事件就会有截然不同的看法。如此来看,这个最伟大的新事件也就不会是又一种世俗文明在最近世纪里从基督教的怀抱中的重复兴起了;它将仍然是耶稣受难及其精神后果。①

汤因比的世界秩序理论方法反映了他对生活与思想一致性的强烈信念。他说,他宁愿做一位人类事务学者,而不愿做政治学或文化、经济学或宗教的研究者。他反对将人类研究细分为"所谓的学科",因为值得研究的是作为整体的人类。在采取这一立场时,汤因比发觉自己从18世纪一下子跃入了21世纪,而没有纠缠于19世纪或20世纪。他相信,在此意义上,过去就是未来的呼唤。1964年,在他75岁生日的时候,他是这样界定他所设想的未来观的:"我们现在正走进人类历史的一个时期,在这个时期里,我们将不是在一个完整的世界和一个破碎的世界之间做出选择,而是在大同世界和乌有世界之间做出选择。"汤因比所憧憬的统一世界社会是无所不包的。他相信,随着时间的推移,宗教派别主义将会从属于普世教会主义,人类事务研究的专门化也将会渐渐地从属于更全面的人类条件观。尽管20世纪冲突频仍,但他预言21世纪将会出现世界统一。

---

① Toynbee, *A Study of History*, V, p. 23; Toynbee, *Civilization on Trial*, p. 237.

阿诺德·汤因比(1889—1975)：世界文明与世界政治

汤因比把希望寄托于他关于人类与历史的观念基础之上。在他看来,支配着历史发展的是精神的而非物质的力量,而形成历史外观的是个人,是既有创造性行为能力又有破坏性行为能力的个人。(为此,他受到苏联及其他马克思主义国家的批判,尽管他曾经写到东西方之间必须共处。)对汤因比而言,历史也就是"上帝的自我启示",而历史的终结处就是天国。(为此,他受到那些认为上帝已死的人们的批判。)他批评美国人拒绝承认人间天堂包括灾难在内并且以为美国如果遭灾就不是人间天堂。(为此,那些自封为美国上流社会正人君子的卫道士对他进行了公开抨击和谴责。《时代》杂志的编辑和出版人虽称赞他的宗教观点,却嘲笑他对苏联的调和态度,称他在论远古历史时是一位杰出的历史学家,而在论当今历史时却是一位二三流的学者。)

当然可以说,汤因比对未来的憧憬代表了一种浪漫的、乌托邦色彩的思想,这一思想周期性地出现在他的历史哲学当中。1915年,威尔逊的民族自决"万灵药"使他着迷。20世纪20年代,他认为西方化的影响将会阻止诸国分立的趋势而为世界统一提供可靠的基础。而到了第二次世界大战之后,他认为诸种宗教正迈向宗教大团结。

虽然汤因比对历史的诠释有时面临着虚假乐观主义的危险,但他却十分清楚地知道,西方文明有可能像他所描述过的二十五种其他文明一样衰败下去。迄至1931年,西方文明连续不断地生存和发展了大约十二到十三个百年,其间只有几次暂时的挫折。随着世界范围的经济萧条和强大国家的兴起,文明受到了威胁,汤因比思忖西方可能正走向其历史终结点。他将西方历史明确划分为四个阶段或不同时期。第一个阶段是从675年到1075年,西方经历了从毁灭了的古希腊文明废墟中起源和诞生的过程。1075年罗马教皇决定拿起武器与世俗国家作斗争可能预示着西方的初次崩解。第二个阶段开始于1075年基督教共和时代开始时,而结束于1475年意大利城市国家达到其权力巅峰时。第三个阶段从1475年到1875年,是从城市国家向君主国家转型的时期,同时伴随着民主制度与工业制度的诞生。自1875年以来的第四个阶段中,这两种孪生制度又为民族国家所利用,而战争与阶级因素则加剧了猖獗的民族主义所带来的问题。汤因比发现,在其他文明历史上出现过的警示征兆在他自己的文明中已有了反映。其中一个征兆是军国主义。亚述帝国虽然曾在行政管理与科学方面有所成就,却自毁于战争;亚述人企图征服世界,最终却激怒了四邻,群起而灭之。汤因比认为,普鲁士是另一个亚述帝国。古希腊推崇城邦,颂赞它是一种非凡的政治文化发展的工具;但是当没有强大的希腊城邦愿意为了更大更强的政治团结而牺牲其主权时,或者说当团结姗姗来迟时,希腊就被罗马人征服了。我们今天类似的情形是,汤因比写道,对民族国家的过度崇拜已经成为最重要的西方宗教。

在汤因比看来,战争与阶级是世界所面临的主要问题。战争造成大多数早期文明的灭亡,当前又威胁着整个人类的事业。同样地,由于社会快速调整的需要仍旧局限于满足19世纪的要求,阶级成了一种空前的挑战。当前技术进步的加速度已经使战争与阶级变得穷凶极恶,也许会摧毁所有的文明,而不只是我们自己的文明。

面对这样的前景,免于灭亡不仅要靠汤因比所有著作中都有预言的最终的宗教解决方案,还要靠眼下的和最终的政治解决方案。眼下的政治解决方案就是政治和解,而最终的政治解决方案就是世界政府。第一种方案的学术根据是政治现实主义,而第二种的学术根据则是政治理想主义。和解的主要目的是赢得时间。世界政府才是维护世界和平的最有效方式,但是在现有的条件下却是不可能实现的。为了最终的事业赢取时间的最佳途径是,把世界划分成若干势力范围。汤因比说:"俄美联合的可能性遥不可及,而俄美联合乃是世界联合政府的唯一形式,它才真正具有重要性,因为唯有美俄之间的联合才会避免另一次世界大战。"世界的暂时分裂"对于那些恰好处于分界线上的国家来说是痛苦的,但是如果实现了这一分裂,则

阿诺德·汤因比(1889—1975)：世界文明与世界政治

对任何人来说肯定都要更好受些,肯定比再来一场后果不堪设想的战争要好得多"。汤因比警告说,由于技术的进步,苏联与美国彼此已经被拉得很近了。他们是"有着极不相同历史与传统以及宗教与意识形态的人民——至今还无暇去学习如何消仇解怨,以在同一个世界上相处"。他断言：

> 俄国与西方、俄国与美国,直到最近也没有被迫亲密地共处于同一个世界上。我们不知道到底它们能不能做到这一点,但即使将来它们有可能做到,它们也需要时间去学会如何做到、需要时间去相互适应。它们相互适应起来很是不自在,如果它们没有时间和耐心的话,它们就无法做到这一点。①

作为一位历史学家,汤因比去寻找先例。在第一次世界大战前,法国与大不列颠在非洲是死对头,而俄国与大不列颠在亚洲互相对峙："1904年时,法国与英国进行协商,重新划定世界地图,凡是它们之间有摩擦的地方就予以和解,达成对等基础上的交易：'你们拥有此地,我们保有彼土；我们都要忘掉我们过去的争吵。'1907年时,英国与俄国也达成了同样的协议。"有人指出,政治和解,比如像在1878年柏林会议上通过谈判达成的政治和解,缓和了有导致战争危险的冲突。政治和解往往需要有共同的敌人,比如世纪之交欧洲国家在非洲和亚洲的对抗中,共同的敌人是德国。汤因比说："但是,说到底……美俄也还是有一个共同敌人的,我敢肯定它们都同样害怕它,它就是原子能。"②

与温斯顿·丘吉尔、沃尔特·李普曼、汉斯·摩根索或其他力陈俄美应当寻求谈判达成政治和解的人物一样,汤因比也没有提出一

---

① Arnold J. Toynbee, *The Prospect of Western Civilization* (New York: Columbia University Press, 1947), pp. 45-46, 47.
② Ibid., pp. 44-45.

份众望所归的详细蓝图。界线与断裂线如果真有可能划分出来,也是艰苦讨价还价和传统外交折冲的产物。20世纪40年代,美国就有能力画出靠近苏联政治版图的分界线,从而获得相当于"世界面积的四分之三和世界人口的五分之四"①这样广大的势力范围。汤因比预想中国、印度、印度尼西亚和日本都将落入美国的势力范围内。"战线拖得太长"的高昂代价显然是美国势力范围可能的收缩,这种收缩会出现在未来任何的谈判和解中,也出现在《赫尔辛基协定》所划定的界线中,这一协定阐述了战后的领土现状。尽管汤因比具有人道主义精神,但他几乎肯定不会把领土安排直接与涉及爆炸性和分裂性人权议题的协定联系在一起。

对汤因比来说,政治和解的最终目的应当是为自愿组成的世界政府创造基本条件。如果外交的直接任务是减轻国际紧张局势,并为缓和与调解政治冲突做准备,那么其终极目的就是促进世界共同体基础的建立。汤因比对政治和解的诉求正以此点为依归。如果一项暂时性的利益范围划分协定"能够达成——如果代价不算太大的话……[这样的一项协定]将至少会让我们有时间去努力将这两个势力范围逐渐地撮合到一起,最终将它们统一到一个合作性的世界政府中去"②。

世界政府是最终的政治解决方案,但是该如何实现它呢?汤因比曾经声称,世界将来会在政治上统一起来是一个不可避免的定论,他还相信,世界相互依赖和核毁灭的威胁正在加速这一统一进程,为此他探寻着实现这种政治统一的途径。他发现,相比于以前的六千年间,今天有更多的人存有更强烈的动机,想联合起来共同对抗战争幽灵。汤因比找到了实现世界政府的两条可选择的道路——通过征服和通过自愿联合。这两条道路之间最根本的差别在于后果。作为

---

① Arnold J. Toynbee, *The Prospect of Western Civilization* (New York: Columbia University Press, 1947), p. 50.

② Ibid., p. 46.

阿诺德·汤因比(1889—1975)：世界文明与世界政治

世界文明史学家,汤因比认为世界政府是不可避免的,但又警告说,其实现方式最为重要。可选择的方式,或者是建立一个全球帝国,正如一个衰落中的文明最后所做的孤注一掷的挣扎(对此,汤因比找到过无数先例),或者是新创一项事业,通过自愿协议建设一个世界政府。

汤因比从古代马其顿帝国的亚历山大、古代中国的秦王朝以及古罗马军事统治者建立帝国的成就中,发现了通过征服建立世界政府的例子。有效政治单位规模的扩大,列强数目稳定而连续的减少,已是长期的趋势。在1860年和1870年,在领土面积和资源上堪称典范的国家有法国和英国。1950年,汤因比在思考两个超级大国苏联与美国的规模时写道："如今凡是规模稍逊于它们的都太不重要了,以至于真的没有用处或不起作用,并且,这不只是从发动战争上看,而且也是就维持和平生活而言的。"①在汤因比看来,这种向更大规模的政治单位发展的趋势,其合乎逻辑的结果会是,作为世界征服者或者世界政府的唯一大国的出现。

汤因比认为,通过世界征服建立全球帝国的条件,存在于当代世界政治的三大革命之中。其中第一场革命是政治革命,通过这场革命,两大强国已经取代了1914年时主宰世界政治的八大强国,从而改变了权力均衡的性质。他预言,"其他国家对美国或者苏联的依附将会与时俱增,而不会逐渐减弱"。他认为,杜鲁门主义的出台——美国据此而承诺捍卫全世界的自由——"无论总统的意图何在,这一行动……结果可能会给国际事务的整个过程以冲击,使之放弃那种试图达成世界政治统一的新的合作方式,而寻求采用那种过时了的方法,在权力政治斗争中拼到底,并通过'一拳击倒'的蛮力实现世界的

---

① Arnold J. Toynbee, *The Prospect of Western Civilization* (New York: Columbia University Press, 1947), p. 30.

政治统一"①。

另一个有利于通过征服实现政治统一的因素是世界技术革命。史无前例地,单独一个国家有能力不仅可以征服而且可以控制世界的大部分甚至整个世界。世界技术革命又为道德革命所增强,在道德革命之中,新型的政治信仰"民族主义普世说"取代了普世性宗教(这一宗教在历史上曾经对限制各国蠢动的野心起了重要的抑制和缓和作用)。此外,从心理上看,一种厌战心理席卷世界,同时伴随着和平主义与"维希气氛",这促使汤因比肯定地说:"看起来很可能像是,绝大多数人如今都准备好了要被统治似的。"一心一意想统治世界的政治领袖,像二战期间的希特勒,可能会发现:"未来的世界大战中,征服者将会把整个世界置于其控制之下。"世界范围和平主义的高涨是对战争深恶痛绝的结果。从极端民族主义转向和平主义乃大势所趋。特权阶级,特别是发展中国家的特权阶级有一种新的心理倾向,就是对保持自己的特权地位比对他们国家的民族独立更感兴趣。这种心态曾经表露在一些商业集团情愿对希特勒做出的某些让步中,在冷战期间也有显露:"有产阶级……一旦发生第三次世界大战,若诱使他们放弃国家独立的话,这种恐惧仍将发挥很大的影响。"②

因此,随着列强数目的日趋减少以及失败主义情绪在全世界的蔓延,"表面上看起来,'一拳击倒'好像就是抵抗最弱的显著界线,就是不可避免地实现统一的最便捷道路"。但是,通过征服完成政治统一所必然带来的是,作为征服者的一方为达到其目的就很难放弃穷兵黩武。时间对征服者不利。刀锋剑刃是永无宁日的根源:"无论是拔出还是埋藏,这些噬血的武器仍然带有其命定的不祥之报。"③大一

---

① Arnold J. Toynbee, *The Prospect of Western Civilization* (New York: Columbia University Press, 1947), p. 37; Toynbee, *Civilization on Trial*, p. 135.

② Toynbee, *The Prospects of Western Civilization*, pp. 41, 43.

③ Ibid., p. 43.

阿诺德·汤因比(1889—1975)：世界文明与世界政治

统国家曾经是少数统治者努力而为的结果，他们在征服中找到了最后的庇护所。这种国家有些比别的延续得长一些，像文明古国埃及和地处远东的主要文明实体中国，但是，最终它们全都因自我拖累而衰落了。通常来说，大一统国家容易变成徒有其表的政府，并且由于为其军事征服而横征暴敛，消耗了自己的实力。通过征服而形成的大一统国家很少具有独创性，因此它们为了生存就不得不修修补补。几乎所有用刀剑确立的大一统国家都面临着由刀剑带来的清算和摧毁之日。

因此，汤因比建议通过协商一致建立世界政府来实现世界统一。然而，通过协商一致建立世界政府这个目标，只有当它表示的是已有牢固基础的最后一步工作时，才是可能的。但汤因比仍觉得世界政府的主要前提条件尚不具备。在昆西·赖特和菲利普·杰瑟普看来，联合国提供了通往世界政府的最佳途径。而在汤因比看来："联合国与世界政府的接近程度并不比美国与苏联相互接近的程度更高。《联合国宪章》象征着两个互相不和的大国……能够聚到一起的最接近程度了。"① 联合国的根本缺陷在于，它是一个极其松散的联合体。其局限性是政治性的，而非立宪上的。它缺乏一个更有效的政府所必需的共同体纽带。在联合国能够变成世界政府之前，它必须先通过外交上的和解与修好过程去达成政治上的一致。

汤因比指出了一条实现有限政治统一的更切实可行的路线，它或许会增加将来建成普遍性世界政府的可能性。这就涉及建立地区性联合体的问题，比如在美国、西欧各国、加拿大、新西兰、澳大利亚和南非之间建立一个联合体的可能性。这种联合体的优点是，将会恢复欧洲的一流大国地位，哪怕它并不会使欧洲与两个超级大国平起平坐。这样的安排将改变美欧之间的关系，并将使得经济援助建立在互惠互利的基础上。短期来看，它将会为西欧的安全提供最可

---

① Toynbee, *The Prospects of Western Civilization*, pp. 46-47.

靠的保障;长期而言,它则会确保共同体在一定地域范围内得到承认,并且提高了该共同体扩大范围的可能性。由此而来的现实问题,如让渡主权给一个西方政府的问题,诚然很难解决,但是"至少这是一个在不久的将来更加具体可行的目标,比建立一个世界联合体的目标要实际得多"①。

世界政府绝不会是一个有条不紊的体系。在该体系内的某个地方,可能会存在着某个强国支配的情形。不是美国,就是苏联,或者最有可能是两大国都将主导这一世界政府组织。同样,不论这个世界政府是通过协议还是通过征服而创建,任何单一大国都不能直接统治世界了。地方自治仍将有必要,而且在许多问题上仍必须由各国政府做出关键性决策。这种地方的积极性不可避免地会产生国际合作需求,并且会增加通过一致同意建立世界政府的可能性。因此,在汤因比看来,世界政府将是一种特殊形态的混合体系。最后,他展望了世界共同体建立的前景,其途径是通过外交手段缓和冲突,通过联合国专门机构扩大经济联系,以及在思想文化相近的人民中间建立更牢固的共同利益纽带。通过一致同意建立世界政府之路将是一个逐步的、渐进的过程。汤因比的世界秩序设计一定会为人们所接受。

阿诺德·汤因比的著作:

1914

Greek Policy Since 1882. London: Oxford University Press.

1915

Armenian Atrocities: The Murder of a Nation. London: Hodder & Stoughton.

Nationality and the War. London: J. M. Dent.

---

① Toynbee, *The Prospects of Western Civilization*, p. 49.

1916

The Destruction of Poland: A Study in German Efficiency. London: T. F. Unwin.

The New Europe: Some Essays in Reconstruction. New York: E. P. Dutton.

The Treatment of Armenians in the Ottoman Empire, 1915-16. London: H. M. Stationery Office, Sir J. Cranston & Sons.

1917

The Belgian Deportations. London: T. F. Unwin.

The German Terror in Belgium. London: Hodder & Stoughton.

The German Terror in France. London: Hodder & Stoughton.

The Murderous Tyranny of the Turks. London: Hodder & Stoughton.

Turkey: A Past and a Future. New York: G. H. Doran.

1920

The League in the East. London: League of Nations.

1920—1938

Survey of International Affairs, 1920-1937. London: Oxford University Press.

1921

The Tragedy of Greece. Oxford: Clarendon Press.

The Western Question in Greece and Turkey: A Study in the Contacts of Civilization. London: Constable.

1925

The World After the Peace Conference. London: Oxford University Press.

1927

The Islamic World Since the Peace Settlement. London: Oxford University Press.

1928

The Conduct of British Empire Foreign Relations Since the Peace Settlement. London：Oxford University Press.

1931

A Journey to China. London：Constable.

1934—1961

A Study of History. Vols. I -Ⅲ (1934)；Vols. IV-VI(1939)；Vols. VII-X (1954)；Vol. XI (1959) ；and Vol. XII(1961). London：Oxford University Press.

1938

British Interests in the Far East. Nottingham：Nottingham Citizen Press.

1940

Christianity and Civilization. London：Student Christian Movement.

1947

The Prospects of Western Civilization. New York：Columbia University Press.

A Study of History. Abridgement of Vols. I-VI. New York：Oxford University Press.

1948

Civilization on Trial. New York：Oxford University Press.

1949

The Pattern of the Past：Can We Determine It? With Pieter Geyl and Pitirim A. Sorokin. Boston：Beacon Press.

1950

War and Civilization. Selections edited by Robert Vann Fowler. New York：Oxford University Press.

1953

The World and the West. New York: Oxford University Press.

1956

An Historian's Approach to Religion. New York: Oxford University Press.

1971

Surviving the Future. New York: Oxford University Press.